Eckehard Haase

Einfach nur Kant
Das Interview

Der Autor

Eckehard Haase, Jahrgang 1947, Autodidakt und Gründungsmitglied der *Hildesheimlichen Autoren,* setzt sich seit Jahren intensiv mit der Geschichte der Philosophie auseinander – von der Antike bis zur Gegenwart. Ein Berufswechsel ermöglicht ihm den Ausstieg aus der Welt der Zahlen (Bankwesen) und den Einstieg in die Welt der geistigen Kreativität, ins Denken schlechthin. Kurz: Er kann sich mehr Zeit nehmen, um sich ernsthaft der Literatur, Geschichte, Wirtschaft, Politik, Musik und Philosophie zu widmen. Vor allem die Liebe zur Philosophie ist schon länger vorhanden, blühte allerdings weitgehend im Verborgenen.

Eckehard Haase

Einfach nur Kant
Das Interview

Impressum

© 2015
Eckehard Haase:
EINFACH NUR KANT - *Das Interview* -
Eckehard Haase 2014

Anschrift des Autors:
Eckehard Haase
Oppelner Straße 2
30880 Laatzen
Tel. 05102/916490
haase.laatzen@gmx.de

Covermotiv:
"Immanuel Kant, Senf zubereitend", Zeichnung von Friedrich Hagemann, 1801.

Herstellung und Verlag:
BoD-Books on Demand, Norderstedt

ISBN: 9783734785894

Lektorat:
Lektorat Dallmann
Dipl.-Ing. Jonas-Philipp Dallmann
Schollenhof 20
D-13509 Berlin
(030) 3384 14 14
Lektorat-Dallmann@gmx.de
Uta Jakobi
Schriftstellerin
Oppelner Straße 2
30880 Laatzen
haase.laatzen@gmx.de

Vorwort

Sinn und Aufgabe dieses in Interviewform geschriebenen Buches ist es nicht, eine philosophische Abhandlung über Immanuel Kant vorzulegen. Es ist auch nicht für Wissenschaftler geschrieben, sondern für interessierte Leser, die mehr über den großen Weltweisen aus Königsberg und seine Gedanken erfahren wollen. Natürlich auch für Menschen, die Philosophie bisher immer für eine weltfremde Angelegenheit hielten. Ein gutgelaunter, fiktiver Kant gibt bereitwillig Einblick in sein Privatleben, in seine frühen Werke und nebenbei – im Sinne eines Streifzugs – in die Geschichte der abendländischen Naturwissenschaft und Philosophie mit ihren Interpreten. Kants eigener Lebens- und Denkweg wird dabei schrittweise mitgegangen, für den konzentrierten Leser nachvollzogen. Eine geschickte und kundige Reporterin bringt den als kühlen Analytiker und Logiker berüchtigten Philosophen durch zähes Nachfragen zum Erzählen, ja zum Plaudern. Nur ihretwegen lässt er sich dazu herab, ganz persönliche Dinge aus seinem Leben zu erzählen. Hierbei bleibt der Humor keinesfalls auf der Strecke, dürfte den einen oder anderen Leser sogar zum Lächeln anregen.
Das Interview richtet sich auf Kants sogenannte „vorkritische" Zeit, angefangen von seiner Kindheit über Jugend, Schule, Studium und Hauslehrertätigkeit bis hin zur Professur im Jahre 1770. Der Philosoph gibt freimütig unterhaltsame Details über sein Privatleben preis und erweist sich als liebenswürdiger, charmanter Gesprächspartner. Natürlich werden auch seine legendären Eigenarten deutlich: Melancholie, übertriebene Selbstkontrolle, Pedanterie bis hin zur Zwanghaftigkeit.
Die Form eines fiktiven Interviews habe ich gewählt, weil ich die Erfahrung gemacht habe, dass viele Bücher und Abhandlungen über Kant aufgrund ihrer Ausführlichkeit und ihres Fachvokabulars (aber auch ihrer Lückenhaftigkeit!) für den Laien oft nur schwer verständlich sind. Keine guten Voraussetzungen daher, mit den weltbewegenden Gedanken des kleinen Königsberger Professors – „gefangen in einer Nussschale, aber mit dem Anspruch, König über den unendlichen Weltraum zu sein" (Stephen Hawking) – in Kontakt zu kommen. In weiteren, noch geplanten Büchern (ebenfalls in Interviewform) möchte

ich versuchen, dem Leser Kants geniale, jedoch oft nur schwer nachvollziehbaren philosophischen Gedankengänge ein wenig näher zu bringen, wie er sie in seinen berühmten „Kritiken" formuliert. Diese reichen von der unermesslichen Größe und Erhabenheit des Universums hinunter zur Kleinheit und Begrenztheit des Menschen, der sich, dank seiner Persönlichkeit, Würde und Moralität, jedoch über sich selbst zu erheben vermag und schließlich fast ebenso erhaben und bewunderungswürdig scheint wie der „nächtliche, bestirnte Himmel über mir" (Kant).

Eckehard Haase, im April 2015

Inhaltsverzeichnis

Begegnungen	9
Erste Annäherung	11
Kindheit, Jugend, Schule und Studium	15
Als Hauslehrer	20
Kants erstes Werk	23
Kants zweites Werk	60
Das Erdbeben von Lissabon	110
Lehrtätigkeit	114
Lebensgewohnheiten	121
Kindererziehung	130
Kant und das gesellschaftliche Leben	132
Kant und die feine Damenwelt	143
Über die Gesundheit	145
Über Liebe und Heirat	156
Weitere vorkritische Schriften	166
Träume eines Geistersehers	172
Vorgänger und Zeitgenossen	180
- von Thales bis Schopenhauer -	
Die Aufklärung	240
Ein ungleiches Paar:	254
Gehirnforschung und Philosophie	
Ausblick auf Kants kritische Philosophie	263

Begegnungen

Ich traf ihn oft, diesen freundlichen, zurückhaltenden, eleganten, kleingewachsenen, ja zierlichen älteren Herrn, dessen Alter ich zunächst nicht einzuschätzen vermochte: Auf dem Marktplatz von Hildesheim, in der Seilbahn zur Zugspitze, auf dem Hamburger Fischmarkt, auf dem Markusplatz in Venedig, auf der Westminsterbridge in London, am Seineufer in Paris, an der Copacabana in Rio, auf dem Tafelberg in Kapstadt. Zufall? Wer war diese Erscheinung? Ein rüstiger Rentner, der im Spätherbst des Lebens zum letzten Mal die schönen Orte dieser Welt aufsuchen will, dachte ich zunächst. Seine Kleidung allerdings schien einem anderen Jahrhundert zu entstammen, so zumindest mein Eindruck. Er bemerkte meine Neugier, und schließlich kamen wir miteinander ins Gespräch. „Kant, mein Name. Meine Heimat war Ostpreußen, genauer gesagt, Königsberg".
„Kant, der große Philosoph etwa? Das kann doch gar nicht sein!"
So unglaublich und unwahrscheinlich es klingen mag, er stand tatsächlich vor mir: Immanuel Kant aus Königsberg. Kein Zweifel: Kant lebt! Wir sprachen über eigentlich belanglose Dinge, wie schöne Reiseziele und ihre Wirkung auf das Gemüt etwa. Privates gab der Philosoph wenig preis, nur dass er, da er seine Heimatstadt damals nie verließ, nunmehr einen erheblichen Nachholbedarf in Sachen praktischer Weltkenntnis verspüre. Daher seine Reiselust, die er von seiner Pension (er sei früher Magister gewesen) gut bestreiten könne. Ich hatte den Eindruck, dass er mich mochte, irgendwie. Und das machte mich ein wenig stolz. Als Journalistin wäre ich schlecht beraten gewesen, hätte ich diese Gelegenheit nicht beim Schopfe gepackt! So vereinbarte ich das eine oder andere Interview mit dem berühmten Mann, welche seine Lebensgeschichte (einschließlich seiner frühen Werke zunächst) zum Inhalt haben sollte.

Liebe Leser und Zuhörer,
vor dem nun folgenden Interview habe ich Herrn Professor Immanuel Kant gebeten, sich auf die Gesprächsebene einer Journalistin des 21. Jahrhunderts hinab zu begeben und unserem heutigen Sprachverständnis entsprechend zu antworten, um ein allgemeinverständliches Interview zu ermöglichen. Zumindest das Wesentliche seines Denkens sollte der Philosoph, wenn möglich, in einfache Worte fassen, in Begriffe, die jeder verstehen kann. Ich sage bewusst das „Wesentliche", denn die Hoffnung, die gesamte Breite und Tiefe Kants philosophischer Gedanken erfassen zu können, dürfte sich nur für sehr wenige Menschen erfüllen.

Erste Annäherung

REPORTERIN: Herr Professor Kant, ich bin froh und dankbar, dass Sie sich zu diesem Interview überreden ließen – zumal es nicht ganz einfach war, Sie zu kontaktieren. Wir alle sind uns dieses historischen Ereignisses bewusst.....
KANT: Vielen Dank, gnädige Frau. Freude empfinde auch ich, zumal ich die Möglichkeit eines solchen Gesprächs nicht mehr in Betracht zu ziehen wagte. Man hat mich also doch nicht vergessen! Nun ja, ich war... seit meinem angeblichen Tod im Jahre 1804, wie soll ich mich ausdrücken... entrückt, ja entrückt. Übrigens: Den Professor lässt Sie mal weg. Nur Kant, reicht, klingt einfacher. Folglich „einfach nur Kant".
REPORTERIN: Einverstanden, Herr Kant! Sie scheinen jedenfalls bei bester Gesundheit zu sein. Nein, natürlich haben wir Sie nicht vergessen. Sie waren somit – Gott sei Dank – in der glücklichen Lage, die Entwicklung der Menschheit mit all ihren Problemen verfolgen zu können – bis heute?
KANT: Ja, ich lebte weiter, unerkannt, als stiller Beobachter von Zeit- und Weltläufen, weitgehend außerhalb der Gesellschaft der Lebenden. Ob nun ein göttlicher Einfluss mir diese Gnade hat zuteil werden lassen oder eine Laune der Natur, vermag ich nicht zu beurteilen.
REPORTERIN: Vielleicht waren Sie einfach nur zu neugierig, um sich schon aufs Altenteil zurückzuziehen?
KANT: Daran mag etwas sein. Gewiss, neugierig und wissensdurstig war ich seit je her. Doch das sind bekanntlich Grundeigenschaften eines Philosophen, ohne die er sein mühsames Gedankengeschäft kaum betreiben kann. Jedenfalls erlaubt mein jetziger Status, den Lauf der Dinge aus einer besonderen Perspektive zu beobachten.
REPORTERIN: Gewissermaßen als Schiedsrichter, neutral und ungebunden?
KANT: So ungefähr. Sie betont übrigens die Probleme der Menschheit. Wir sollten jedoch auch ihre Erfolge nicht vergessen. Und was meinen augenblicklichen gesundheitlichen Zustand betrifft, da täuscht Ihr Eindruck nicht. Momentan ist er stabil *(hüstelt)*... relativ stabil. Aber man weiß ja nie... in meinem biblischen Alter...

REPORTERIN: Herr Kant, Sie werden auch heute noch immer gern zitiert, vor allem Ihr berühmtes Sittengesetz, der „Kategorische Imperativ", mit dem sich die Menschen bekanntlich recht schwer tun. Aber auch andere Ihrer Aussagen sind zu geflügelten Worten geworden, etwa Ihre Definition des Begriffs Aufklärung: „Aufklärung ist der Ausgang des Menschen aus seiner selbstverschuldeten Unmündigkeit".
KANT: Ich hoffe, die Bekanntheit mit meinen Schriften reduziert sich nicht auf die eben von Ihr erwähnten Schlagworte.
REPORTERIN: Nein... natürlich nicht. In unserer schnelllebigen Zeit wird eben gern verkürzt. Heute soll es um die Würdigung Ihres Gesamtwerkes gehen. Da Ihre Philosophie als äußerst tief und komplex gilt, dürfen wir natürlich nicht erwarten, dass unsere Leser und Zuhörer *jeden* Aspekt Ihres umfangreichen philosophischen Denkens verstehen. Aber vielleicht können wir versuchen, uns wenigstens einen kleinen Einblick in Ihre Gedankenwelt zu verschaffen. Schließlich bezeichnet man Sie als den größten Philosophen der Moderne – zumindest als den berühmtesten deutscher Zunge. Sie gelten als unsterblich. Ihre Werke, wird oft gesagt, gehören zu den schwierigsten und tiefsinnigsten, welche die Philosophie jemals hervorgebracht hat...
KANT: Da möchte ich gleich einmal unterbrechen, widersprechen. Ich halte wenig von Übertreibungen. Vielleicht sollten wir das Wort Unsterblichkeit, wenn überhaupt, nur auf meine Werke anwenden, und dann auch relativierend. Unsterblich ist gar nichts, *mundus sensibilis*, die Sinnenwelt betreffend, wohlgemerkt. Im Übrigen entspricht es nicht dem Selbstbild eines Philosophen, sich für seine eigene angebliche Weisheit auf die Schulter zu klopfen. Das wäre vermessen und eitel. Außerdem liegen mir Macht und Ansehen äußerst fern.
Und meine Werke betreffend: Hätte *ich* diese Schriften nicht verfasst, hätte es sicherlich ein anderer getan – vielleicht in abgewandelter Form. Denn wonach ich suche, sind keine subjektiven Überzeugungen, sondern die Wahrheit. Und die ist, davon bin ich überzeugt, jedermann frei zugänglich, wie die Luft zum Atmen – wenn auch eingeschränkt. Andererseits: Ihre Würdigung ehrt mich natürlich. Ich freue mich auf das Gespräch, das mir, so hoffe ich, ein gewisses Maß an Vergnügen bereiten wird: Obwohl ich zugeben muss, dass es mir nicht

leicht fällt, mich in die heutige Umgangssprache zu begeben. Latein und Hebräisch beispielsweise sind mir durchaus vertrauter.
REPORTERIN: Herr Kant, bevor wir unseren Lesern und Zuhörern Ihren Lebensweg und Ihre philosophischen Werke schildern, möchte ich Sie bitten, sozusagen als Einstieg, uns den Begriff Philosophie, um den sich unser Interview hauptsächlich dreht, kurz und prägnant zu erklären. Was ist Philosophie überhaupt? Was müssen wir uns darunter vorstellen?
KANT: *(sich eine Pfeife stopfend)* Gern. Sie gestattet doch...?
REPORTERIN: Selbstverständlich. Was unserem Altkanzler erlaubt ist, darf Ihnen schon längst nicht verwehrt werden.
KANT: Nun, Philosophie ist ein Wort aus dem Griechischen, lässt sich übersetzen mit Liebe oder Freundschaft zur Weisheit. Mir ist diese traditionelle Definition einerseits zu schwärmerisch, zu gefühlsbetont, andererseits zu vage.
REPORTERIN: Wie würden Sie Philosophie definieren?
KANT: Ich verstehe unter Philosophie das Bestreben des menschlichen Geistes, das Wesen und die letzten Zusammenhänge des Seins, sein eigenes Innerstes, die gültigen Werte und die Grundsätze der Lebensführung und Daseinsgestaltung, zu erkennen und zu erklären. Voraussetzung hierfür ist das Staunen – wobei ich auf Aristoteles verweise –, der Zweifel und der selbsteigene Gebrauch der Vernunft. Allerdings, da hebe ich sogleich den Zeigefinger, sollten wir nicht so vermessen sein, uns mit auf diesem Wege gefundenen Antworten zufriedenzugeben und das Denken einzustellen. Philosophieren heißt auch, Fragestellungen zu verändern und auf wesentliche Fragen neue Antworten zu suchen. Begriffe, gerade geschärft, können sich schon am nächsten Morgen, wenn der Wind wieder dreht, als stumpf erweisen, Lösungen also nicht für alle Zeiten Gültigkeit besitzen. Unser Wissen ist niemals gewiss. Das Ziel der Philosophie ist es, schlicht ausgedrückt, die Welt besser zu verstehen. Wir sprechen vom Denken über das Denken schlechthin.
REPORTERIN: Ein hoher Anspruch. Sie sprachen vom Zweifel, Herr Kant?
KANT: Der Zweifel ist notwendig, ein erster Schritt zum Denken, zum Philosophieren, zur Lösung von Problemen. Dazu

gehört auch der Zweifel an der Richtigkeit der eigenen, persönlichen Gedanken, Erkenntnisse und Erfahrungen.
REPORTERIN: Die gegebenenfalls einen Widerspruch herausfordern könnten?
KANT: Richtig. Das möchte ich deutlich machen. Auch *meine* Gedanken sind nicht der Wahrheit letzter Schluss. Grundbedingung für ein philosophisches Studium allerdings ist der Mut zur Wahrheit, den jeder Interessent aufbringen sollte.

Kindheit, Jugend, Schule und Studium

REPORTERIN: Herr Kant, Sie wurden am 22. April 1724 in Königsberg geboren, einer damals gerade neugegründeten Hafenstadt in Ostpreußen. Sie kommen aus eher prekären Verhältnissen, wenn ich das so sagen darf, als Sohn eines einfachen Sattlermeisters.
KANT: Eines Riemenschneiders, meine Gnädigste.
REPORTERIN: Eines Riemenschneiders?
KANT: Riemenschneider oder Riemer. Ein heute leider gänzlich ausgestorbenes Handwerk. Riemenschneider fertigten, wie der Name schon sagt, aus Leder allerhand Dinge: Gürtel und Gurte, Wassereimer zur Brandbekämpfung, Geschirre für Zugtiere und natürlich Riemen für Schuhe, Trommeln oder Dreschflegel.
REPORTERIN: Interessant. Ihre Familie war demnach eine Handwerkerfamilie. Würden Sie sie als arm bezeichnen?
KANT: Sagen wir einmal so: Ich wuchs auf in bescheidenen Verhältnissen, zusammen mit meinen Eltern und acht Geschwistern, von denen vier schon in jungen Jahren starben. Damals nichts Ungewöhnliches.
REPORTERIN: Man taufte Sie auf den schönen Namen „Emanuel", das heißt „Gott ist mit ihm". Später änderten Sie selbst ihn um in „Immanuel". Ein Ausdruck Ihrer pietistischen Erziehung?
KANT: Ich trug diesen Namen gern. Ja, mein Elternhaus war geprägt vom Pietismus. Die ihm zugrundeliegende fromme und bescheidene Lebenshaltung habe ich immer geschätzt. Sie erinnert an den stoischen Weisen mit seiner unerschütterlichen Lebens- und Gemütsruhe, die ich selbst nicht immer aufzubringen vermochte.
REPORTERIN: Wie kamen Ihre Eltern zum Pietismus? Kann man ihn sich vorstellen wie eine Sekte?
KANT: Der Pietismus war eher eine Reformbewegung innerhalb des Luthertums. Zu jener Zeit übte er auf die unteren und mittleren Schichten starke Anziehungskraft aus. Arbeit, Pflicht und Gebet trösteten über manches stoisch zu ertragende Elend hinweg. Ich will damit nicht sagen, wir hätten im Elend gelebt. Davon kann keine Rede sein.

REPORTERIN: Erinnern Sie sich gern zurück an Ihre frühen Kindheitsjahre?
KANT: Ja, gern und auch heute noch mit großer Dankbarkeit.
REPORTERIN: Wie würden Sie – mit Verlaub – das kleine „Manuelchen" beschreiben? Wie sahen Sie sich selbst als Kind?
KANT: Ich empfand mich als wohlbehütetes Kind, rechtschaffen, pragmatisch erzogen in liebevoller Wärme und innerer Heiterkeit. Mein Vater setzte sich ein für meine sittliche Erziehung, meine Mutter öffnete mir Augen und Herz für die Schönheit der Welt. Den erzieherischen Einfluss meiner Eltern empfand ich nie als erdrückend. Ich fühlte mich eher frei, ja fast ungebunden.
REPORTERIN: Mit dieser kindlichen Ungebundenheit war es dann vorbei, als Sie als Sechsjähriger in die Hospitalschule eintraten, und zwei Jahre später in das Friedrichs-Gymnasium.
KANT: Ich sehe, Sie hat sich gut informiert. Ja, das ehrwürdige Friedrichs-Gymnasium, das ich mit Unterstützung von Freunden, Verwandten und seines Direktors Professor Schultz besuchen durfte, führte ein streng religiöses Reglement. Manche schimpften es abwertend auch als „Pietisten-Herberge".
REPORTERIN: Was lernten Sie da?
KANT: Nun, ein erheblicher Teil des Unterrichts bezog sich auf Religion, Gottesdienst, Lernen des Hebräischen und Altgriechischen – immer im Rahmen des Alten und Neuen Testaments. Mathematik und Naturwissenschaft spielten kaum eine Rolle.
REPORTERIN: Sie klingen nicht sehr begeistert, wenn Sie Ihre alte Schule beschreiben.
KANT: Das Gymnasium war für mich alles andere als ein glücklicher Ort... eher eine Art „Jugendsklaverei", an die ich mich noch im Alter „mit Schrecken und Bangigkeit" erinnerte. Die Kühnheit, selbst zu denken, wurde uns gründlich ausgetrieben. Ein überaus großer Unterschied zu meiner freien häuslichen Erziehung. Oft genug seufzte ich unter der Zucht der Schulmeister, meist religiöse Fanatiker. Nur Selbstdisziplin bewahrte mich vor dem Gröbsten, vertrieb Anflüge von Trübsinn und Schwermut. Allein der recht gute Lateinunterricht fand mein nachhaltiges Interesse.
REPORTERIN: Für Sie persönlich und für die Nachwelt stellte diese Ausbildung jedoch einen Glücksfall dar.

KANT: Vielleicht... obwohl ich das als Knabe sicherlich anders sah.
REPORTERIN: Was Ihre Situation noch erschwerte: Ihre über alles geliebte Mutter Anna Regina starb früh, mit vierzig Jahren, 1737. Da waren Sie gerade einmal dreizehn. Was bedeutete das für Sie?
KANT: *(erschüttert)* Es war ein bitterer Schlag, der mich ein Leben lang begleitete. Unbändiger Schmerz erfüllte mich. Noch heute pflege ich zu meiner Mutter eine Art... eine Art Kontakt. Ich liebte und verehrte sie über alle Maßen, nicht allein wegen ihres natürlichen Verstandes, ihrer Willenskraft und ihrer Glaubensstärke. Sie pflanzte und nährte Eindrücke der Natur und weckte und erweiterte meine geistigen und sittlichen Begriffe. Ihre Lehren, ihre Fürsorge und ihr heilsamer Einfluss hatten einen immerwährenden Eindruck auf mein Leben hinterlassen.
REPORTERIN: Klingt nach großer Traurigkeit... und Bewunderung.
KANT: Nun, mit den Flügeln der Zeit flog auch die Traurigkeit dahin. Ja, ich bewunderte meine Frau Mutter. Oft führte sie mich außerhalb der Stadt durch Felder, Wiesen und Auen und lenkte mein junges Auge auf die Werke des Schöpfers. Gleichwohl sorgte sie dafür, dass ich eine gute Schule besuchen konnte. Sie wünschte sich für mich eine theologische Laufbahn. Ich jedoch gedachte akademischer Lehrer zu werden.
REPORTERIN: Nach dem frühen Tod Ihrer Mutter schrieben Sie sich schon mit sechzehn Jahren, nach Abschluss des Examens, an der Königsberger Universität ein, an der berühmten *Albertina*. Was studierten Sie dort?
KANT: Mathematik und Naturwissenschaft. Außerdem Theologie, Rhetorik, Philosophie, Geschichte und natürlich klassische Literatur.
REPORTERIN: Also ein Studium generale. Welchen Stellenwert hatte die Philosophie innerhalb der Fakultäten damals?
KANT: Einen recht niedrigen. Man bezeichnete sie auch als „untere Fakultät". Die Universität wurde von der „oberen Fakultät" beherrscht, der allgegenwärtigen Theologie. Bis etwa 1760 war die Philosophie immer noch nicht viel mehr als die „Magd der Theologie", wie Kirchenvater Petrus Damiani so treffend schreibt. Interessant die philosophiegeschichtliche Entwicklung: Am Anfang des 18. Jahrhunderts war sie noch auf

Aristoteles ausgerichtet, dessen Lehre man verteidigte, doch die Philosophie des René Descartes, vor allem diejenige des Herrn von Leibniz und seines Schülers Christian Wolff, gewannen, nach einigen Schwierigkeiten, immer mehr an Einfluss.
REPORTERIN: Diese Herren werden wir sicherlich noch näher kennen lernen. Die Theologie interessierte Sie persönlich weniger?
KANT: Lediglich aus Wissbegierde. Ich hätte leicht die Laufbahn eines Geistlichen einschlagen können, doch ich gedachte, immer strebend bemüht, mir eine umfassende, abgerundete Bildung anzueignen und zugleich ein solides Fundament zu schaffen, indem ich Vorlesungen verschiedenster Art besuchte. Außerdem hatte ich andere Pläne.
REPORTERIN: Welche bitte? Sie machen uns neugierig.
KANT: An der Albertina beeinflusste mich Professor Martin Knutzen zusehends. Ein bemerkenswerter Mann, mir immer heilig. Dieser leider viel zu früh verstorbene Naturphilosoph wies mich wie kein anderer auf die Physik und die Himmelsmechanik Isaak Newtons hin, die mich nachhaltig sehr interessierte und bereicherte. Auch die Wissenschaft Galileis beeindruckte mich zunehmend. Sie beide galten für mich als Vorbilder wissenschaftlicher Naturerkenntnis.
REPORTERIN: Sie hielten es eher mit den Naturwissenschaften als mit den Philosophen?
KANT: Zunächst.
REPORTERIN: Herr Kant, Sie nannten Isaak Newton. Vielleicht ein paar Worte zu ihm?
KANT: Seine berühmten „Mathematischen Grundlagen der Naturphilosophie" erschienen 1687, lösten in mir einen wahren Erkenntnisschock aus. In diesem Werk legte Newton eine physikalische Erklärung des Sonnensystems vor, auf mathematischer Grundlage basierend.
REPORTERIN: Der vielleicht bekannteste Astrophysiker unserer Zeit, Stephen Hawking, nannte Newtons Buch einmal das wahrscheinlich wichtigste physikalische Werk, das je erschienen ist. Die Bibel des wissenschaftlichen Weltbildes.
KANT: Vermutlich auch zu Recht. Allerdings fragten wir uns damals besorgt: Wie steht es mit der Existenz Gottes, wenn der ganze Kosmos erforscht und mathematisch erklärt werden kann? Ein großes Thema allemal...

REPORTERIN: ... dem wir uns unbedingt noch zuwenden sollten. Herr Kant, zwar gelten Galilei und Newton als herausragende Wissenschafter – bis heute. Die von Newton vertretene Physik dürfte durch die Relativitäts- und Quantentheorie inzwischen jedoch überholt sein.
KANT: Nein, das trifft keineswegs zu. Seine Mechanik besitzt nach wie vor ihre Gültigkeit, wenn man den Blick nicht auf den Mikro- oder Makrokosmos richtet. Deshalb wird sie ja auch noch immer in den Schulen gelehrt. Relativitäts- und Quantentheorie ergänzen und erweitern sie nur.
REPORTERIN: Wir sollten das Naturwissenschaftliche momentan nicht zu sehr vertiefen. Was ich in diesem Zusammenhang sagen möchte: Naturwissenschaftliche Theorien sind vergänglich, mehr oder weniger. Ihre Theorien aber, Herr Kant, Ihre Gedanken über die Vernunft des Menschen, über seine Freiheit, seine Mündigkeit, sie sind doch wohl bis heute...
KANT:...zumindest diskussionswürdig, wollte Sie sicherlich sagen. Trotz mancher Kritik.

Als Hauslehrer

REPORTERIN: Wie gestaltete sich Ihr Lebenslauf nach der Schule weiter, Herr Kant?
KANT: Ich verließ mein Elternhaus, zog mit einem Kommilitonen zusammen in eine Studentenbude und bestritt meinen Unterhalt durch Privatstunden.
REPORTERIN: *(murmelnd)* Kant und Studentenbude... Ihr Studium bestritten Sie selbst?
KANT: Ja, ein selbstfinanziertes Studium ist einem fremdfinanzierten allemal vorzuziehen. Abhängigkeiten sollten möglichst vermieden werden.
REPORTERIN: War und ist für die Bildung der Kinder nicht die Bildung und finanzielle Stellung der Eltern entscheidend?
KANT: Bildung hat mit Geld nichts zu tun. Entscheidend ist der eigene Antrieb des Lernenden, verbunden mit seiner Leidenschaft, Geduld und Entschlossenheit, Wissen anzusammeln, den Horizont zu erweitern. Darüber hinaus lernt man, Verantwortung für sein Leben zu übernehmen. Selbstvertrauen und Eigenständigkeit werden gestärkt. Bildung ist jenseits aller Standesunterschiede. Das sagte schon der alte Konfuzius.
REPORTERIN: Man soll sich somit Ziele setzen und diese ernsthaft verfolgen?
KANT: Der Ziellose erleidet sein Schicksal, der Zielbewusste gestaltet es.
REPORTERIN: Das entspricht recht genau dem Menschenbild in unserer heutigen Leistungsgesellschaft.
KANT: Wohl kaum. Leistung ist keineswegs Selbstzweck. Heute neigt man dazu, Leistung um ihrer selbst willen zu vergöttern. Doch auch der Hamster im Rad leistet Beachtliches. Es geht stets um Ziele und Zwecke. Das meine ich mit Zielbewusstsein.
REPORTERIN: Eine sehr interessante Perspektive. Doch zurück zum Praktischen. Während Ihrer Studienzeit verfügten Sie noch über eine andere, ich sage einmal... ungewöhnlich anmutende Einnahmequelle, nämlich das Billardspielen, Herr Kant?
KANT: *(lacht)* Das weiß Sie auch, die gnädige Frau? Gut nachgeforscht! Ja, das Billardspiel war recht verbreitet zu meiner Zeit, nicht im unteren Stande natürlich. Definitiv war ich ein

vortrefflicher Billardspieler. Dagegen, etwas später, leider auch ein miserabler Hauslehrer. Meinen kargen Lohn gedachte ich durch das Billardspielen etwas aufzubessern.

REPORTERIN: Wenn Sie sich selbst sogar als einen miserablen Lehrer bezeichnen, warum sind Sie dann überhaupt Hauslehrer geworden?

KANT: Mein Leben änderte sich radikal, als mein Vater 1746 starb. Als ältester Sohn, ein Jungspund noch, war ich auf einmal für die Familie verantwortlich. Familienangelegenheiten mussten geregelt werden. Die Freiheiten für das Studium waren plötzlich stark eingeschränkt. Ich unterbrach es deswegen.

REPORTERIN: Demnach waren Sie schon immer ein Familienmensch?

KANT: Nein, das entsprach nicht meinem Charakter. Ach, ich hielt wenig von Familiensimpeleien. Fürwahr ein Kreuz!

REPORTERIN: Allerdings unterstützten Sie Ihre Verwandten später.

KANT: Finanziell! Das war ich ihnen schuldig – ohne sie freilich zu beherbergen. Mit den Geschwistern hatte ich jedoch wenig zu tun. Mit meiner Schwester redete ich über 25 Jahre nicht, obwohl sie ebenfalls in Königsberg lebte.

REPORTERIN: 25 Jahre! Verzeihen Sie mein Erstaunen, Herr Kant... So verdienten Sie Ihren Lebensunterhalt in den nächsten Jahren als Hauslehrer. Wo geschah das? Auch in Königsberg?

KANT: Nein, 1748, mit vierundzwanzig, verließ ich Königsberg für sechs Jahre und unterrichtete Kinder von Adelsfamilien außerhalb der Stadt auf ihren Gutshöfen, nicht allein wegen Geldmangels.

REPORTERIN: Wie haben Sie das erlebt?

KANT: Eine glückliche Zeit, in der ich meinen Umgang mit der vornehmen Gesellschaft verfeinern, mich privaten Studien widmen und meine angefangenen wissenschaftlichen Arbeiten fortsetzen konnte.

REPORTERIN: In dieser Zeit erweiterten Sie auch Ihre philosophischen und naturwissenschaftlichen Kenntnisse. Ihre ersten Schriften kamen heraus...

KANT: Schriften naturwissenschaftlicher Art, in klarem Deutsch geschrieben, in der Sprache unserer damaligen Schulphilosophie.

REPORTERIN: Also nicht in der internationalen Gelehrtensprache, dem Latein... Ihrem geliebten Latein. Und Sie wandten sich auch schon verstärkt der Philosophie zu?
KANT: Begrenzt. Vor allem nahm die Naturwissenschaft einen beträchtlichen Teil meiner Zeit in Anspruch.

Kants erstes Werk

REPORTERIN: Herr Kant, schon 1746, mit zweiundzwanzig Jahren, als Student, schrieben Sie Ihr Erstlingswerk „Gedanken von der wahren Schätzung der lebendigen Kräfte...
KANT: ... und Beurteilung der Beweise, derer sich Herr von Leibniz und andere Mechaniker in dieser Streitsache bedienet haben, nebst einigen vorhergehenden Betrachtungen, welche die Kraft der Körper überhaupt betreffen".
REPORTERIN: *(leicht irritiert)* Ah ja. Drei Jahre später veröffentlichten Sie es. Worum ging es darin?
KANT: Unter anderem um die Berechnung der Kraft aus Masse und Geschwindigkeit – heute vielleicht zu bezeichnen als kinetische Energie. Große Denker wie Descartes, Newton, Leibniz und d`Alembert hatten das Thema bereits aufgegriffen. Allerdings herrschte unter ihnen keine Einigkeit.
REPORTERIN: Der große Erfolg blieb Ihrem ersten Werk versagt. Warum?
KANT: Wahrscheinlich aus Kühnheit, aus jugendlichem Übermut, meine damaligen Fähigkeiten überschätzend, griff ich ein in einen wissenschaftlichen Disput zwischen den größten Denkern ihrer Zeit: Newton und Leibniz.
REPORTERIN: Ein solches Unternehmen hielten Sie für angemessen? Dazu möchte ich Ihre damaligen Worte zitieren, die Selbstbewusstsein ausdrücken: „*Ich habe mir die Bahn vorgezeichnet, die ich halten will. Ich werde meinen Lauf antreten, und niemand soll mich daran hindern, ihn fortzusetzen.*" Das ist ganz schön starker Tobak, Herr Kant.
KANT: Nun, ich gedachte auf mich aufmerksam zu machen, sah mich bereits als unabhängigen Denker – vielleicht auch eine Reaktion gegenüber meinem Lehrer Knutzen, der mir meines Erachtens nicht genügend Würdigung schenkte. Wie schon gesagt: Ich agierte damals allzu kühn und übermütig – entgegen meiner sonstigen Bescheidenheit. Auch war ich schlecht vorbereitet auf mein Thema, denn die Universität Königsberg gehörte in Sachen Naturwissenschaften nicht zu den allerbesten ihrer Zunft.
REPORTERIN: Und Ihr Zeitgenosse, der Dichter Gotthold Ephraim Lessing, kritisierte Sie deshalb.

KANT: Zu recht quittierte er mein Verhalten mit den Worten: „Kant unternimmt ein schwer Geschäft / Der Welt zum Unterricht / Er schätzet die lebendigen Kräfte / Nur *seine* schätzt er nicht."
REPORTERIN: Vielleicht die richtigen Worte zur richtigen Zeit... wenn auch etwas spöttische. Folglich wurden Sie zum Opfer Ihrer eigenen Dynamik.
KANT: Selbstbewusst, elegant, leider erfolglos... und nicht ohne Verdruss. So lautet mein Kommentar zum jungen Kant aus heutiger Sicht. Meine Schrift schickte ich übrigens dem in Berlin weilenden berühmten Mathematiker und Astronomen Leonhard Euler, der sich ebenfalls mit dem Thema beschäftigte. Leider erhielt ich nicht die geringste Antwort. Euler betrachtete es wohl als Anmaßung, dass ich es wagte, diesen großen Männern zu widersprechen – zumindest in einigen Punkten.
REPORTERIN: Wie sahen denn deren Positionen zu diesem Thema aus, Herr Kant? Können Sie das in einfachen Worten zusammenfassen?
KANT: Die experimentelle Naturphilosophie Newtons konkurrierte mit dem rationalen System Leibnizens. So existieren beispielsweise für Newton Raum und Zeit „an sich", d.h. real. Für Leibniz dagegen sind sie relative Größen, als Zuordnung von Substanzen neben- (Raum) und nacheinander (Zeit) etwa.
REPORTERIN: Nicht ganz einfach zu verstehen. Gab es noch weitere Unterschiede?
KANT: Der eigentliche Streitpunkt war folgender: Newton verstand den Begriff der Kraft als Gravitationskraft, welche die Körper aufgrund ihrer Masse aufeinander ausüben.
REPORTERIN: Jede Anziehung ist somit wechselseitig.
KANT: Damit zitieret Sie Goethe. Weiter jedoch: Leibniz dagegen schrieb den Körpern selbst eine innewohnende Kraft zu, eine Dynamik sozusagen.
REPORTERIN: Ist Leibniz nicht auch der Verfasser einer – mit Verlaub – etwas merkwürdig anmutenden Monadenlehre?
KANT: So ist es. Die Lehre von den sogenannten Monaden mutet zunächst leicht abseitig an, klingt ziemlich originell. Sie ist jedoch gut durchdacht und bildet den Kern seiner Metaphysik. Nach Leibniz gliedert die Welt sich in unendlich viele, unteilbare Substanzen verschiedener Qualität. Er nannte sie Monaden (von griech. monas = Einheit).

REPORTERIN: Lassen sich diese Monaden mit unseren heutigen Atomen vergleichen?
KANT: Nicht ganz. Atome sind schließlich teilbar, wie wir heute wissen. Deshalb dürften Monaden eher mit Elementarteilen, oder weiter gedacht, mit den Quanten der modernen Physik zu vergleichen sein. Die Monaden, so wie sie Leibniz auffasste, sind keineswegs nur tote Masse. Es sind vielmehr lebendige, immerfort tätige, aber nicht erkennbare Energiezentren, metaphysische Punkte – übrigens ein erstaunlich hellsichtiger Gedanke, denn heute wissen wir, dass sich alle Materie auf Energie reduzieren lässt. Als Urbestandteile bilden sie die Welt, haben allerdings keinerlei physische Ausdehnung. Vielmehr sind sie spirituell, ewig und untrennbar, auch von äußeren Einwirkungen nicht beeinflussbar. Jede Monade wirkt für sich, ist unabhängig, isoliert von den anderen. In diesem Sinne formulierte Leibniz einmal die berühmten Worte „Monaden haben keine Fenster".
REPORTERIN: So zu verstehen, dass nichts in sie hinein und nichts aus ihnen heraustreten kann?
KANT: Genau. Jede Monade stellt sozusagen eine eigene Perspektive dar, ist ihre eigene Welt.
REPORTERIN: Ein Beispiel vielleicht, Herr Kant?
KANT: Nun ja, Sie die gnädige Frau dürfte beispielsweise zu *meinem* Bewusstsein keinen Zugang haben – das gilt auch umgekehrt.
REPORTERIN: Auch wir Menschen sind demnach fensterlos.
KANT: Gut formuliert. In jeder Monade als Mikrokosmos spiegelt sich die Welt. Sie ist nicht lokalisierbar in Raum und Zeit, sondern, ich zitiere Leibniz, „ein lebendiger immerwährender Spiegel des Universums, ein Mikrokosmos, eine kleine Gottheit". Dadurch könnten wir die Welt erfahren, besäßen somit Perzeption.
REPORTERIN: Sinnliche Wahrnehmung also. Gedachte Leibniz damit etwa die Position des Einzelnen, die Individualität, zu stärken?
KANT: Richtig erkannt. Grundlage seines Denkens ist das Bewusstsein des Einzelnen. Monaden sind schließlich tätige Substanzen, einige aktiver, andere passiver.
REPORTERIN: Berühmt ist auch sein Begriff der „prästabilierten Harmonie". Was meinte er damit eigentlich?

KANT: Nun, die ganze Welt besteht nach Leibniz aus jenen individuellen, in unterschiedlichem Maße beseelten Monaden. Obwohl sie voneinander getrennt sind, nicht aufeinander einwirken, und jede Monade ihrem eigenen Gesetz folgt, bilden sie in ihrer Gesamtheit doch das glückbringende, harmonische Ganze der Welt. Und für diese Einheit (Leibniz nannte sie „prästabilierte Harmonie", im Voraus angelegt) sorgte der Schöpfer als die größte Vernunftmonade. Einst erschuf und koordinierte er alle anderen Monaden. Wie verschiedene, gleichschlagende Uhren wurden sie vom Schöpfer, dem Mathematiker und Uhrmacher, exakt aufeinander einreguliert und laufen nun, sich selbst überlassend, synchron weiter.
REPORTERIN: Hm... Somit sorgte der Schöpfergott für das größtmögliche Glück des Menschen, indem er einen kosmischen Fahrplan festlegte, dergestalt, dass unzählige Monaden sozusagen einander beim Kreise ziehen nicht stören.
KANT: Ohne aufeinander einwirken zu müssen, wohlgemerkt. Dementsprechend braucht er selbst nicht mehr in die Weltläufe eingreifen.
REPORTERIN: Und auf diese Weise können sich die Dinge bestmöglich entfalten.
KANT: So ist es. Einen Beweis für diese Ordnung, welche die Mannigfaltigkeit der Welt regiert, sah Leibniz (ebenso wie Newton) in den Naturgesetzen. Für ihn leben wir tatsächlich in der „besten aller möglichen Welten", wie eine bekannte Kurzschrift von ihm übertitelt ist.
REPORTERIN: Aber es ist doch nicht alles gut in unserer Natur. Es gibt genug Ungemach: Grausamkeit, Brutalität, Krieg...
KANT: Auch das berücksichtigte Leibniz, indem er von „Geistermonaden" sprach, welche noch nicht voll entwickelt sind. Pikanterweise meinte er damit auch die Menschen.
REPORTERIN: Diese müssen sich infolgedessen moralisch noch vervollkommnen, zu Vernunftmonaden werden.
KANT: Gewiss. Leibniz hielt die Welt für längst noch nicht perfekt. Er wollte nicht alles schönreden. Sie sei jedoch – Leibniz war Optimist – auf dem schweren und dornenreichen Wege zur Vervollkommnung. Die Welt verfügt über Entwicklungspotential.
REPORTERIN: Konsequent zu Ende gedacht, keine Frage. Aber Gott als Monade, und überhaupt... all das klingt doch

ziemlich abenteuerlich, ja undurchsichtig. Es klingt fast so, als suchte Leibniz damals auch eine Antwort auf die wohl ungelöste Frage nach dem Verhältnis von Geist und Körper.

KANT: Wir kommen etwas vom Weg ab. Aber gut: Der französische Mathematiker und Philosoph René Descartes...

REPORTERIN: ... der im 17. Jh. die berühmten Worte „cogito, ergo sum" (Ich denke, also bin ich) schöpfte...

KANT: „Je pense, donc je suis", gewiss, dieser Satz machte ihn bekannt, ist zweifellos der berühmteste der Philosophiegeschichte. Aber lassen Sie mich bitte meinen Gedanken zu Ende bringen. René Descartes unterschied zwei getrennte Substanzen: den unräumlichen, unkörperlichen Geist und die ausgedehnte Körperwelt. Wie allerdings der materielle Körper und die immaterielle Seele ineinander greifen, vermochte er nicht glaubwürdig zu erklären.

REPORTERIN: Leibniz wiederum glaubte offenbar, dieses Leib-Seele-Problem mit der Lehre von den Monaden gelöst zu haben. Denn wenn ich das richtig verstanden habe, besteht ihr Wesen aus Geist und Körpern zugleich.

KANT: So ungefähr. Nun, Descartes beschrieb alle physischen Naturerscheinungen, also die Materie, mit den Begriffen Ausdehnung und Bewegung, welche durch Druck und Stoß auf andere Körper Impulse auslösen, wobei die Materie selbst völlig träge ist. So gelangte er zur Hypothese, dass alle Naturvorgänge durch eine mechanistische Deutung erfassbar und erklärbar seien. Newton hingegen betonte die Gravitation, eine wechselseitige Anziehungskraft zwischen den Körpern, deren Ursache er nicht wusste. Jede Masse besäße Schwerkraft, welche aber erst bei kosmischen Objekten zu spüren sei.

REPORTERIN: Die Gravitationen, folgen wir Newton, bewirken demnach die Bewegung der Planeten um die Sonne, auch der Satelliten um die Erde.

KANT: Verbunden mit der ihnen eigenen Fliehkraft, wohlgemerkt. Leibniz schließlich widersprach beiden Thesen und suchte zu beweisen, dass eine innere immaterielle, lebendige, messbare Kraft das einzig Reale sei, einer organischen Dynamik gleich. Danach könne der Begriff Bewegung nicht von dem der Kraft getrennt werden.

REPORTERIN: Ein kompliziertes Thema, und ein ziemliches Durcheinander, oder?

KANT: Es herrschte große Uneinigkeit zwischen den Gelehrten. Das Problem der natürlichen Kräfte war keineswegs gelöst, ebenso wenig das Leib-Seele-Problem, somit das Verhältnis zwischen Körper und Seele.
REPORTERIN: Wenn wir Leibniz folgen, wäre daher eine lebendige Kraft in Form von Monaden verantwortlich für alle Bewegung, oder?
KANT: Ja, die Monaden halten das Universum in Fluss, aufgrund des Entwicklungsprinzips ihrer ständigen Veränderungen. Das betrifft selbstverständlich auch den menschlichen Körper. Für Leibniz ist dieser ebenso zusammengesetzt aus verschiedenartigen Monaden, wachenden wie schlafenden, wobei die wichtigste die unsterbliche Seele darstellt, sozusagen eine Verbindung aus Geist und Kraft.
REPORTERIN: Sehr phantasievoll, keine Frage. Das erinnert an die formende Kraft, die Aristoteles „Entelechie" nannte. Auch sie soll, wenn ich mich recht erinnere, den oder die Körper formen, nicht wahr?
KANT: Alle Achtung! Sie versteht Ihr Handwerk! Ja, Aristoteles vertrat die These, in jedem Ding sei eine bestimmte Entwicklung angelegt, in der es zweckmäßig und zielgerichtet zu seiner eigentlichen Gestalt finden möge.
REPORTERIN: Descartes hingegen bevorzugte, wie Sie sagen, die Version einer Ausdehnung und Bewegung der Dinge.
KANT: Ohne den Begriff der Kraft zu erwähnen. Diese Position erschien für Newton und Leibniz ergänzungsbedürftig. Denn man müsse ihren Widerstand berücksichtigen, den sie leiste.
REPORTERIN: Sicherlich eine interessante, wenn auch schwierige Debatte. Uns interessiert natürlich vor allem: Welche Meinung vertraten Sie, Herr Kant?
KANT: Nun, zunächst begriff ich mich als freien Denker und mochte mich nicht auf Aussagen großer Autoritäten verlassen; wohlwissend, dass diese mich an Wissen und Erfahrung überragten. Ich war, anders als Leibniz, der Meinung, dass lebendige Körper nicht physikalisch mit mathematischen Formeln berechnet werden können.
REPORTERIN: Vielleicht etwas genauer, Herr Kant?
KANT: Nun, Phänomene wie das Bewusstsein haben sich einer mathematischen Berechnung verweigert. Wie soll man bitteschön Farben, Gerüche, Gefühle berechnen? Die Antwort liegt

außerhalb der Reichweite der modernen Physik. Weiterhin frage ich mich: Was sollen das für Naturkräfte sein, die sich einer mathematischen Berechnung unterwerfen lassen?
REPORTERIN: Fanden Sie eine Antwort?
KANT: Keine endgültige. Denn ich wurde durch Leibniz auf das schwankende Gebiet der Metaphysik gelockt. Das Thema und der Begriff Kraft waren damals Gegenstand einer kontroversen Debatte. Auch wenn ich eine Antwort schuldig blieb, war mir eines bewusst: Die großen Gelehrten irrten.
REPORTERIN: Demnach ein Geheimnis?
KANT: So ist es. Ein Geheimnis, das auch der große Leibniz nicht zu erklären vermochte – zumindest nicht physikalisch.
REPORTERIN: Und deshalb zog er das Metaphysische hinzu, erfand seine eigenartigen Monaden. Die Irrtümer und Zweifel der Debatte, worauf beruhten sie Ihrer Meinung nach? Und konnten Sie, Herr Kant, etwas zur Lösung des Rätsels beitragen?
KANT: Ich erkühnte mich zu der Annahme, der Wissensbereich der Bewegungskraft erfordere mehr als Messungen und Quantitäten. Er war ungleich komplizierter. Ich fragte nicht nur nach lebendigen, sondern auch nach seelischen Kräften, die auf die Körper einwirken – also nach Kräften, welche die Einbildungskraft anregen. Wie aber sollten diese messbar sein?
REPORTERIN: Das klingt tatsächlich nach einer Mehrdeutigkeit des Begriffes „Kraft".
KANT: So klingt es nicht nur. Ich versuchte, die Metaphysik Leibnizens mit der Physik Descartes und Newtons zu verbinden. Dabei wies ich darauf hin, dass keine Theorie die Natur vollständig und richtig beschreiben kann. Monaden begriff ich nicht als metaphysisch, sondern sah sie als physische, raumfüllende und damit seelenlose Punkte, in denen sowohl anziehende als auch abstoßende Kräfte wirksam sind. Heute sprächen wir vermutlich von Energie, wie gesagt.
REPORTERIN: Bleiben wir, wenn Sie erlauben, in der heutigen Zeit, Herr Kant. Sie haben ja, nach eigenem Bekunden, seit jeher die fortschrittliche Entwicklung der modernen Physik verfolgt.
KANT: Ja, sie galt und gilt – neben der Menschheitsfrage – meinem besonderen Interesse, obwohl ich mich nicht zu den Physikern zählte.

REPORTERIN: Sie befinden sich folglich auf dem Laufenden?
KANT: Sagen wir mal so: Ich werde bemüht sein, Ihre Fragen meinen derzeitigen Kenntnissen entsprechend zu beantworten, wobei Sie nicht erwarten sollte, dass ich mich auf dem neuesten, aktuellsten Wissensstand befinde.
REPORTERIN: Selbstverständlich, Herr Kant.
KANT: Ferner gebe ich zu bedenken, dass die heutige Physik aufgrund ihrer Komplexität nicht mehr vergleichbar ist mit derjenigen des 18. Jahrhunderts, geschweige denn mit derjenigen der Antike. Schon deshalb teilt sie sich in mehrere hochkomplexe Wissenschaftsbereiche auf, ist eigentlich nur noch für Spezialisten verständlich.
REPORTERIN: Darauf möchte ich gern später noch zurückkommen. Sie erwähnten die kinetische Energie? Würden Sie diese kurz erklären?
KANT: Hierunter verstehen wir die Lehre von den Beziehungen zwischen Bewegungen von Körpern und die auf sie einwirkenden Kräfte. Man nennt sie auch Bewegungsenergie. Das griechische Wort „kinetisch" bezieht sich demnach auf Dinge, die mit Bewegung zu tun haben. Dabei geht es um die Fähigkeit eines Körpers, Arbeit zu leisten, im Gegensatz zum Körper in Ruhestellung. Hier sprechen wir von „potentieller" Energie.
REPORTERIN: Energie und Leistung sind dasselbe?
KANT: Nein, um Gottes Willen! Leicht verfällt man in diesen Glauben. Das ist jedoch falsch: Energie ist die Fähigkeit eines Lebewesens, einer Maschine usw. Arbeit zu leisten, Leistung hingegen die tatsächlich geleistete Arbeit innerhalb einer bestimmten Zeit.
REPORTERIN: Als Maßeinheit hierfür galt lange Zeit die Pferdestärke (PS), oder?
KANT: Richtig. Im 18. Jahrhundert begann man, ich erinnere mich, aufgrund von Experimenten mit Zugpferden, entsprechende Messungen vorzunehmen.
REPORTERIN: Viel später, es ist noch nicht allzu lange her, wurden sie jedoch durch Watt (KW) ersetzt, benannt nach James Watt, dem Erfinder der Dampfmaschine, einem Ihrer berühmten Zeitgenossen.
KANT: Ehre wem Ehre gebührt! Übrigens kann Energie auf verschiedene Weise in Erscheinung treten, zur messbaren Größe

werden. Wir unterscheiden heute elektrische, thermische (durch Wärme erzeugt), chemische, atomare und Strahlungsenergie.
REPORTERIN: Dabei fällt mir spontan Albert Einsteins fundamentale Formel ein: $E = mc^2$.
KANT: Wahrlich eine großartige Leistung des hochgeschätzten Kollegen (im Rahmen seiner „speziellen Relativitätstheorie" aus dem Jahre 1905)! Energie (E) gleich Masse (m) mal (c^2) Lichtgeschwindigkeit zum Quadrat – besagt: Masse (oder Materie) ist eine Form von Energie.
REPORTERIN: Energie ist demnach gleichzusetzen mit Materie.
KANT: Wie gesagt, man mag sie als messbare Form von Energie bezeichnen. Masse kann in Strahlungsenergie umgewandelt und mit dieser Formel berechnet werden.
REPORTERIN: Die Lichtgeschwindigkeit spielt dabei auch eine Rolle?
KANT: Eine entscheidende Rolle. Sie ist gemäß Einstein die größtmögliche Geschwindigkeit überhaupt, mit der Energie (Masse) im leeren Raum transportiert werden kann. Dabei bleibt sie eine stets gleiche Größe, ist völlig unabhängig. Überhaupt wurde das Licht zum alles beherrschenden Werkzeug in der Kernphysik.
REPORTERIN: Die Umwandlung von Masse in Energie, die sich in Einsteins Formel ausdrückt...
KANT: ... ist der entscheidende Schritt. Mit nur wenig Materie wird man in die Lage versetzt, große Mengen von Energie zu schaffen. Einsteins Energiegleichung wird somit bestätigt.
REPORTERIN: Herr Kant, wir kommen leider nicht umhin, in diesem Zusammenhang, das Thema Kernspaltung anzusprechen.
KANT: Aus winzigen Materieteilchen, vorzugsweise spaltbarem Uran, können durch bestimmte Vorgehensweisen, genauer: durch Beschuss von Uran-Atomen mit frei gewordenen Neutronen außerordentliche Energiemengen freigesetzt werden, die sich in Wärme und Strahlung ausdrücken – in Verbindung mit entsprechenden Kettenreaktionen. Hierbei werden immer größere Energiemengen ausgesandt. Letztlich wird eine Energie entfaltet, die ihre Ausgangskraft ins Unfassbare potenziert.
REPORTERIN: Klingt unheilvoll.

KANT: Die Uran-Kernspaltung wurde entdeckt vom Chemiker Otto Hahn, erweitert durch den Italiener Enrico Fermi. Sie schufen die wissenschaftliche Grundlage für die Nutzung der Atomenergie...
REPORTERIN: ... und für den Bau der Atombombe.
KANT: Fürwahr eine, gelinde gesagt, höchst unerfreuliche Entwicklung, letzteres betreffend. Beide warnten, das muss man ihnen zugute halten – später auch Einstein, Heisenberg und andere – vor einer zerstörerischen Anwendung der Atomenergie. Einerseits die friedliche, kontrollierbare, trotz allem risikobehaftete Anwendung der Kernspaltung, andererseits dieses von Menschenhand geschaffene quasi unkontrollierbare Übel.
REPORTERIN: Segen und Leid stehen sich unvermittelt gegenüber.
KANT: Ob es ein Segen für uns sein wird, bleibt abzuwarten. Gut, die bisherigen Erfolge sind beträchtlich, keine Frage. Die Auswirkungen der weiteren Entwicklung auf Technik und Zivilisation sind keinesfalls zu übersehen, man sollte aber auch die großen Gefahren nicht verkennen. Gehen wir somit umsichtig und verantwortungsbewusst mit dieser Errungenschaft um, vermeiden wir Nachlässigkeiten, zähmen wir die Energie in den Kernkraftwerken. Wenn uns das gelingt, dann sehe ich keine unmittelbare Gefahr für den Fortbestand der Menschheit auf Erden und ihre Weiterentwicklung. Doch mein Optimismus hält sich hier in Grenzen. Große Probleme bereitet auch die Entsorgung des entstehenden radioaktiven Abfalls. Wohin mit dem ganzen Zeug?
REPORTERIN: Infolgedessen raus aus der Kernkraft, Herr Kant?
KANT: Ganz ehrlich: Ich bin besorgt. Ja, wir sollten, zumindest mittelfristig, den Ausstieg aus diesem Irrweg planen, einen Wandel wagen, uns nach mehr Alternativen umsehen: Wasser- und Windkraft beispielsweise. Auch die unvorstellbare Kraft der Sonne ist zu nutzen, denn die Ressourcen der Erde werden sich irgendwann dem Ende zu neigen. Nochmals: Die auf Dauer ausgelegte Anwendung von Atomenergie birgt Gefahren, die nicht zu unterschätzen sind. Es steht uns deshalb zur Aufgabe, nach alternativen Energiebereichen zu fahnden.
REPORTERIN: Einstein soll sich ähnlich geäußert haben, im Hinblick auf die Gefahren der Kernenergie.

KANT: Er erkannte sie damals schon, allein aufgrund seiner außerordentlichen Weitsicht. Dazu sein Zitat: „Ich weiß zwar nicht, welche Waffen im nächsten Krieg zur Anwendung kommen, wohl aber, welche im übernächsten: Pfeil und Bogen, vielleicht gar Steinschleudern."
REPORTERIN: Hm... Klingt alles andere als optimistisch, hinsichtlich des Fortbestands der Menschheit.
KANT: Der Mensch als Jäger und Sammler – wieder einmal. Wir müssten unser Leben dem Austrocknen der Kriegsquellen widmen, so Einstein weiter, berechtigterweise.
REPORTERIN: Womit er sicherlich die Rüstungsindustrie meinte.
KANT: Noch mehr als die Zerstörungskraft der Bombe jedoch fürchtete er die Explosionskraft des menschlichen Herzens zum Bösen.
REPORTERIN: Zum Bösen, Herr Kant?
KANT: „Die Welt wird nicht nur bedroht von den Menschen, die böse sind, sondern auch von denen, die das Böse zulassen" – ein weiteres Zitat Einsteins.
REPORTERIN: Ich verstehe: Man sollte diejenigen, die Böses vorhaben, auf die Finger klopfen, einmal salopp formuliert.
KANT: Ja, sie daran hindern, Böses zu tun, ihnen vehement entgegentreten – vorwiegend durch Argumente der Vernunft und Überzeugungskraft. Ich spiele an auf die sich geradezu überschlagenden aktuellen Ereignisse, in der das Böse wieder deutlicher zutage tritt.
REPORTERIN: Der Mensch scheint nichts gelernt zu haben. Ist er immer noch des Menschen Wolf – um einmal Thomas Hobbes zu zitieren?
KANT: Das möchte ich nicht behaupten, nicht generell zumindest. Für eine Minderheit mag das gelten, sicherlich. Die meisten jedoch haben gelernt aus der leidvollen Vergangenheit der letzten Jahrhunderte, insbesondere aus den Grausamkeiten der zurückliegenden Weltkriege.
REPORTERIN: Doch der ewige Frieden scheint heute wieder in weite Ferne gerückt.
KANT: Nun, ein Paradies auf Erden werden wir schwerlich erreichen. Aber gerade deshalb sind wir aufgefordert, für eine Welt zu kämpfen – mit Worten, weniger mit Waffengewalt – die besser ist als diejenige, welche wir heute haben. Ein weiter,

dorniger Weg steht uns noch bevor. Wir sollten nicht klagen, die Hände in den Schoß legen, gar verzweifeln. Im Gegenteil: Wir sollten mutig das Steuer ergreifen und den richtigen Kurs einschlagen – denjenigen, der letztendlich zum Weltfrieden führen mag.
REPORTERIN: Sie geben demnach die Hoffnung nicht auf.
KANT: Feindseligkeiten sind zu untergraben, stehende Heere abzuschaffen, ein Völkerrecht sollte gegründet werden auf dem Bund freier Staaten (was zwischenzeitlich geschah). Ich verweise auf meine Schrift „Zum ewigen Frieden" aus dem Jahre 1795. Ja, ich glaube nach wie vor an die Vernunft im Menschen, trotz aller Unzulänglichkeiten... und an ein künftig glückliches Menschengeschlecht. Schon damals verstand ich mich als... Weltbürger.
REPORTERIN: Ein Weltbürger, der Königsberg nie verließ. Ein Aufklärer, der die Weißen als Menschen mit größter Vollkommenheit bezeichnete, den „gelben Indianern" hingegen geringes Talent und den „Negers" läppische Gefühle bescheinigte. Verzeihen Sie mir meine kritische Bemerkung.
KANT: Nun ja, ich sehe ein, dass auch ich nur ein Kind meiner Zeit blieb, zumal mir in Königsberg, in meiner Epoche, selten Menschen außereuropäischer Rasse vor Augen traten. Ich sollte das Gewand eines Büßers tragen.
REPORTERIN: Themenwechsel, Herr Kant, zurück zur Physik. Sie erwähnten die Kraft der Sonne.
KANT: Ein umgekehrter Vorgang. Die Kernfusion spielt sich in Millionen von Sonnen unseres Universums ab, mit gigantischer Strahlungskraft. Ja, wir sollten auch die nicht endende Kraft der Sonne für uns zu nutzen wissen, wie ich schon betonte.
REPORTERIN: Gegenüber der Masse sind Zeit und Raum relative Begriffe, wie Einstein behauptete?
KANT: Das gilt auch für die Masse eines Körpers. Sie ist abhängig, wie gesagt, von ihrer Geschwindigkeit.
REPORTERIN: Alles hängt also zusammen?
KANT: Nun, hier ist die Vorstellungskraft des Laien bereits überfordert...
REPORTERIN: Wem sagen Sie das, Herr Kant. *(nachdenklich)*
KANT: Was noch im stärkeren Maße für die „allgemeine Relativitätstheorie" gilt, die vielleicht kühnste und umwälzendste Erkenntnis der Neuzeit nach der kopernikanischen Wende. Ein-

stein stellte sie 1916 vor, sozusagen als Erweiterung, und wagte damit einen völlig neuen Blick auf Raum und Zeit, erschloss ganz neue Betrachtungsweisen. Ein geschlossenes System, Mikro- und Makrokosmos einbegreifend. Dadurch eröffnete die Relativitätstheorie nicht nur eine Brücke zur Philosophie, sondern befand sich auch mit der physikalischen Wirklichkeit im vollen Einklange.

REPORTERIN: Das müssen Sie uns genauer erklären. Was eigentlich hat Einsteins Relativitätstheorie mit der Philosophie zu tun? Und überhaupt, beispielsweise dürfte es dieser doch ziemlich gleich sein, ob die Atome das Unteilbare sind oder deren Teilchen...

KANT: Aber gnädige Frau: Physik und Philosophie haben die *Ontologie* zum Thema, die danach fragt, was wirklich existiert – selbstverständlich in verschiedenen Erklärungsansätzen.

REPORTERIN: So wird die Lehre vom Sein, eben die Ontologie, auf verschiedene Art und Weise interpretiert?

KANT: Ja, beide Seiten versuchen an die Grenze menschlichen Wissens zu gelangen, sie sogar zu überschreiten.

REPORTERIN: Ich verstehe. Ein Vordringen in Grenzbereiche somit.

KANT: Gehen wir weiter: Einstein wich von der alten Idee Newtons ab, dass die Schwerkraft, im eigentlichen Sinne, keine Kraft sei. Was sicherlich erstaunlich klingen mag.

REPORTERIN: Da staune ich aber wirklich. Die Schwerkraft soll keine Kraft sein?

KANT: Nun ja... bedingt, wie soll ich mich ausdrücken? Schwerkraft im All entsteht, gemäß Einstein, durch Wölbung im Raum, wobei jener verzerrt wird, verursacht durch Masse, durch sehr viel Masse allerdings. Denn es bedarf schon der Größe eines Sterns oder Planeten, um den Raum zu krümmen.

REPORTERIN: Raum und Zeit werden somit von der Beschaffenheit der Materie beeinflusst?

KANT: Oder anders gesagt: Die Anwesenheit von Masse beeinflusst die Raumstruktur, verändert sie. Dabei ist der Raum eng mit der Zeit verbunden. Nach der Relativitätstheorie sind Raum und Zeit mittels Lichtgeschwindigkeit zu einem vierdimensionalen Kontinuum „zusammengeschweißt", bestimmt durch das Gravitationsfeld.

REPORTERIN: Zeit und Raum als vierte Dimension, abhängig von Gravitationen. Davon habe ich schon gehört. Drei sind uns seit Euklid bekannt: Länge, Breite, Höhe.
KANT: Einstein erweiterte somit die klassische Physik Newtons. Keineswegs möchte ich dessen großartige Leistung schmälern, nochmals ausdrücklich auf seine Gravitationsgesetze verweisen. Sie besitzen weiterhin Gültigkeit. Allerdings: Newtons Dogma vom absoluten Raum, in der die Materie hineingestellt ist, und von der absoluten Zeit, wurde erstmals ernsthaft infrage gestellt. Somit schuf Einstein einen neuen Raum- und Zeitbegriff, denn die Zeit wird nicht nur durch die Drehung der Erde, sondern auch durch die Fortpflanzung des Lichts definiert.
REPORTERIN: Raum und Zeit sind nichts Absolutes mehr?
KANT: Sie verändern sich, je nach Umständen, unter denen sie berechnet und gemessen werden.
REPORTERIN: Hm... Herr Kant, die berühmte „Delle" im Raum, die schwer vorstellbare Krümmung der Raumzeit. Konnte Einsteins Theorie eigentlich durch die Praxis bestätigt werden?
KANT: Es gibt nichts Praktischeres als eine gute Theorie. Doch nun zu Ihrer Frage: Etwas später, mittels einer Sonnenfinsternis, konnte tatsächlich nachgewiesen werden, dass sich das Licht um die Masse der Sonne herum krümmt, von ihr beeinflusst, abgelenkt wird. Der Beweis war erbracht. Von nun an war Einstein ein weltberühmter Wissenschaftler. Als bewiesen war, dass er Recht hatte, zuckte er nur, ahnungslos tuend, mit den Achseln.
REPORTERIN: Wow, wie cool ist das denn?
KANT: Cool also nennt Sie es. Nun, eine derart gemäßigte Reaktion drückt Bescheidenheit aus, keine Frage, im Gegensatz zur oftmals großspurigen Prahlerei einiger eitler Zungenhelden. Nicht viel mehr als Schall und Rauch! Man sollte ihnen den Spiegel vorhalten. Kein Mensch ist so wichtig, wie er sich gibt.
REPORTERIN: Da kommt mir doch spontan ein ebenso großes Physikgenie aus dem Altertum in den Sinn...
KANT: *(lacht)*... das jedoch Bescheidenheit vermissen ließ, indem es unbekleidet, freudig und lauthals „Heureka" rufend durch die Straßen seiner Heimatstadt Syrakus gelaufen sein soll,

nachdem es in der Badewanne das nach ihm benannte Archimedische Prinzip entdeckt hatte.
REPORTERIN: Als Synonym für plötzliche Erkenntnis.
KANT: Nun, zweifelsfrei eine Überreaktion. Andererseits sprach ich von Zungenhelden.
REPORTERIN: Wir sollten Einstein weiter folgen. Lichtstrahlen setzen sich nicht geradlinig fort...
KANT: ... sondern folgen auf ihrem Weg durchs All der Krümmung des Raumes.
REPORTERIN: Alles ist irgendwie relativ, Herr Kant?
KANT: Nicht alles, gnädige Frau, nicht alles. Es gibt auch unbedingte Wahrheiten. Alte Sicherheiten wurden damals über den Haufen geworfen, ein neues Weltbild begründet, das Verständnis der Zeit revidiert.
REPORTERIN: Einer kopernikanischen Wende gleich.
KANT: Bislang wurden subjektive Standpunkte und Beimischungen, also Beobachtungen, von der Naturwissenschaft abgelehnt: Verfälschungsgefahr. Raum und Zeit waren bei Newton getrennt, bei Einstein miteinander verknüpft. Letzterer bezog, in seiner speziellen Relativitätstheorie, den Standpunkt verschiedener Beobachter mit ein. Die Subjektivität kam wieder in Mode.
REPORTERIN: Es kommt dabei auf den Standpunkt an?
KANT: Derjenigen Beobachter wohlgemerkt, die den gleichen Vorgang in verschiedener Weise, und nochmals, von verschiedenen Standpunkten her wahrnehmen, im Zusammenhang von Zeitverschiebungen.
REPORTERIN: Die Vorstellung der Gleichzeitigkeit wird zurückgenommen?
KANT: Einige Beispiele dürften uns bekannt sein, ich brauche sie nicht zu nennen. Einsteins Relativitätstheorie besagt insofern, dass dieselben Dinge je nach Zusammenhang verschiedene Bedeutung haben können.
REPORTERIN: *(resignierend)* Jetzt verstehe ich gar nichts mehr.
KANT: Nicht weiter schlimm. Warum soll es Ihr besser ergehen als allen anderen. Jedenfalls bezieht sich Einsteins Relativitätstheorie, wie gesagt, auf Materie, Raum und Zeit, Energie, Strahlung, Licht. Nichts war nach Einstein wie zuvor. Die gesamte Reichweite seiner Theorien können nur wenige Wissen-

schaftler verstehen, bis heute. Was Sie, so hoffe ich, beruhigen wird, die gnädige Frau. Und diesen wissenschaftlichen Umsturz schaffte Einstein kraft seines Denkens.
REPORTERIN: Das erinnert mich an einen gewissen Philosophen aus Königsberg, in seiner Lebensweise ebenso bescheiden, anspruchslos, liebenswert, trotz aller Genialität.
KANT: *(verlegen)* Nun ja... zumindest verbindet uns, Einstein und mich, diese leidenschaftliche Neugier miteinander. Einstein kam ohne Experimente aus, verließ sich tatsächlich auf die Kraft seines Gehirns, nur mit Papier und Bleistift ausgestattet.
REPORTERIN: Nur mit Papier und Bleistift?
KANT: Dazu eine kleine Episode: 1933 besuchten die Einsteins die berühmte Sternwarte des Mount-Wilson-Observatoriums. Während er sich mit anderen Wissenschaftlern austauschte, besichtigte Frau Einstein das Teleskop und fragte, wozu man ein so riesiges Instrument denn brauche. „Damit werden die Dimensionen des Weltraums ausgemessen." „Seltsam", erwiderte sie, „Mein Mann macht das auf der Rückseite gebrauchter Briefumschläge."
REPORTERIN: *(leise)* Erstaunlich, wirklich erstaunlich.
KANT: Das sollte hierzu genügen. Oder möchte Sie, die gnädige Frau, dass ich Ihr noch mehr Einzelheiten über Einsteins großen Entdeckungen nenne?
REPORTERIN: Nein danke. Das wäre wirklich des Guten zuviel.
KANT: Auch Zeitgründe dürften sicherlich dagegensprechen.
REPORTERIN: *(nachdenklich)* Ja, ja, die Subjektivität der Zeit... Manchmal vergehen die Minuten wie im Fluge, ich verweise auf unser Gespräch. Manchmal werden einige Minuten zur Ewigkeit...
KANT: *(amüsiert)* Wenn Sie beispielsweise auf einer heißen Herdplatte sitzet. Dann wird es wahrlich unbequem.
REPORTERIN: Ihr eigener Humor, Herr Kant.
KANT: Wobei wir beim Thema Wärmestrahlung und Energie angelangt sind. Wir sollten kurz darauf eingehen.
REPORTERIN: Energie und Materie haben natürlich mit Wärmeerzeugung zu tun.
KANT: Richtig. Nach heutiger Ansicht ist die Wärme Bewegungsenergie von atomaren Teilchen. Sie entsteht, ganz grob gesagt, durch Schwingungen und Bewegungen von Atomen und

Molekülen. Wärme ist eine Energieform, eine Form der Bewegung. Wie wir heute wissen, kann man das eine in das andere verwandeln. Beide sind wesensgleich.
REPORTERIN: Energie kann somit in Wärme und Wärme in entsprechende Energie umgewandelt werden.
KANT: Das sagte ich soeben. Dies alles erkannten wir damals im 18. Jahrhundert noch nicht. Vielmehr begriffen wir Wärme als Substanz, als besonderen gewichtslosen Stoff, nicht unbedingt als Energieform. Wir nahmen noch Wärmeteilchen an, welche Wärme erzeugen. Erst in der Mitte des 19. Jahrhunderts machte man beachtliche Fortschritte, befasste sich intensiver mit der Wärmelehre, genauer: mit dem Bewegungszustand der Moleküle, ausgedrückt in Leistung, Strömung, Strahlung.
REPORTERIN: Herr Kant, eine wichtige Energiequelle, neben einigen anderen, ist die Atomenergie. Ich möchte gern nochmals darauf zurückkommen.
KANT: Atomenergie? Gut, beschäftigen wir uns folglich mit der Welt im Kleinen, mit den Atomen.
REPORTERIN: Die These von den Atomen war lange heftig umstritten. Wann setzte sie sich endgültig durch?
KANT: Schon im Altertum fanden entsprechende Spekulationen statt (Leukipp, Demokrit, Epikur, Lukrez). Sie wurden zu Beginn der Neuzeit durch den Franzosen Pierre Gassendi wieder aufgegriffen. Er schrieb den Atomen bereits Gestalt, Ausdehnung, Bewegung und Kraft zu. Der englische Chemiker John Dalton zeigte dann um 1800 bei Versuchen mit Gasen, dass die Materie tatsächlich aus Atomen besteht. Er gilt als Begründer der modernen Atomlehre.
REPORTERIN: Die sich dann auch durchsetzte?
KANT: Ganz allmählich, gegen viele Widerstände wohlgemerkt.
REPORTERIN: Auch mit Hilfe der Chemie, Herr Kant?
KANT: Gewiss, sie und die Optik waren durchaus hilfreich. Für diese Disziplinen war es schon selbstverständlich, dass alle Stoffe aus kleinsten Teilen zusammengesetzt sind. Man konnte bereits diverse neue Elemente nachweisen, atomar und molekular strukturiert.
REPORTERIN: Vorher sind nur die vier Elemente des Altertums bekannt gewesen?
KANT: Feuer, Wasser, Luft und Erde – sich stetig vermischend.

REPORTERIN: Erstmals von Empedokles prognostiziert, derjenige, der damals in den Ätna sprang, der Sage nach.
KANT: Arzt, Physiker, Politiker, Priester, Philosoph... zweifellos ein griechisches Universalgenie.
REPORTERIN: Phänomenal, diese Griechen!
KANT: Die alten Griechen zumindest.
REPORTERIN: Was sich von den heutigen nicht unbedingt sagen lässt.
KANT: *(lacht)* Ja, an die Leistungen ihrer Vorfahren konnten sie bislang nicht anknüpfen, nicht einmal ansatzweise.
REPORTERIN: Der eigentliche Kampf um die Atome sollte erst anfangs des 20. Jahrhunderts beginnen, oder?
KANT: Noch im späten 19. Jahrhundert gehörten Atome für viele Physiker (u.a. Ernst Mach) in das Reich von Dämonen. Man hielt sie für metaphysischen Unsinn.
REPORTERIN: Dann aber kam die Wende, der endgültige Sieg?
KANT: Um 1900 herum wurde eine Anzahl neuer Erkenntnisse gewonnen, in der Physik und Chemie, die Atomlehre einbegreifend. J.J. Thomson entdeckte das Elektron, das eine wesentliche Rolle in der Struktur und Eigenschaft des Atoms spielt. Somit schuf er ein erstes Atommodell. Es wurde von seinem Schüler Ernest Rutherford, der sich intensiv mit der neu entdeckten Radioaktivität beschäftigte, bestätigt, ausgebaut, erweitert.
REPORTERIN: Dieser erkannte dann, dass sich die Atome in noch viel kleinere Teilchen zerlegen lassen?
KANT: Ja, durch entsprechende Experimente stellte er fest, dass ein Atom ein zusammenhängendes Gebilde ist. Vorher, noch am Ende des 19. Jahrhunderts, hielt man es für unteilbar. Es besteht, gemäß Rutherfords Experiment, aus einem positiv geladenen Atomkern und negativ geladenen Elektronen, die auf Bahnen um den Kern kreisen.
REPORTERIN: Ein Planetensystem im Kleinen? Atome als verkleinertes Abbild des Makrokosmos?
KANT: Durchaus vergleichbar. Rutherfords Atommodell, da hat Sie Recht, ähnelt in seinem Ablauf tatsächlich unserem Sonnensystem. Fliehkräfte der Elektronen wirken der Anziehungskraft des Atomkerns entgegen, ebenso wie diejenigen der Planeten der Anziehungskraft der Sonne. Dadurch werden sie

auf ihren Bahnen gehalten. Rutherford ging es letztlich um die Zerteilbarkeit von Atomen.
REPORTERIN: Man fand dann noch andere, wesentlich kleinere Teilchen?
KANT: Jahrzehnte später fand man heraus, dass sich Atomkerne wiederum in Protonen und Neutronen, sich sogar in noch viel kleinere Teile, den sogenannten Quarks aufteilen lassen.
REPORTERIN: Herr Kant, Sie sprachen von molekularen Anordnungen der Elemente. Moleküle waren schon zu Ihrer Zeit bekannt, oder?
KANT: Ja, in der Chemie bereits, die gerade anfing, sich zu etablieren, sich von ihrer Vorstufe, der Alchimie, abzuwenden.
REPORTERIN: Die Alchimie wurde doch schon seit ewigen Zeiten betrieben.
KANT: Schon seit der Antike, als eine Art geheimnisvolle schwarze Kunst mittels Verwandlung von Metallen, insbesondere in Gold. Man suchte nach einem neuen Lebenselixier, um Jugend, Kraft und Gesundheit zu erhalten.
REPORTERIN: Die Herstellung von Gold ist jedoch nie gelungen, niemals fand man ein Lebenselixier, auch nicht den Stein des Weisen, der all dieses ermöglichen sollte. Alles Humbug, Magie und Hexerei?
KANT: Nicht ganz. Ich halte es für verfehlt, anzunehmen, dass die Alchimie nur nutzloser, müßiger Zeitvertreib gewesen sei. Nicht alles war hanebüchen. Natürlich gab es auch, neben einigen ernsthaften Alchimisten, viele Schwindler und Giftmischer. Doch die Alchimie schuf die Grundlage für eine echte exakte Wissenschaft – die Chemie. Von ihr wurde sie schließlich verdrängt. Dieses ist, im 16. bzw. 17 Jahrhundert, u.a. so bedeutenden Männern wie Paracelsus, dem überragenden Arzt der frühen Neuzeit, als Wunderheiler gelobt...
REPORTERIN: Der Goethes „Faust" als Vorbild diente...
KANT: ... und dem englischen Chemiker Robert Boyle zu verdanken, Wegbereiter der modernen Chemie. Einige chemische Verbindungen waren den Alchimisten, den frühen Chemikern, wohlbekannt. Sie sollte bedenken, dass zahlreiche Medikamente seit langem auf chemischem Wege gewonnen wurden.
REPORTERIN: Um uns Jugend, Kraft und Gesundheit zu schenken, Lebenselixier eben.

KANT: Gut, soviel dazu. Haben wir nicht gerade die Moleküle angesprochen?
REPORTERIN: Ja, die Moleküle... natürlich.
KANT: Moleküle sah man derzeit schon als kleine chemische Einheiten, aus denen sich alle Dinge unseres Lebensraumes zusammensetzten, ob fest, flüssig oder gasförmig, sich in ständiger Bewegung befindend, sich chemisch verbindend, sich gegenseitig anziehend, sich im gasförmigen Zustand ausdehnend.
REPORTERIN: Und was haben Moleküle mit Atomen zu tun?
KANT: Aufgebaut sind sie ihrerseits aus vielen, oft gar Tausenden von Atomen derjenigen Elemente, aus denen sich unser ganzes Universum zusammensetzt. Mein Zeitgenosse, der Franzose Lavoisier erkannte bereits die molekulare Zusammensetzung der Materie, die dann zu ihrer genauen Beschreibung durch chemische Formeln führen sollte.
REPORTERIN: Herr Kant, wir sollten noch näher eingehen auf die Atomenergie, welche, früher als auch heute, auf uns Menschen eine geheimnisumwitterte, geradezu unheimliche Wirkung ausübt, außerdem schwer verständlich ist.
KANT: Auf die mit Atomenergie verbundenen Gefahren wies ich schon hin. Verfolgen wir ihre geschichtliche Entwicklung: Im ausgehenden 19. Jahrhundert glaubte man schon, irrtümlich, der Bau der Physik als eine in sich geschlossene Wissenschaft sei nun beendet, alles sei erklärt und bedürfe lediglich noch einiger Ergänzungen. Im Großen und Ganzen hielt man die Natur für geordnet und ihre Vorgänge für nachvollziehbar. Da rief Max Planck im Jahre 1900 die Quantentheorie ins Leben und reichte uns endgültig den Schlüssel für ein besseres Verständnis der mikroskopischen Welt.
REPORTERIN: Für ein besseres Verständnis? Oder für noch mehr Unverständnis?
KANT: Abwarten. Seine These war schon deshalb notwendig geworden, weil die klassische Physik, beispielsweise bei der Beschreibung des Lichts oder des Aufbaus der Materie, an ihre Grenzen gestoßen war. Überhaupt lassen sich viele Dinge nur quantenmechanisch verstehen, wie man später feststellte.
REPORTERIN: Oder missverstehen. Ein neues wissenschaftliches Zeitalter brach an, welches die klassische Physik ablöste?

KANT: Ja, Max Planck schuf die entscheidende Grundlage für die moderne Atomforschung, gilt als bedeutender Schöpfer des heutigen Weltbildes.
REPORTERIN: Verstand man das damals eigentlich, zu Anfang des 20. Jahrhunderts?
KANT: Wohl kaum. Diese neue naturwissenschaftliche Theorie stiftete zunächst reichlich Verwirrung und Unruhe unter den Gelehrten, seinen Begründer einbegreifend.
REPORTERIN: Weil sie für die damalige Zeit schwer begreiflich war?
KANT: Nun, das gilt auch noch für die heutige Zeit. Da gebe ich Ihr Recht, der gnädigen Frau. Zumal Planck zeigte, dass ebenso wie alle Materie, auch die Energie atomistisch unterteilt ist, nachdem er sich eingehend mit der Wärmelehre beschäftigte.
REPORTERIN: Worum ging es da eigentlich, vielleicht ganz kurz und prägnant?
KANT: Wenn Körper erhitzt werden, senden sie Wärmestrahlung aus, die, vergleichbar mit Sonnenstrahlen, aus vielen verschiedenen Frequenzen, also Schwingungen pro Zeiteinheit, zusammengesetzt sind. Es geht um Strahlungsintensität von Frequenzen, um kleine Energieeinheiten (Quanten), besser gesagt: um ihre Quantelung.
REPORTERIN: Quantelung, Herr Kant?
KANT: Planck entdeckte, Wärme und Elektrizität betreffend, dass ein Atom nicht stetig Energie in Form von Strahlung aufnehmen und abgeben kann, sondern nur in ganz bestimmten Quanten. Nicht in immerfort dahinfließenden Wellen – wie bislang angenommen – sondern in kleinsten Energieportionen, quasi löffelweise, deren Größe von der Quantentheorie berechnet werden kann. Strahlung und Energie werden demnach nicht kontinuierlich von einer Lichtquelle (Feuer, Sonne, elektrischer Funken) ausgesendet.
REPORTERIN: Hatte Plancks Entdeckung Einfluss auf Einstein? Seltsam, er geht mir einfach nicht aus dem Sinn.
KANT: Ja, Einstein hinterließ fraglos eine nachhaltige Wirkung. Die Quantelung machte auch er sich zunutze, wandte die Quantentheorie auf Lichtstrahlen an – was Planck nicht erkannte –, verhalf ihr zum endgültigen Durchbruch und begründete so die Relativitätstheorie, die zweite Grundlage der moder-

nen Physik. Somit beabsichtigte er, beide großen Theoriegebäude zu vereinigen. Einstein fand heraus, dass Licht aus einzelnen Energiequanten, den sogenannten Photonen besteht, die er als Materie identifizierte. Wir sprechen von Lichtquantentheorie. So konnte schließlich das Licht erklärt werden.
REPORTERIN: Immer wieder Einstein! Zweifelsohne eine großes Wissen ausdrückende, fast schon gottähnliche Vaterfigur, zumindest eine Pop-Ikone seiner Zeit.
KANT: *(lacht)* Schlohweißes, wirres Haar, ein gutmütiges Gesicht... so stellen sich nicht wenige Gott Vater vor... wobei dessen Seriosität, sollte man anhand eines bekannten Fotos diesen Vergleich wagen, ein wenig auf der Strecke zu bleiben scheint.
REPORTERIN: *(lacht ebenfalls)* Wegen der ausgestreckten Zunge und der saloppen, gar etwas schäbigen Kleidung, meinen Sie. Herr Kant, gern zurück zum Thema. Quanten- und Atomtheorie müssen somit zusammen gesehen werden?
KANT: Quantentheorie ist ohne Atomtheorie nicht denkbar – und umgekehrt.
REPORTERIN: Profitierten noch weitere Wissenschaftler von dieser Entdeckung?
KANT: Nicht nur sie, sondern letztendlich die gesamte Menschheit. Zunächst stieß sie auf viel Skepsis, wurde schließlich zum Ausgangspunkt der modernen Atomtheorie. Mit der neu entstandenen Quantenlehre ließen sich nunmehr neue Theorien entwickeln. Niels Bohr beispielsweise erkannte die Bedeutung der Energiequantelung für das Verständnis des Atomaufbaus, erneuerte das Atommodell Rutherfords.
REPORTERIN: Kurze Erklärung?
KANT: Bohr erkannte, dass sich Elektronen um den Atomkern herum auf bestimmten, festgelegten, schalenförmigen Bahnen bewegen, und nicht auf beliebigen, wie Rutherford zuvor meinte.
REPORTERIN: Dementsprechend intensivierte er dessen Atommodell?
KANT: Ja, wobei er die Quantentheorie auf die Struktur der Atome anwandte. Werner Heisenberg und Max Born entwickelten dann, unabhängig voneinander und ergänzend, eine endgültige Quantentheorie. Man nennt sie Quantenmechanik, wobei man zunächst eine gewisse Ähnlichkeit zwischen der

Himmelsmechanik und der Mechanik des Atoms festzustellen glaubte.
REPORTERIN: Ähnlichkeit? Die auf den Kenntnissen Newtons gegründete Himmelsmechanik beschäftigte sich doch mit den Bewegungen großer Körper. Dagegen geht es bei der Quantenmechanik um Bewegungen auf der Ebene der Atome, oder?
KANT: Mit ihr kann der Aufbau der Atome und Moleküle erklärt werden. Auch, und das ist wichtig, in riesigen Massen, aus denen Sterne und Galaxien bestehen. Eins greift ins andere. Kleinste und größte Naturphänomene wurden nun verständlicher.
REPORTERIN: Die Quantenmechanik beschreibt letztlich, wenn ich das richtig verstehe, was Elementarteilchen, Atome und Moleküle so treiben, salopp ausgedrückt. Man konnte jetzt sogar Größenordnungen unterhalb eines Atoms beschreiben?
KANT: Ja, man stieß immer tiefer in den Mikrokosmos vor, bis dahin eine eher dunkle, unberechenbare Welt...
REPORTERIN: ... die natürlich nicht sinnlich erfaßbar ist.
KANT: Nur durch entsprechende Experimente. Allerdings entfernte man sich immer mehr, Schritt für Schritt, von der klassischen Physik. Auf Grundlage der „Planckschen Formeln" schuf man so ein neues Atommodell, das eine widerspruchslose Beschreibung atomarer Vorgänge erlaubt. Die klassische Methode Newtons und die Quantenmechanik sind jeweils in sich geschlossene Gebiete.
REPORTERIN: Herr Kant, bleiben wir, zum besseren Verständnis, noch ein wenig bei den Quanten...
KANT: ... und ihren Sprüngen.
REPORTERIN: Stehen deren Entdeckung nicht die Worte des Herrn von Leibniz entgegen, der einst sagte: „Die Natur macht keine Sprünge"?
KANT: *(lacht)* Jedenfalls ab einem bestimmten Alter nicht mehr.
REPORTERIN: *(grübelnd)* Wem sagen Sie das, Herr Kant.
KANT: Kann Sie das wirklich schon beurteilen, die gnädige Frau. So jung noch an Jahren?
REPORTERIN: Jung sicherlich, gemessen am biblischen Alter, das Sie aufweisen, Herr Kant.

KANT: Nun ja. Ich zitiere Rousseau: Nicht der Mensch hat am meisten gelebt, welcher die höchsten Jahre zählt, sondern derjenige, welcher hat sein Leben am meisten empfunden.
REPORTERIN: Welcher sein Leben am intensivsten gelebt hat also.
KANT: Das sollte Sie beruhigen. Nun weiter: Leibniz, und danach die gesamte Physik, gingen noch von stetig verlaufenden Naturvorgängen aus, nicht von Sprüngen der Natur. Tatsächlich senden Atome nachgewiesenermaßen keine stetige Strahlungsenergie aus, sondern immer nur stoßweise, in kleinen Päckchen, in Quanten eben. Der Begriff „Plancksches Wirkungsquantum" wurde dabei zur wichtigen, unveränderlichen Naturkonstante. Eine mathematische Erklärung sollten wir uns ersparen.
REPORTERIN: Warum ist das so wichtig?
KANT: Vieles in der Natur konnte die Wissenschaft jetzt erst richtig verstehen. Überall wo Energie abgegeben wird, ist sie in der Natur vorhanden, im kleinsten Atom eines irdischen Stoffes ebenso wie auf der Sonne. Ohne die Konstante des Wirkungsquantums keine Energieabgabe. Die Sonne könnte kein Licht, keine Wärme aussenden, es gäbe keine Atomenergie...
REPORTERIN: Kein Leben demnach.
KANT: Nochmals: Die Natur arbeitet in messbaren Sprüngen und nicht in unendlich kleinen, stetigen Schritten, wie bis dahin angenommen. Bisher wurde es für unfehlbar gehalten, dass alles, da wiederhole ich mich gern, hinsichtlich der Naturvorgänge kontinuierlich vor sich geht.
REPORTERIN: Sie sprechen von Quantensprüngen, mit denen ja, zumindest in der heutigen Umgangssprache, große, fortschrittliche Veränderungen gemeint sind.
KANT: Oft werden sie, zweckentfremdend, als Worthülsen missbraucht – mit Vorliebe in Politik und Werbung, um angeblich große Fortschritte zu vermelden. Ob es sich bei den atomphysikalischen Quantensprüngen hingegen um große Sprünge handelt, wage ich zu bezweifeln.
REPORTERIN: Sondern? Erklären Sie uns das bitte?
KANT: Es handelt sich hierbei, äußerst grob formuliert, um den Übergang eines mikrophysischen Systems in ein anderes, durch das Quantengesetz erzwungen.

REPORTERIN: Klingt kompliziert. Geht es nicht etwas einfacher?
KANT: Nun, wir haben vorhin die Struktur und den Aufbau eines Atoms besprochen. Jetzt geht es um sein bewegtes Innenleben, um ständige, winzige Sprünge von Elektronen infolge des Übergangs von einer Kreisbahn zur nächsten, um den Atomkern herum. Und somit um gleichzeitige Aufnahme und Abgabe von Energie, die wir Energiequanten bzw. Lichtquanten nennen...
REPORTERIN: Genug, genug, Herr Kant.
KANT: Also um ein Vorgehen innerhalb des Atoms, wahrnehmbar nur anhand von Modellen und Berechnungen. Und somit um kleinste, nicht für das menschliche Auge sichtbare Veränderungen.
REPORTERIN: Und warum ist das alles so wichtig für die Menschheit?
KANT: Weil durch diese Quantensprünge Energie hervorgebracht wird, die wir dringend benötigen. Um sie geht es schließlich, eine wichtige Voraussetzung für die Existenz der Menschheit.
REPORTERIN: Sicherlich ebenso lebenswichtig wie Mutationen in der Evolutionsbiologie, oder?
KANT: Quantensprünge in der Evolution! Für wahr, die sprunghafte Natur!
REPORTERIN: Und für unser Alltagsleben...?
KANT: ...ist Plancks Entdeckung von großem Nutzen. Ohne sie gäbe es heutzutage keine Laserstrahlen, keine Solarenergie, keine Mikroelektronik, keine Computer...
REPORTERIN: *(lacht)* Oh je, eine Welt ohne Computer! Einfach nicht denkbar!
KANT: Es gab auch eine Welt vor ihr. Da bin ich mir ziemlich sicher. *(lacht ebenfalls)*
REPORTERIN: Heisenberg entwickelte anschließend seine schwer nachvollziehbare „Unschärferelation". Auch dazu eine Erklärung, Herr Kant?
KANT: Ein Quantensprung zu Heisenberg gewissermaßen. Sie ist sehr wissbegierig, die gnädige Frau. Und das ist gut so. Ergo, ganz kurz und prägnant auf den Punkt gebracht: Heisenberg setzte sich rechnerisch mit den Vorgängen innerhalb eines A-

toms auseinander und kam zu dem Ergebnis, dass gewisse Dinge darin nur unscharf zu erfassen sind.
REPORTERIN: Gewisse Dinge?
KANT: Atomare Prozesse, wie Ort und Geschwindigkeit der Elementarteilchen, sind gemäß seinen Forschungen nicht genau messbar, zumindest nicht gleichzeitig, trotz verbesserter Messtechnik. Somit erschütterte Heisenberg den bis dahin weitgehend gültigen Begriff der Kausalität im Bereich der Physik auch im Atombereich.
REPORTERIN: Das Prinzip: gleiche Ursache, gleiche Wirkung kann demnach im Bereich der Elementarteilchen nicht angewandt werden.
KANT: Beispielsweise kann nicht genau vorhergesagt werden, wann ein radioaktives Atom zerfällt oder wann genau der Quantensprung eines Elektrons erfolgt. Quanten folgen gern ihren eigenen Regeln, was in der klassischen Physik schlicht unmöglich ist.
REPORTERIN: Der Zufall spielt eine Rolle in der Welt der Atome...
KANT: Ja, eine exakte Vorhersage ist nicht möglich.
REPORTERIN: Und somit ist die Materie unanschaulich geworden.
KANT: Unanschaulich? Nett formuliert. Wie ich schon sagte, nicht detailliert und exakt messbar wie in der klassischen Physik, u.a. bei der Vermessung des Sonnensystems. Es gibt nur energetische Vorgänge, die sich gegenseitig beeinflussen und dazu neigen, sich unserer Anschauung zu entziehen. So zeigt sich, dass die Gesetze der klassischen Mechanik in der Atomphysik nicht anwendbar sind. Naturwissenschaftliche Vorgänge sind im atomaren Bereich nicht mehr determiniert...
REPORTERIN: Also nicht vorher bestimmbar. Die Bestätigung, dass die Natur tatsächlich Sprünge macht, zumindest im atomaren Bereich. Gab und gibt sich die Wissenschaft damit zufrieden, ich meine, mit dieser Unbestimmtheit?
KANT: Wohl oder übel. Heisenberg setzte sich selbst eine Grenze, verflüchtigte sich aber nicht im Nebel der Unwissenheit, denn sein Gesetz drückt tatsächlich mathematische Klarheit aus.
REPORTERIN. Das gilt sowohl für die große und kleine Natur?

KANT: Nur für die Mikrophysik, somit für den atomaren Bereich, den Bereich der Elementarteilchen, welcher sich der menschlichen Anschauung entzieht.
REPORTERIN: Nicht für die Vermessung des Himmels?
KANT: Hier trennt sich die Quantenmechanik von der klassischen Physik. Nochmals: Deren Gesetze sind hier nicht anzuwenden. Mit Planck, Einstein und Heisenbergs Quantenmechanik erfolgte nach und nach eine Loslösung vom starren Weltbild des 19. Jahrhunderts. Andererseits: Mikro- und Makrobereich sind natürlich miteinander verbunden.
REPORTERIN: Sie sind nur nicht auf eine gemeinsame Formel zu bringen. Das habe ich gecheckt. Was sagte eigentlich der späte Einstein dazu?
KANT: Einstein, in die Jahre gekommen, konnte sich niemals mit dieser Tatsache der Wahrscheinlichkeit und Ungewissheit abgeben – ebenso wenig wie Max Planck, der das Ergebnis seiner Entdeckung, hervorgegangen aus einem Experiment, zunächst selbst nicht verstand, es zumindest skeptisch betrachtete.
REPORTERIN: Gott würfelt nicht!
KANT: Ja, Einsteins bekannter Kommentar dazu. Man hätte erst Gewissheit, so meinte er, wenn man weiterhin ausgiebig forsche. Man solle nicht davor kapitulieren.
REPORTERIN: Auch Ihre Meinung, Herr Kant?
KANT: Selbstverständlich. Niemals sollte man vor etwas kapitulieren.
REPORTERIN: Zumindest verstehe ich jetzt, warum die Quantenphysik für den Laien so schwer zu ergründen ist.
KANT: Ein überaus komplexes Fachgebiet, selbst für einen ausgebildeten Physiker schwer zu durchdringen.
REPORTERIN: Das tröstet mich ungemein. Ein Buch mit sieben Siegeln also. Eigentlich ein Thema, für das sich auch die Philosophie interessieren sollte, oder?
KANT: Ah, Sie bringt die Philosophie ins Spiel! Ja, dass nicht alle Dinge in der Natur vorhersehbar sind, der Vorstellung vom Aufbau der Welt die sichere Grundlage genommen wurde, sollte auch die Philosophen interessieren, wobei ich auf die nahestehenden Ansichten Einsteins verweise. Ich befürchte nur: Philosophisch wird die Quantentheorie, das gilt auch für die Relativitätstheorie, noch gar nicht verstanden – einhundert

Jahre nach ihrer Entdeckung. Außerdem ist völlig unbekannt, ob und wie Quanten unsere gelebte Realität, u.a. unser Bewusstsein, beeinflussen.

REPORTERIN: Herr Kant, ich möchte weiter fragen...

KANT: Frage Sie ruhig. Wenn es denn der Wissenserweiterung dienen mag.

REPORTERIN: Immer wieder werden die Worte Physik und Mechanik genannt?

KANT: Sie kommen aus dem Griechischen und bedeuten die Lehre von der Natur bzw. von der Bewegung der Körper unter Einfluss anderer Kräfte. Heute verstehen wir unter Physik die Wissenschaft vom Verhalten der unbewegten Materie (Eigenschaften, Kräfte) durch bestimmte Messformen und mathematische Formeln.

REPORTERIN: Das betrifft die klassische Physik?

KANT: Ja, schauen wir einmal zurück, in ihre Geschichte. Die Anfänge lagen im alten Griechenland, wobei ich wiederum auf Archimedes verweisen möchte, den größten und vielseitigsten Naturwissenschaftler seiner Zeit.

REPORTERIN: Erst störte ein römischer Soldat seine Kreise („Störe meine Kreise nicht"), dann zerstörte er den Genius selbst.

KANT: Der anscheinend einzige Beitrag der Römer zur Mathematik, wie ein Engländer so treffend anmerkte.

REPORTERIN: Ja, die Engländer... und ihr Humor. Herr Kant, im Mittelalter gab es keine experimentellen Fortschritte?

KANT: Nein, erst ab 1600 begann mit Galilei die neuzeitliche Physik und wurde bis 1900 durch zahlreiche Einzelentdeckungen vorangetrieben und erweitert.

REPORTERIN: Hier tat sich insbesondere der oft genannte, von Ihnen hoch verehrte Isaak Newton hervor.

KANT: Nun, früher bezog sich die Physik bevorzugt auf Galilei und Newton. In dieser Zeit gab es keine Trennung der Naturwissenschaften, alles ging noch Hand in Hand zwischen den verschiedenen Wissenschaftlern. Auch Mathematiker wurden mit einbezogen. Erst etwa Mitte des 18. Jahrhunderts begannen sich die Wissensbereiche schärfer zu strukturieren. Man konzentrierte sich auf einzelne Gebiete. Im 18. und 19. Jahrhundert wurden grundlegende Entdeckungen gemacht auf dem Felde des Naturphänomens der Elektrizität. Zu nennen sind hier klangvolle Namen wie Galvani, Volta, Kirchhoff, Oerstedt, Ampére, Faraday, Maxwell und Hertz. Hinzu kamen Forschungen in der Optik (Frauenhofer) und Wärmelehre (Joule, J.R. Mayer, Helmholtz). James Clerk Maxwell, einer der größten Physiker aller Zeiten, auf allen Gebieten bewandert, möchte ich besonders hervorheben. Er fasste vorliegende Ergebnisse zusammen und lieferte in der Mitte des 19. Jahrhunderts mittels mathematischer Formeln und Gleichungen den konkreten Zusammenhang zwischen elektrischem Strom und Magnetfeld (Elektrodynamik). Außerdem bestätigte er den Wellencharakter des Lichts und schuf die Grundlage für weitere Forschungen auf dem Gebiet des Elektromagnetismus.

REPORTERIN: Elektrizität und Magnetismus waren schon zu Ihrer Zeit bekannt?

KANT: Die Elektrizität kannte man schon seit dem Altertum, durch Versuche mit Bernstein. Seit Galvani, mit seinen Froschschenkelversuchen, weiß man, das sie Bewegung erzeugt. Den Magnetismus kannte man sogar seit Jahrtausenden. Man ahnte jedoch noch nicht, dass ein unmittelbarer Zusammenhang zwischen ihnen besteht.

REPORTERIN: Herr Kant, ich möchte nochmals auf die Licht- und Wärmestrahlung zurückkommen. Da gab es ja unterschiedliche Auffassungen.

KANT: Bereits im 17. Jahrhundert, wir haben es angesprochen, bezweifelte man eine Strahlung, die nur geradlinig verläuft. Der niederländische Physiker und Mathematiker Christian Huygens befürwortete schon eine durch Schwingungen hervorgerufene Lichtausbreitung im Äther, der die ganze Welt ausfüllen soll.

REPORTERIN: Eine wellenförmige Ausbreitung des Lichts demnach.

KANT: Analog zu Wasserwellen. Dabei geriet er in Zwist mit der Korpuskeltheorie Newtons.

REPORTERIN: Korpuskeln?

KANT: Nach Newton besteht Licht aus kleinsten Teilchen, aus Korpuskeln eben, Lichtquanten ähnelnd. Zeitweilig wurde diese Version von derjenigen der Wellentheorie abgelöst.

REPORTERIN: Wellenformen gibt es ja verschiedene?

KANT: Mit verschiedenen Eigenschaften, die sich durch die Anzahl der Frequenzen, genauer, Anzahl der Schwingungen pro

Zeiteinheit, unterscheiden. Bekannt sein dürften uns u.a. Licht-, Wärme- und Radiowellen.

REPORTERIN: Licht als Wellen, Licht aus Korpuskeln bestehend...

KANT: Dieses Problem hat die Wissenschaft Jahrhunderte lang beschäftigt, in endlosen Auseinandersetzungen zwischen Anhängern beider Theorien. Erst zu Beginn des 20. Jahrhunderts stellte sich heraus, ergänzend zur Quantentheorie, dass *beide* Theorien Gültigkeit besitzen, je nach Versuchsmethoden, zumal Einsteins Lichtquanten, die er Photonen nannte, korpuskelartige Eigenschaften zugeschrieben werden. Beide Möglichkeiten gelten somit heute noch, in der Quantenmechanik. Man schreibt dem Licht eine Doppelnatur zu, nachdem es sich einerseits wie ein Wellenvorgang, andererseits wie ein Strom kleinster Teilchen, mithin Lichtquanten, verhält, sich in elektromagnetischen Feldern bewegend. Man spricht vom Welle-Teilchen-Dualismus.

REPORTERIN: Klingt verwirrend. Wie kam man darauf?

KANT: Den endgültigen Beweis einer gleichzeitigen Wellenversion legte der österreichische Physiker Erwin Schrödinger 1925 vor.

REPORTERIN: Schrödinger? Etwa der mit der Katze – alle Tierfreunde unter den Lesern und Zuhörern müssen jetzt mutig sein – die gleichsam tot und lebendig gewesen sein soll?

KANT: *(belustigt)* Nun, in Schrödingers berühmtem Gedankenexperiment kommt tatsächlich eine Katze vor. Ja, ein mikrokosmisches System wurde an ein Objekt aus der Alltagswelt gekoppelt, an eine Katze.

REPORTERIN: Nur gedanklich, Gott sei Dank.

KANT: Wir wagen uns auf Gebiete vor, die nur von Spezialisten zu betreten sind. Genaue Erklärungen sollten wir uns ersparen, die Thematik ist einfach zu kompliziert. Nur soviel dazu: Aufgezeigt wurde, wie problematisch es sein kann, ein Quantensystem mit einem makrokosmischen zu verbinden. Es kann zu Überlagerungszuständen und damit zu Paradoxien führen. In diesem Falle demonstriert an einer Katze, die tatsächlich gleichwohl tot und lebendig war.

REPORTERIN: Eine (un)tote Katze sozusagen.

KANT: *(lacht wieder)* Zweifellos ein erbärmlicher Zustand, für wahr ein Katzenjammer, aber ein ernst zu nehmendes Experiment.
REPORTERIN: Sorry, Herr Kant. Es handelt sich also um eine Überlagerung zweier Systeme, was immer man darunter verstehen mag.
KANT: Die sogenannte Schrödinger-Gleichung, die den Mikrokosmos beherrscht, sagt uns, dass ein und dasselbe Elementarteilchen sich gleichzeitig an verschiedenen Orten befinden kann. Alles klar?
REPORTERIN: Herr Kant, noch einmal gefragt, um dann vermutlich endgültig alle Klarheiten zu beseitigen: Elektronen und Photonen können sich wellen- aber auch teilchenförmig ausbreiten? Das habe ich doch richtig verstanden?
KANT: Beide Theorien beschreiben das Verhalten im atomaren Bereich, je nach Beobachtungsvorgängen.
REPORTERIN: Muss ich das so verstehen, dass der beobachtende Mensch Einfluss nimmt auf das Verhalten der Atome?
KANT: Richtig. Gut mitgedacht, gnädige Frau! Ein Lob dem Femininen! Messungen bedeuten Eingriffe, Störungen im Atomverlauf.
REPORTERIN: Ein menschlicher Eingriff also in Naturvorgänge...
KANT: ... könnte diese verändern. Interessanterweise bezeichnete Max Bohr deshalb den Menschen als Mitspieler im Schauspiel des Lebens.
REPORTERIN: Klingt alles irgendwie mysteriös.
KANT: Ja, Elektronen bewegen sich nach ihren eigenen quantenmechanischen Regeln, alles hängt mit allem zusammen. Ich zitiere Bohr: „Wer über die Quantentheorie nicht entsetzt ist, hat sie möglicherweise nicht verstanden."
REPORTERIN: Versuchte man jemals eine Vereinheitlichung der Quantenphysik mit der klassischen Physik?
KANT: Schon Einstein und Heisenberg waren offenkundig bestrebt, eine selbige herbeizuführen, eine sogenannte „Weltformel" aufzustellen.
REPORTERIN: Doch sie wurde bis heute nicht gefunden, wie Sie bereits anmerkten?
KANT: Bislang nicht, zumal die Gravitation nicht in das System der Wellen und Teilchen passen will.

REPORTERIN: Für diese überaus komplizierten Dinge gibt es keine einfachen Erklärungen?
KANT: Heisenberg sagte einmal, erklärend, dass die Elementarteilchen alle aus dem gleichen Stoff gemacht seien, nämlich aus Energie. Die Teilchen könnten ineinander umgewandelt werden. Sie bestünden nicht aus Materie, sondern seien die einzig möglichen Formen von Materie. Die Energie würde zur Materie, indem sie sich in die Form eines Elementarteilchens begibt. Vielleicht auch so zu deuten, dass die Materie aus Kraft besteht, welche Atomteilchen in Schwingung bringt und zusammenhält. Sie bemerkt folglich Heisenbergs Bemühen, die ganze Thematik auch für den Laien anschaulich zu machen, anscheinend zur Rechtfertigung und Verständlichmachung seiner schwer verständlichen „Unschärferelation".
REPORTERIN: Allzu verständlich klingt das nicht, ehrlich gesagt.
KANT: Ich sprach von Erklärungsbemühungen. Heisenberg war immer wieder um eine Antwort bemüht auf die Frage, woraus die Welt im Innersten bestehen mag.
REPORTERIN: Er soll mit Vorliebe die Schriften Platons gelesen haben.
KANT: Ja, im Original sogar. Er war weniger von der Materie fasziniert – bei Platon, von Pythagoras beeinflusst, eine Anhäufung atomarer geometrischer Ur-Körperchen – vielmehr von deren elementaren mathematischen Formen und Gesetzen, ihrer Symmetrie, welche kühle Schönheit ausdrückt. Großartig beschrieben im platonischen Dialog *Timaios*.
REPORTERIN: Mathematische Gleichungen gehören auch heutzutage zu jedem Element.
KANT: Besonders bemerkenswert erscheint, noch hinzugefügt, dass diese aus vier Elementen zusammengesetzten platonischen Formen, aus der die Welt bestehen soll, eine unglaubliche Ähnlichkeit mit den heutigen Atomanordnungen aufweisen...
REPORTERIN: Hm, wirklich bemerkenswert. Dieser Verlust an Anschaulichkeit, zumindest in der Atomphysik, Herr Kant...
KANT: Wir müssen uns an ihn gewöhnen. Genauso wie wir uns gewöhnen mussten an den Verlust des absoluten Raumes und der absoluten Zeit (Einstein) und noch viel weiter zurückdenkend, an denjenigen, den wir erlitten, als man uns vor Augen hielt, dass die Erde nicht mehr Mittelpunkt des Weltalls ist.

Ganz zu schweigen von anderen Kränkungen, die der Menschheit zugefügt wurden. Ich verweise auf Charles Darwin und Sigmund Freud...
REPORTERIN: ... und auf einen Königsberger Philosophen, der den Menschen ihre eigene Begrenztheit vor Augen halten sollte.
KANT: Nun, ja... hinsichtlich ihrer Erkenntnismöglichkeiten, wohlgemerkt – der aber auch ihren besonderen moralischen Wert hervorzuheben gedachte.
REPORTERIN: Alles Gewohnheitssache also. Darf ich einmal zusammenfassen, Herr Kant? Vor Einsteins Relativitätstheorie war die klassische Physik abgeschlossen, wie wir bereits feststellten. Es folgte die Überleitung zur modernen Physik, die sich auf besagter Relativitätstheorie, Plancks Quantentheorie, Heisenbergs Quantenmechanik, den anschließenden Welle-Teilchen-Dualismus (Schrödinger) gründet und sich mit dem atomaren Aufbau der Materie, der Struktur von Elementarteilchen sowie kosmischen Fragen auseinandersetzt. Habe ich das richtig formuliert?
KANT: Wir sollten hinzufügen: Relativitätstheorie sowie Quantenphysik bzw. Quantenmechanik haben drastische Auswirkungen auf unser Weltbild. Erstere veränderte die Idee von Raum und Zeit, letztere wandelte unseren Materialbegriff um, brachte den Zufall ins Spiel. Vorher ging man von einer Berechenbarkeit der Natur aus. Nun aber zur Gegenwart: Heutzutage spricht man von Quantenfeldtheorie, ein aktives Forschungsgebiet, um Wellen, Teilchen und Felder einheitlich zu beschreiben. Allerdings vereinbart sie sich nicht, zumindest nach dem gegenwärtigen Stand des Wissens, mit der allgemeinen Relativitätstheorie. Man ist nunmehr bemüht, verstärkt in die Kernforschung und Erforschung der Elementarteilchen überzugehen. Selbstverständlich setzt man sich auch mit kosmischen Fragen auseinander.
REPORTERIN: Alles dreht sich um Atome und kleinste Teilchen. Aber eigentlich sind sie doch schon in der ersten Hälfte des 20. Jahrhunderts genügend erforscht worden. Trotzdem ist man noch immer auf der Suche nach dem allerkleinsten Teilchen der Natur, dem sogenannten „Gottesteilchen", obwohl man meint, es inzwischen gefunden zu haben.

KANT: Nach wie vor eine große Aufgabe, welche sich die Wissenschaft stellt. Sie wird noch eine geraume Zeit benötigen, bis sie die „Schrift der Atome" in Gänze zu verstehen vermag, so ist zu befürchten.
REPORTERIN: Greift die heutige Physik noch in andere Bereiche ein?
KANT: Ja, in die Astronomie, Biologie, Chemie und Medizin.
REPORTERIN: Im Zusammenhang mit dem Begriff Strahlung sollten wir die enorm wichtigen Entdeckungen der Röntgen-Strahlen und der Radioaktivität ansprechen, Herr Kant.
KANT: Großartige, bedeutende Erkenntnisse für die gesamte Menschheit, heutzutage vorwiegend angewandt in der Heilkunde und Wissenschaft. Zu verdanken haben wir sie großen Physikern und Chemikern wie Wilhelm Conrad Röntgen, Henri Bequerel und dem Ehepaar Curie ausgangs des 19. Jahrhunderts. Letztere entdeckten auch das Radium, ein Element, dessen radioaktive Strahlung noch stärker ist als die des Urans – ein Geheimnis der Natur.
REPORTERIN: Das führt uns zur schon erwähnten Radioaktivität. Vielleicht eine kurze Erklärung?
KANT: Hierunter versteht man die Eigenschaften von schweren Elementen wie Uran und Radium, unter Aussendung von Strahlung, in andere Elemente zu zerfallen. Es geht um Umwandlung in andere Atomarten, künstlich herbeigeführt, insbesondere zu Heilungszwecken.
REPORTERIN: Unter anderem in Verbindung mit Strahlungstherapien der Krebsbehandlung.
KANT: Das ist die positive Seite dieser Entdeckung.
REPORTERIN: Ja, die negative Seite, die letztlich zum Bau der Atombombe führte, haben wir bereits angesprochen.
KANT: Nichts gegen Ihren erheblichen Wissensdrang, Ihre Beharrlichkeit, gnädige Frau, doch...
REPORTERIN: Nur Beharrlichkeit führt zum Ziel.
KANT: Ich weiß, ich weiß. Jedem redlichen Bemühen, sei Beharrlichkeit verliehen.
REPORTERIN: Klingt stark nach Goethe.
KANT: Nun ja. Was mich wirklich erstaunt – und da ziehe ich meinen Hut – ist das Interesse der holden Weiblichkeit an höchst wissenschaftlichen Themen. Zu meiner Zeit undenkbar.

REPORTERIN: Vielen Dank. Aber auch das Feminine hat sich weiterentwickelt, Herr Kant.
KANT: Ja, die Entwicklung scheint auch vor ihm nicht Halt zu machen, schreckt nicht vor dem Weiblichen zurück *(lacht)*.
REPORTERIN: Passt schon. Ihr eigener Humor, Herr Kant.
KANT: Aber nochmals: Kompliment! Das jedoch sollte zum Thema moderne Physik, Quanten- und Relativitätstheorie genügen, als kleiner Streifzug. Verstehe Sie mich bitte nicht falsch, aber wir drohen uns sonst allzu sehr in Details zu verlieren.
REPORTERIN: Ja, das sollte wirklich dazu genügen. Deshalb möchte ich nochmals auf Ihre damalige Schrift zurückkommen.
KANT: Sehr gern sogar. Zum Inhalt: Letztlich vertrat ich die Ansicht, für die Bewegung der Körper seien sowohl äußere physikalische Einflüsse als auch innere, nicht messbare Prinzipien verantwortlich. Denn physikalische Kraft allein reiche nicht aus. Entgegen der Meinung Leibnizens, dass Monaden nicht aufeinander einwirken, behauptete ich, dass sie sehr wohl aufeinander einwirken, beziehungsweise in Beziehungen zueinander stehen könnten. Newtons Bewegungsgesetze führte ich zusammen mit der Monadologie des Herrn von Leibniz.
REPORTERIN: Sie suchten nach einer Kompromisslösung?
KANT: Nun, dabei griff ich wohl zu kurz.
REPORTERIN: Die Theorie der prästabilierten Harmonie, dass also die Welt wohlgeordnet sei, wurde von Ihnen in diesem Zusammenhang anerkannt?
KANT: Zumindest akzeptierte ich sie. Hier blieb ich halbwegs bei Leibniz. Unter der Voraussetzung, dass die von mir postulierten inneren und äußeren Kräfte in Wechselwirkung zueinander stünden, einem Organismus gleich, einer Verlebendigung der Welt. Dazu freilich müssten die einzelnen Monaden aufeinander einwirken. Ich gebe Ihr Recht: ein kompliziertes Thema, mit dem wir uns nicht allzu intensiv befassen sollten.
REPORTERIN: Es ging in Ihrer Schrift mutmaßlich vorwiegend um lebendige Kräfte, auch den Menschen betreffend?
KANT: Ja, um diese lebendige, autonome, geheimnisvolle Kraft, die einen Körper aus innerem Bestreben dazu befähigt, sich selbst auf seiner Lebensbahn zu erhalten.
REPORTERIN: Auch dieses wissenschaftliche Gebiet war sicherlich, wie viele andere, wenig erforscht damals. Gab es schon positive Ansätze?

KANT: Sie sollte wissen: In meinem Jahrhundert kam die Wissenschaft groß in Mode. Es herrschte eine beachtliche Begeisterung für wissenschaftliche Erkenntnisse, eine Tendenz, die sich im 19. Jahrhundert noch verstärkte. Die Geheimnisse der Natur sollten nicht nur auf philosophischen und theologischen Beweggründen beruhen.
REPORTERIN: Sondern?
KANT: Die Erkundungen fanden in Laboren statt. Mit wissenschaftlichen Methoden, messend und wiegend, ging man der Natur zuleibe, betrachtete sie als Studienobjekt. Mit großem Interesse studierte man ihre Erscheinungsformen und Wirkungen, insbesondere der Elektrizität und Kraft, auch der Lebenskraft. Gewiss, die Naturwissenschaft steckte noch in den Kinderschuhen, selbst die Philosophie war total überfordert. Allerdings sprach Thomas Hobbes, schon weit vor meiner Zeit, in seinem „Leviathan", von nicht wahrnehmbaren Körpern, auch wenn sie physischen Raum annehmen. Diese Lebensgeister – er nannte sie „spirits" – übertrugen Informationen, die für das Funktionieren von Geist und Körper notwendig seien, so seine Vermutung. Heute wissen wir, dass dieses durch elektrische Signale geschieht, übertragen von Neuronen, somit Nervenzellen, u.a. in chemischen Verbrennungsprozessen.
REPORTERIN: Hobbes hatte schon Vorstellungen von der Aktivität des Nervensystems, alle Achtung.
KANT: Sicherlich seinen guten Beziehungen zur damaligen Wissenschaft zu verdanken. Er besuchte in Italien Galilei, war befreundet mit dem englischen Arzt William Harvey, Entdecker des Blutkreislaufs. Summa summarum: Wir alle hatten damals Schwierigkeiten zu erklären, was unter einer geistig-körperlichen Natur zu verstehen ist. Einige meiner Zeitgenossen nahmen einen Vitalismus, eine besondere Grundkraft des Lebens an, lehnten mechanistische und chemische Erklärungen der Lebensvorgänge ab. Man legte eine übermechanische, unerforschte Kraft zugrunde. Wir nannten sie schon „élan vital", jenen Begriff, den später der Franzose Henri Bergson, in seiner Metaphysik, zur Bezeichnung einer der Evolution und biologischen Lebensprozessen innewohnenden schöpferischen Entwicklungstendenz verwendete – wobei er der *Intuition* ein besonderes Gewicht verlieh.

REPORTERIN: Diese Vorstellung von einer besonderen Lebenskraft, Herr Kant, die in den Lebewesen (Pflanzen, Tiere, Menschen) wirken sollte...
KANT: ... wurde erst im 19. Jahrhundert endgültig widerlegt. Man kam dem Leben nun genauer auf die Spur. Lebensäußerungen führte man nun auf chemische Vorgänge in lebendigen Substanzen zurück, heute weitgehend bestätigt. Die Biochemie war geboren. Man eilte und eilt von Erfolg zu Erfolg, insbesondere durch Entdeckung von Vitaminen, Hormonen, Erbinformationen und Bedeutung von lebenserhaltender Wärme und Energie in unseren Körpern. Ebenso erkannte man, wie unabdingbar das Element Kohlenstoff für unser Leben ist, ein wesentlicher Bestandteil der lebenden Materie. Erst chemische Reaktionen im Körper schaffen Voraussetzungen für Lebensprozesse.
REPORTERIN: Herr Kant, lässt sich Leben definieren?
KANT: Keine einfache Aufgabe, eine gute Definition zu finden, die für *alles* Leben auf Erden funktioniert. Es müssen eine Reihe von Kriterien erfüllt sein, um als lebendig zu gelten, besser gesagt: um die Existenz aufrecht zu erhalten und sich weiterzuentwickeln. Zu nennen sind Energiezufuhr durch Nahrungsaufnahme, ferner die Fortpflanzung, einhergehend mit Veränderung des Erbguts. Ohne Evolution kann kein Leben entstehen und sich veränderten Umweltbedingungen anpassen. Schließlich reagieren Lebewesen auf äußere Reize.
REPORTERIN: Eine äußerst komplexe Materie. Herr Kant, Sie sprachen soeben von Lebensbahnen. Haben Sie damit gar Ihre eigene gemeint?
KANT: Vielleicht auch. Eine erhaltende Kraft, Lebensgeister sozusagen, um mein Leben zu meistern, benötigte ich von Kindheit an gewiss. Später sogar im zunehmenden Maße.

Kants zweites Werk

REPORTERIN: Herr Kant, folgen wir weiter Ihrer Lebensbahn. 1754, nach Ihrem Aufenthalt auf dem Lande, sind Sie wieder in Königsberg und reichen ein Jahr später eine Dissertation zum Erwerb des Magistergrades in Philosophie ein. Was war das Thema?
KANT: Sie trug den Titel „Knappe Darstellung einiger Gedanken über das Feuer".
REPORTERIN: Worum ging es darin?
KANT: Um elektrische Ladungen, die Hitze, Funken und Blitze hervorbringen, auch ein damals noch wenig erforschtes Thema, wobei ich mich an Experimente aus meiner frühen Studentenzeit erinnerte. In einer weiteren Dissertation ging es noch einmal um die „Wahre Schätzung von lebendigen Kräften", in der ich wiederum für ein System eintrat, das zwischen Newton, Descartes und Leibniz vermittelt.
REPORTERIN: Also um physische und metaphysische Systeme.
KANT: Die sich übrigens nicht unbedingt widersprechen. Ich postulierte nochmals, dass Monaden über elastische Anziehungs- und Rückstoßungskräfte verfügen könnten.
REPORTERIN: Herr Kant, 1755, als Magister, schrieben Sie Ihr zweites größeres Werk, eine späterhin vielbeachtete Schrift mit dem Titel „Die allgemeine Naturgeschichte und Theorie des Himmels, nach Newtonischen Grundsätzen abgehandelt". An wen richtete sich dieses Werk?
KANT: Ich widmete dieses Buch guten Mutes, untertänigst, in aller Ergebenheit, unserem toleranten, großmächtigsten, allerdurchlauchtigsten, allerhuldreichsten und allergnädigsten König Friedrich II...
REPORTERIN: Meine Güte, Sie erstarben ja geradezu in tiefster Unterwürfigkeit. Diese Form der Widmung war sicher der damaligen Zeit geschuldet.
KANT: Sich beugen ist keine Unehre, sich beugen lassen schon. Nun ja, ich rühmte mich, ein loyaler Untertan zu sein, in der Hoffnung, dass die Kühnheit meiner Arbeit nicht mit ungnädigem Auge angesehen wird.
REPORTERIN: Oh, je...

KANT: Dennoch sah ich mich an der Spitze der internationalen Himmelskunde, nachdem ich die Werke der großen Astronomen studiert und philosophisch reflektiert hatte.
REPORTERIN: Ein gewaltiger Anspruch. Was war der Inhalt der Arbeit?
KANT: Ich entwarf darin eine komplette Theorie der Entstehung des Planetensystems und des gesamten Kosmos in seiner Unendlichkeit. Sie stützte sich weitgehend auf natürliche Gründe und verzichtete auf theologische Spekulation.
REPORTERIN: Folglich eine Erklärung des Universums nach mechanischen Regeln. Ein ganz eigenes Modell der physikalischen Welt.
KANT: Ohne mathematische Berechnungen wohlgemerkt. Leider wurde mein Werk aus verschiedenen Gründen nicht wahrgenommen – auch vom König nicht. Vielleicht lag es daran, dass ich mich nicht auf astronomische Beobachtung berufen konnte oder mathematische Schärfe vermissen ließ.
REPORTERIN: Weil Sie weder berufsmäßiger Astronom waren noch Mathematiker?
KANT: Ja, ich versuchte mich nur als Philosoph daran.
REPORTERIN: Ihre Bescheidenheit in Ehren, Herr Kant.
KANT: Vorsicht: Bescheidenheit kann auch der Mantel des Hochmuts sein. Und der kommt bekanntlich vor dem Fall.
REPORTERIN: *(leicht irritiert)* Doch was hat die Philosophie mit der Naturwissenschaft zu tun? In welchem Verhältnis stehen sie miteinander?
KANT: Nun, die Philosophie gilt, aufgrund ihrer Fragestellungen, als Urheberin wissenschaftlicher Erkenntnis und war deshalb auf die eine oder andere Weise schon immer mit der Wissenschaft verknüpft. Denke Sie nur an Aristoteles: ein Philosoph, der zugleich ein hervorragender Naturwissenschaftler war, ein Beobachter und Empiriker. Oder Einstein: Seine Theorie enthält durchaus philosophische Aspekte.
REPORTERIN: Herr Kant, lassen Sie uns über das naturphilosophische Abenteuer sprechen, auf das Sie sich, voller Begeisterung und überschwänglicher Einbildungskraft, einließen, indem Sie dieses Buch schrieben.
KANT: Tatsächlich war es eine Art Abenteuer. Ich nehme den Leser, mich an ein breites Publikum wendend, mit auf eine Reise in die Tiefe des Weltenraumes, berichte von einer Schöp-

fungsgeschichte, in der sich aus einem Chaos ein dynamischer Weltentwicklungsprozess bildet und immer neue Welten entstehen. Danach suche ich die Position Gottes und des Menschen innerhalb der unendlichen kosmischen Ordnung zu bestimmen.
REPORTERIN: Eine komplexe Materie. Auf welches Wissen und auf welche Erfahrungen stützten Sie sich?
KANT: Ich erwähnte bereits die astronomischen Arbeiten Professor Knutzens, mit denen ich mich während meiner Studienzeit vertraut gemacht hatte. Hinzu kamen seine Vorlesungen mit anschließendem lebhaften Gespräch. Das Observatorium auf dem Dach der Universität begeisterte mich zusehends, von wo aus ich nachts oft und lange in die Sterne schaute. Als besonders prägend und einschneidend jedoch empfand ich die Erscheinung eines Kometen im Jahre 1744 am Königsberger Winterhimmel. Ein beeindruckendes Schauspiel, das der Professor übrigens genau vorhersagte. Er wurde dadurch recht bekannt, wie ich mich erinnere.
REPORTERIN: Für Ihre philosophische Entwicklung spielte der Physiker Isaak Newton eine wichtige Rolle, wie Sie schon andeuteten.
KANT: Ja, insbesondere sein 1687 erschienenes epochales Werk „Mathematische Grundlagen der Naturphilosophie", das ich, wie ich bereits anmerkte, quasi verschlang...
REPORTERIN: Und von dessen Richtigkeit Sie überzeugt waren?
KANT: Grundsätzlich schon... ja, doch... ich stand auf Newtons Schultern. Er entwickelte eine Methode, um die Bewegung von Körpern und Kräften philosophisch begreiflich zu machen. Dann schloss er von der Bewegungserscheinung auf die Kräfte der Natur, um den Prozess mechanisch bestimmen zu können. Letztlich befasste er sich mit der Bewegung von Himmelskörpern und entwickelte ein kosmisches Modell. Man kann sicherlich sagen: Newton vereinigte die Physik von Himmel und Erde.
REPORTERIN: Auf welche Wissensgrundlage stützte er sich dabei?
KANT: Er verknüpfte Galileis Mechanik, Keplers Planetengesetze und Gilberts Theorie der Erdanziehung zu einem universalen Lehrgebäude. Sein Bild vom mechanischen Universum wurde erst von Einstein im 20. Jahrhundert infrage gestellt.

REPORTERIN: Gilbert?
KANT: William Gilbert war ein englischer Naturforscher des 16. Jahrhunderts. Er entdeckte die Reibungselektrizität und begründete die Lehre vom Erdmagnetismus.
REPORTERIN: Newton entdeckte doch die Schwerkraft von Himmelskörpern, die unter anderem die Planetenbahnen erklärt.
KANT: Nun, in diesem Falle wiederhole mich gern. Ja, im Weltsystem ist eine Schwerkraft wirksam, die alle Himmelskörper wechselseitig gegeneinander gravitieren lässt, in Form von Anziehung und Abstoßung. Newton lieferte für diese Gravitation tatsächlich den mathematischen Beweis. Er formulierte die Gravitationsgesetze. Danach sind die Bewegungen der Planeten um die Sonne, der Monde um die Planeten und der Kometen eines Sonnensystems berechenbar geworden. Ihm gelang auch der Nachweis einer gesetzmäßig erklärbaren Einheit der Natur.
REPORTERIN: Konnte er Aussagen über die Ursache der Schwerkraft machen?
KANT: Nein, darüber konnte er nichts sagen. Die Ursache der Gravitation ist bis heute, wie ich hörte, ein Rätsel.
REPORTERIN: Sie bezeichneten das Weltgebäude in Ihrem Werk als wohlgeordneten Kosmos?
KANT: Grundsätzlich ja, ich sah das materielle Universum als schönes und ordentliches Ganzes, in dem ich absolute Wahrheiten entdecken konnte – auch wenn es am Himmel nicht immer ganz ordnungsgemäß zuging, wie man später erkannte.
REPORTERIN: Herr Kant, Sie waren sechs Jahre lang Hauslehrer. Konnten Sie dabei Ihre naturphilosophischen Kenntnisse ausweiten?
KANT: Durchaus. In der ländlichen Einsamkeit und Ruhe vor den Toren Königsbergs eignete ich mir Kenntnisse in vielen Fächern der Gelehrsamkeit an, vor allem in Physik, Geographie und Astronomie. Mit großem Interesse las ich, was die berühmtesten Naturforscher ihrer Zeit über den Kosmos geschrieben hatten. In dieser Abgeschiedenheit verfasste ich, neben einigen naturkundlichen Arbeiten, mein zweites größeres Werk, die „Naturgeschichte und Theorie des Himmels". Oft, mit besonderem Vergnügen und Erstaunen, beobachtete ich den nächtlichen Sternenhimmel, voller Ehrfurcht und Bewunderung.

Dies brachte ich später in meinen „Beobachtungen über das Gefühl des Schönen und Erhabenen" zum Ausdruck.

REPORTERIN: Auf Ihr Werk „Naturgeschichte und die Theorie des Himmels" aus dem Jahre 1755, in dem auch die Metaphysik nicht zu kurz kommt, möchte ich im Interesse unserer Leser und Zuhörer näher eingehen. Aber vorweg sollten Sie uns, vielleicht in aller Kürze, den Begriff „Metaphysik" erklären, denn er wird noch sehr häufig zu nennen sein.

KANT: Gern, mit der traditionellen Metaphysik ist die Lehre vom Überweltlichen, Übersinnlichen gemeint, also von alledem, was *nach* bzw. *hinter* (meta), der Physik kommt. Jenseits von ihr, gewissermaßen. Das Wort geht kurioserweise auf den großen Aristoteles zurück, der noch von der „Ersten Philosophie" sprach. Bei ihm umfasste sie die gesamte Philosophie, die Jahrhunderte lang als „Königin der Wissenschaften" galt. Es ging um das Wissen vom „Seienden in der Seiendheit", einfacher: um Fragen nach dem Grund für das Seiende, dem Wesen, Denken, Erkennen, um Gesetzmäßigkeiten und innere Zusammenhänge. Kurz und prägnant: Um die Frage, was die Welt im Innersten zusammenhält, um mit Goethes „Faust" zu sprechen.

REPORTERIN: Sie sagten, in Bezug auf Aristoteles, „kurioserweise". Warum?

KANT: Nun, der eigentliche Begründer der Metaphysik war ja sein Lehrer, der „göttliche" Platon. Aristoteles verschrieb sich mehr der strengen irdischen Wissenschaft, während Platon vor allem dem Übersinnlichen und Mystischen mehr Platz einräumte. Später erst gebrauchte man den Begriff Metaphysik in diesem engeren Sinne. Und zwar für alle Aussagen, die unsere möglichen Naturerfahrungen überschreiten.

REPORTERIN: Sie selbst, Herr Kant, konnten sich der Faszination der Metaphysik auch nicht entziehen, nicht wahr?

KANT: Sie faszinierte mich mein Leben lang, bis ins hohe Alter hinein. Auch in meinem Buch über die Naturgeschichte des Himmels spielt sie eine wichtige Rolle, denn ich teilte es auf in drei Bereiche: Welt, Gott und die Seele des Menschen.

REPORTERIN: Voller Zuversicht machten Sie sich dann an Ihr Werk.

KANT: Ja, zumal man bereits genügend Vorleistungen auf dem Gebiete der Kosmologie erbrachte. Seit Nikolaus Kopernikus, Anfang des 16. Jahrhunderts, hatte sich das heliozentrische

Weltmodell in meinem Jahrhundert allgemein durchgesetzt; das geozentrische war zurückgedrängt worden. Johannes Kepler und Galileo Galilei trugen im 16. und 17. Jahrhundert im besonderen Maße dazu bei. Gegen den Widerstand der katholischen Kirche natürlich.

REPORTERIN: Kopernikus behauptete bekanntlich, dass sich die Erde und die anderen Planeten kreisförmig um die Sonne drehen. Und nicht die Sonne und die anderen Planeten um die Erde, wie in früherer Zeit angenommen wurde.

KANT: So ungefähr. Bis dahin, das ganze Mittelalter hindurch, ging man noch vom Weltbild des im 2. Jahrhundert in Alexandria wirkenden Ptolemäus aus. Es besagt (sich auf Aristoteles beziehend), die Erde sei der unbewegte Mittelpunkt des Weltalls, um den sich die Kugel des Himmelsgewölbes dreht.

REPORTERIN: Das sogenannte „Ptolemäische Weltbild" natürlich.

KANT: Dieses mittelalterliche Weltbild wurde von Kopernikus zertrümmert, dankenswerterweise.

REPORTERIN: Sagen Sie mal, Herr Kant, gab es in der Antike nicht auch schon Vorstellungen, die Sonne sei der Mittelpunkt des Universums? Bei den Griechen?

KANT: Ja, Aristarchos von Samos entwickelte eine derartige Vorstellung, ohne jedoch Glauben zu finden. Erstmalig jedoch der große Pythagoras, im 5. Jahrhundert vor Christi bereits.

REPORTERIN: Herr Kant, der nächtliche Sternenhimmel beeindruckte, ja faszinierte die Menschen sicherlich schon seit jeher, oder?

KANT: Die Vermessung des Himmels, dieser Wunsch reicht weit zurück ins Altertum, denn schon in den antiken Hochkulturen gehörte die Sternkunde zu den Leitwissenschaften. Allerdings diente die Beobachtung des Sternenhimmels ausschließlich metaphysischen Welterklärungen. Man erkannte, dass wir Erdenbewohner nur ein geringer Teil des Kosmos sind. Der Mensch fand seinen Rhythmus, durch den Einfluss von Sonne, Mond und Sterne.

REPORTERIN: Herr Kant, ehe wir uns mit dem neuzeitlichen Weltbild beschäftigen, doch noch einmal den Blick ins Mittelalter gerichtet. Die mittelalterliche Kosmologie, das Bild der Welt und ihren Aufbau betreffend – ich bin sicher, dass sich unsere Leser und Zuhörer dafür interessieren – wie sah sie in

etwa aus? War man wirklich der Meinung, die Erde sei eine Scheibe?
KANT: Zuweilen herrscht auch heute noch die Auffassung vor, dass man damals die Erde durchgängig als Scheibe sah. Aber sie ist ein Mythos. Genauso wie die Ansicht, dass die Kirche alle neuerworbenen, ohnehin begrenzten wissenschaftlichen Erkenntnisse stark unterdrückte.
REPORTERIN: Stimmte das etwa nicht? Aber es gab doch genügend Ketzerprozesse.
KANT: Natürlich gab es dergleichen. Neuen Erkenntnissen jedoch, mit entsprechender Beweiskraft, konnte sich auch die Kirche nicht verschließen. Sie musste sie akzeptieren. Es sei denn, sie verstießen gegen die göttliche Offenbarung.
REPORTERIN: Man wusste demnach schon von einer kugelförmigen Welt?
KANT: Selbstverständlich waren die Vorstellungen über die Welt geprägt vom christlichen Glauben. Auch wenn einige Bibelstellen die Erde als Scheibe bezeichnen, waren die mittelalterlichen Gelehrten aufgrund von Erkenntnissen aus der Antike und eigenen Beobachtungen überwiegend von der Kugelform der Erde überzeugt. Ich weise darauf hin, in diesem Zusammenhang, dass der griechische Astronom Eratosthenes bereits im 3. vorchristlichen Jahrhundert den Erdumfang annähernd richtig berechnete – wie auch immer. Selbst die katholische Kirche und die Kirchenväter bezweifelten nicht ihre Kugelförmigkeit.
REPORTERIN: Bezweifelt aber wurde ihre Bewohnbarkeit unterhalb des Äquators?
KANT: Der mittelalterliche Mensch glaubte, die südliche Hemisphäre sei weder betretbar noch bewohnbar, und zwar aufgrund der klimatischen Verhältnisse, der extrem hohen Temperaturen in der Äquatorgegend. Eine Überquerung erschien deshalb unmöglich. Als bewohnbar galt nur die nördliche Hemisphäre.
REPORTERIN: Und die Erde bildete den Mittelpunkt des Universums?
KANT: Ja, auch wenn es kein einheitliches Modell gab, ging man in etwa von folgender Betrachtungsweise aus: Der absolute Herrscher über das Universum ist natürlich unser Schöpfer, der allen Lebewesen und Dingen einen Existenzgrund gibt. Im

Mittelpunkt des Kosmos steht die Erde, aus vier Elementen (Erde, Wasser, Luft und Feuer) gefügt, in sich ruhend, unbeweglich. Um sie herum rotieren kreisförmig, ewig und gleichmäßig – gemäß Aristoteles – die Planeten sowie Sonne und Mond, an durchsichtigen Kristallschalen befestigt, die aus einem unvergänglichen Element namens „Äther" bestehen. Dabei nimmt ihre Reinheit mit der Entfernung von der Erde zu.

REPORTERIN: Das heißt also, je weiter man zu den Sternen vordringt, desto näher kommt man dem Himmelreich und damit dem Erlöser.

KANT: Man kann auch umgekehrt von Gottesferne sprechen, je weiter man vom Allmächtigen entfernt ist. Das mittelalterliche Weltbild ist hierarchisch geordnet. Im Inneren der Erde befindet sich die Hölle.

REPORTERIN: Das erinnert mich stark an Dantes „Göttliche Komödie".

KANT: „Divina Commedia"... ein großartiges, gewaltiges Werk, bestehend aus 14233 Versen... das bedeutendste des Mittelalters.

REPORTERIN: Haben Sie je Zeit gefunden es zu lesen?

KANT: Gott sei Dank nicht, ich verschaffte mir nur einen Überblick. Es ist mir zu religiös. Das Werk schildert Dantes visionäre Wanderung, seinen Läuterungsweg durch die Hölle und das Fegefeuer, unter Führung Vergils, jenes römischen Dichters, der einst Roms Ursprung besang.

REPORTERIN: Später, am glücklichen Ende seiner Wanderung, findet Dante endlich seine unsterbliche Liebe wieder... Beatrice, die Liebe seines Lebens.

KANT: Nachdem er in der Vorhölle unter anderem großen heidnischen Dichtern und Philosophen begegnet ist, die sich alle um den Meister Aristoteles scharen. Aber Recht hat Sie: Durch das Paradies und schließlich zum Himmel, zu Schöpfers Thron, führt ihn schließlich seine reine, unerschütterliche Jugendliebe Beatrice, die leider, als junges Mädchen, früh verstarb. Vergil, der Heide, bleibt zurück, darf das Himmelreich nicht betreten.

REPORTERIN: Wirklich ein bedeutender, bildgewaltiger Epos...

KANT: Dessen Weltbild durchaus identisch ist mit der Glaubens- und Lebenswelt dieses 13. Jahrhunderts. Vielleicht war es

sogar wegweisend. Doch zurück zu dessen Beschreibung: Im Bereich der Erde und unterhalb des Mondes liegt die wechselhafte „sublunare" Welt, die Änderung und Verfall ausgesetzt ist und in der auch der Mensch seinen Platz findet. Die Mondsphäre bildet somit den Grenzbereich zwischen der sündhaften Welt und den vollkommenen und unveränderlichen Himmelssphären, welche die Planeten tragen. Darüber befindet sich die von Engeln bewohnte Sphäre, dann die der Fixsterne. Und dahinter, hinter dem Firmament, quasi im Dachgeschoss des Kosmos, vermutet man das Reich des Weltenlenkers.
REPORTERIN: Demzufolge war die Welt vernünftig geordnet?
KANT: Ja, diese hierarchische Struktur bot den Menschen eine gute Orientierung, zumal das Universum allgemein, schon seit der Antike, als harmonisch aufgebaut empfunden wurde.
REPORTERIN: Schon Pythagoras beschreibt ja, voller Begeisterung, die formvollendete Harmonie des Weltalls. Herr Kant, ich möchte noch einmal auf Kopernikus zurückkommen. Er hielt noch unsere Sonne für den Mittelpunkt des Universums. Heute wissen wir, dass sie nur eine von Milliarden von Sternen ist, die sich innerhalb von zahllosen Galaxien befinden. Und die Planeten beschreiben nachgewiesenermaßen elliptische Bahnen, während Kopernikus noch von kreisförmigen spricht.
KANT: Soweit reichte seine Welterkenntnis noch nicht. Es gelang ihm nicht, sich von den antiken und mittelalterlichen Vorstellungen vollendeter geometrischer Figuren wie Kreise und Kugeln zu lösen. Außerdem war das Fernrohr noch nicht erfunden. Erst zu Beginn des 17. Jh. wies der deutsche Astronom Johannes Kepler nach, dass die Planeten sich in elliptischen Bahnen um die Sonne bewegen. Ferner erbrachte Kepler den Beweis, dass die Erde ein Planet wie alle anderen ist und dass sich sonnennahe Planeten schneller um die Sonne drehen als sonnenentferntere. Wobei er schon betonte, dass die physikalischen Gesetze überall im Kosmos gelten.
REPORTERIN: Wir sprechen von den „Keplerschen Gesetzen".
KANT: Von den Gesetzen der Planetenbewegung. Damit leitete Kepler die moderne Astronomie ein und bereitete den Erkenntnissen genialer Geister, von Isaak Newton über Albert Einstein oder Stephen Hawking, den Boden. Ohne Kepler wäre unsere Welt eine andere.

REPORTERIN: Vertrat er nicht schon Visionen von der Raumfahrt?
KANT: Ja, dabei fasste er bereits im Jahre 1610 die Worte: „Man schaffe Schiffe und Segel, die sich für die Himmelsluft eignen. Dann wird es auch Menschen geben, die vor der öden Weite des Raumes nicht zurückschrecken werden".
REPORTERIN: Was sich dann auch bewahrheiten sollte! Alle drei Astronomen der frühen Neuzeit hatten doch Ärger mit der kirchlichen Inquisition.
KANT: Sicherlich. Das Buch des Nikolaus Kopernikus mit dem Titel „Über die Umdrehungen der himmlischen Kreise" kam erst in seinem Todesjahr 1543 heraus (er hielt es noch in den Händen), zumal der Autor befürchtete, sich lächerlich zu machen. Keplers astronomische Werke entstanden – auf Einladung des berühmten dänischen Astronomen Tycho Brahe – im relativ sicheren Prag. Und Galileo Galilei musste die These, wonach sich die Erde um die Sonne und ihre eigene Achse dreht, bekanntlich vor der Inquisition widerrufen.
REPORTERIN: Vermutlich noch das Schicksal Giordano Brunos vor Augen, soll Galilei der Legende nach, beim Verlassen des Gerichtsgebäudes die legendären Worte gemurmelt haben: „Und sie bewegt sich doch!"
KANT: Womit er die Theorie des Kopernikus bestätigte.
REPORTERIN: Mit ihm beschäftigten Sie sich auch, Herr Kant?
KANT: Selbstverständlich! Welche Frage! Er lebte etwa zur gleichen Zeit wie sein deutscher Kollege. Auch auf Bruno sollten wir unbedingt zu sprechen kommen. Galilei betrachtete das Himmelsgewölbe mit einem selbst entwickelten Fernrohr, wobei er als erster Mondkrater und die Monde des Jupiter erblickte. Wichtiger jedoch für die Nachwelt ist, dass er, neben vielen anderen Erfindungen, das Trägheitsgesetz entdeckte, die Grundlage der Bewegungslehre.
REPORTERIN: Es besagt doch, ganz grob formuliert, dass ein Körper solange im Zustand der Ruhe verharrt, solange er nicht von äußeren Kräften gezwungen wird, diesen Zustand zu ändern.
KANT: Ja, formuliert hat es dann Newton, wobei er postulierte, dass die Naturgesetze für den gesamten Weltraum Gültigkeit

besitzen. Damit schloss er sich Keplers Meinung an. Galilei hielt das seinerzeit nicht für möglich.

REPORTERIN: Galilei, war er es nicht, der einmal gesagt haben soll, dass das „Buch der Natur" in mathematischer Sprache geschrieben worden sei?

KANT: Wie Recht er damit hatte. Allerdings sprach man damals noch vom Uhrwerk des Himmels. Heute wissen wir, betrachtet man das Himmelsgewölbe aufgrund unserer Möglichkeiten, dass die Dinge eben nicht wie im Uhrwerk ablaufen. Dazu vielleicht später.

REPORTERIN: Sie und Ihre Zeitgenossen, Herr Kant, gingen selbstverständlich auch vom heliozentrischen System aus, von dem Weltsystem, in welchem sich die Planeten und die Kometen um die Sonne drehen?

KANT: Natürlich. Dieses System hatte sich inzwischen fest etabliert, nachdem vorher die Grundlage in Form von mathematischen Konstruktionen gelegt war. Die wissenschaftliche, auf Mathematik, Physik und Chemie basierende Weltanschauung hatte sich endgültig gegen das alte aristotelische Weltbild durchgesetzt, welches noch Ptolemäus und das Mittelalter vertraten.

REPORTERIN: Es war dem alten hoffnungslos unterlegen?

KANT: Mit Sicherheit. Jenes war vollkommen unterentwickelt. Das sollte mitnichten als Vorwurf verstanden werden. Man verfügte damals noch nicht über Begriffe wie Kraft, Geschwindigkeit, Energie, jedenfalls nicht über eine richtige Definition derselben, auch genaue Messungen waren noch nicht möglich. Die Verdienste dieser Wegbereiter schmälern sie keinesfalls.

REPORTERIN: Herr Kant, Ihr Interesse galt auch dem Fixsternhimmel, nicht nur den Planeten. Was bedeutete er für Sie?

KANT: Ich sah ihn nicht als unsystematische, haufenförmige Ansammlung von Sternen, wie Galilei und Newton, sondern als Ganzes, als ein System von Galaxien, das sich ständig verändert.

REPORTERIN: Trotz des chaotischen Gewimmels am Sternenhimmel...

KANT:... glaube ich an eine Wiederkehr des Gleichen.

REPORTERIN: Wiederkehr des Gleichen! Das müssen Sie uns erklären, Herr Kant. Dieser Gedanke war vermutlich einzigartig in dieser Zeit.

KANT: Gedulde Sie sich, die gnädige Frau. Ich erkläre es Ihr gleich.
REPORTERIN: Geduld ist die Kunst zu hoffen.
KANT: *(etwas irritiert)* Nun ja. Ich prognostizierte zunächst zahlreiche Welteninseln in der unbegreiflichen Weite des Universums, die sich am Sternenhimmel wie nebelähnliche Gebilde abheben.
REPORTERIN: Also eigenständige Galaxien, ähnlich geartet wie unser Sonnensystem und der damals schon bekannten Milchstraße.
KANT: Meine Prognose wurde erst viel später, im Jahre 1924, durch den Astronomen Hubble mit der Entdeckung des Andromeda-Nebels bestätigt.
REPORTERIN: Allerdings gingen Sie damals in Ihrem Werk noch weiter. Sie vollzogen einen letzten ungeheuren Schritt.
KANT: Obwohl er meine eigene Einbildungskraft eindeutig überstieg, wagte ich den Gedanken auszusprechen, dass alle Galaxien wiederum nur „eine große Kette der gesamten Natur" seien. Das gesamte Universum musste größer sein als es der Vorstellungskraft meiner Zeitgenossen entsprach.
REPORTERIN: Ein Kosmos ohne Grenzen, Welten über Welten, endlos viele Welten... davon sprach schon der alte Demokrit. Und diese Behauptung kostete Giordano Bruno noch im Jahre 1600 das Leben: Er wurde als Ketzer von der päpstlichen Inquisition zum Tode verurteilt und auf dem Scheiterhaufen verbrannt.
KANT: Ein außergewöhnlich mutiger Mann, vor dem ich mich tief verneige. Ja, er starb für seine Überzeugung. Da kann ich mich wirklich glücklich schätzen, dass man im 17. und 18. Jahrhundert damit begann, diesen Wahnsinn abzuschaffen.
REPORTERIN: Was umfasste Brunos Lehre genau?
KANT: Bruno sah, wie vorher Kopernikus, die Erde nicht als Mittelpunkt der Welt, die Sonne als Stern unter vielen und sprach, schon vor Leibniz, von Monaden, somit Kraftzentren, als Grundelemente der Natur. Ferner warf man ihm vor, kirchliche Dogmen, vor allem die Schöpfungsgeschichte, zu bezweifeln, denn er ersetzte den persönlichen Gott der Christenheit durch eine pantheistische Gottesvorstellung.
REPORTERIN: Die Schöpfung durch Gott bezweifelte er?

KANT: Für ihn war das Universum etwas Unendliches, Unvergängliches und Unerzeugtes.
REPORTERIN: Das musste ja, salopp gesagt, in die Hose gehen.
KANT: In die Hose... aha... *(amüsiert)*
REPORTERIN: Herr Kant, Sie sprachen über den so wohlgeordneten Kosmos. Nun liegt es ja nahe, nach der Ursache dieser kosmischen Ordnung zu fragen.
KANT: Ich weiß, worauf Sie anspielt. Zugegeben: Damit befand ich mich im gleichen Dilemma, in dem sich auch schon der große Newton verstrickt hatte... und letztlich an der Problemsituation scheiterte. Der große Weltweise war fast der Verzweiflung nahe, weil er keine mechanische Ursache für die Planetenbewegungen ausmachen konnte. Er fand einfach keine natürliche Antriebskraft, die das Weltsystem zum Laufen hätte bringen können. Kurz: Newton gelang es nicht, die Entwicklung des Universums mittels einer wissenschaftlichen Theorie zu erklären.
REPORTERIN: Da gab es sicherlich nur eine Möglichkeit – die ziemlich unrühmlich für einen so großen Wissenschaftler wie ihn gewesen sein muss.
KANT: Sie hat es erfasst, die gnädige Frau: Er griff auf etwas Übernatürliches als Ursache zurück, nämlich, wie nicht anders zu erwarten, auf... unseren Erschaffer, dem großen „Uhrmacher". Und so behauptete er tatsächlich und im vollen Ernst, „Gottes Hand habe diese Anordnung ohne die Anwendung der Kräfte der Natur ausgerichtet".
REPORTERIN: Griff René Descartes nicht ebenfalls auf das Göttliche zurück, als er nicht mehr weiter wusste, sozusagen als letzte Konsequenz, in Ermangelung letzter Erkenntnismöglichkeit?
KANT: In einer anderen Angelegenheit. Darauf einzugehen, würde momentan zu weit führen. Später, sicherlich...
REPORTERIN: Gaben Sie sich eigentlich mit Newtons Antwort zufrieden?
KANT: Natürlich nicht. Ich bemühte mich um eine wissenschaftliche Lösung des Problems, um nicht am Ende den Erlöser als Hilfsmittel ins Spiel bringen zu müssen. Also suchte ich intensiv nach einem mechanischen Ursprung und entwarf ein Modell vom Anfang und von der Entwicklung des Himmels.

Nach Newton ist der Raum zwischen den Gestirnen leer. Aber vielleicht war dieser Raum im Anfangsstadium, zumindest stellenweise, gar nicht so leer, sondern angefüllt mit Materie.
REPORTERIN: Das klingt höchst interessant, aber auch kühn. Am Anfang stand bei Ihnen nicht... Gott?
KANT: Das habe ich nicht behauptet. Es mag durchaus sein, dass der Allmächtige bei der Weltschöpfung seine Hand im Spiel gehabt hat.
REPORTERIN: Aber Sie haben statt des Schöpfers doch eher Naturgesetze wirken lassen.
KANT: Zumindest wies ich Newtons Gott in die Schranken, indem ich nach einer natürlichen Ursache der Weltbewegung suchte.
REPORTERIN: Er bekam sozusagen Konkurrenz.
KANT: Ich entwarf lediglich mein eigenes Weltbild.
REPORTERIN: Kant als Weltschöpfer?
KANT: Das mochte vermessen klingen, doch tatsächlich versuchte ich, natürlich nur in Gedanken und auf dem Papier, ein Weltsystem aufzubauen, was einer Schöpfung gleichkam.
REPORTERIN: Herr Kant, erklären Sie uns das bitte näher.
KANT: Nun denn. Ich nahm, als Anfang der Welt, eine völlig zerstreute Materie an, ein vollkommenes Chaos...
REPORTERIN: Darf ich Sie unterbrechen. Das erinnert an Platon, der in seinem *Timaios* zu Anfang auch ein großes „Chaos" beschreibt, das dann vom Weltschöpfer, dem Demiurgen, zur wohlgestalteten Welt umgeformt wird.
KANT: Nun, für die Entwicklung meiner Theorie benötigte ich jedoch keinen platonischen Weltenbauer. Vielmehr sah ich, Newton folgend, durch *Attraktion* (Anziehung) den Stoff sich bilden und durch die *Repulsion* (Rückstoßung) eine Bewegung desselben. Diese Bewegungsgesetze allein ermöglichten Verwirbelungen, die zur Bildung und Gestaltung jenes wohlgeordneten Ganzen führten, das wir nächtlich vor Augen haben und Universum nennen.
REPORTERIN: Newton entwickelte ähnliche Vorstellungen?
KANT: Nein, ihm gemäß würde sich die Entstehung der Welt einer natürlichen Erklärung entziehen. Newton agierte deutlich vorsichtiger.
REPORTERIN: Herr Kant, auch auf die Gefahr hin, dass Sie das, was ich jetzt sage, nicht allzu gern hören mögen, aus Be-

scheidenheit natürlich, sind Sie für mich (sicher auch für unsere Leser und Zuhörer) selbst eine Art *Demiurg*, zumindest ein Weltbildner und Baumeister, der aus im Weltganzen zerstreuten Urstoff eine kosmische Ordnung zu bilden gedachte.

KANT: Im Vertrauen gesagt, gnädige Frau: Entgegen meiner eher zurückhaltenden Gesinnung dachte ich damals tatsächlich genauso, und erhob, im Überschwange, den selbstbewussten Anspruch: *„Gebet mir Materie, ich will eine Welt daraus bauen!"*

REPORTERIN: Offensichtlich wollten Sie die Welt aus den Angeln heben, wie einst Archimedes etwa. Übergroßer Optimismus gar? Da frage ich mich wirklich: Wo blieb Ihre legendäre Bescheidenheit, Herr Kant?

KANT: Sie blieb dabei sicher ein wenig auf der Strecke... zugunsten eines inneren, ungestümen, nicht aufzuhaltenden Forscherdrangs. Aber keine Angst: Es ist schon dafür gesorgt, dass die Bäume nicht in den Himmel wachsen.

REPORTERIN: Lassen Sie uns noch einmal auf das berühmte Chaos zurückkommen. Schon die alten griechischen Philosophen Leukipp, Demokrit und Epikur postulierten ja diesen Atomismus und sahen den gesamten unendlichen Raum zu Anfang von einem atomaren Grundstoff ausgefüllt.

KANT: Vergesse Sie mir nicht den römischen Dichter und Epikureer Lukrez, der in seinem berühmten Lehrgedicht „De rerum natura (Die Natur der Dinge)" die Ansichten dieser Männer literarisch veredelte. Ein großes Werk, welches ich mir oftmals zu Gemüte führte. Sie sollte es unbedingt lesen! Der Dichter verglich es selbst mit Honig, den man Kindern in die bittere Medizin mischt.

REPORTERIN: Honig, in bittere Medizin gemischt?

KANT: Lukrez wählte diese poetisch-literarische Form, um seine Darstellung für die Leser lebendiger und fesselnder zu gestalten. Mit tiefem Ernst versenkt er sich in den Ursprung des Seins, findet es im unendlich Kleinen, in den Atomen. Und diese im leeren Raum umherschwirrenden Atome bewegen sich aus sich selbst, ballen sich zusammen und formen in einem langwierigen Prozess Sterne, Erde und Mond, aber auch die Gegenstände der Erde. Notwendigerweise bewegt und erhält sich die Natur nach ihren eigenen Gesetzen. Alles ist Materie, und die Welt wird so, wie sie entstanden ist, irgendwann wieder

vergehen. Zurück bleiben die unvergänglichen Atome. Götter existieren nicht.
REPORTERIN: Schon damals eine unglaubliche Aussage und auch heute noch hoch aktuell, wie ich finde. Umherschwirrende Elementarteilchen, sich zu neuen Atomen und Molekülen verbindend... *(nachdenklich)*
KANT: Nicht vorhersehbare Atomverbindungen, die nicht von Dauer sind, etwas Flüchtiges darstellen... Woran erinnert das?
REPORTERIN: An Heisenbergs Quantenmechanik vielleicht?
KANT: Richtig. Kompliment, gnädige Frau. Auch Geist und Seele sind, gemäß unserem Dichter, nur feine Atome. Sie verschwinden mit dem Tod. Darum: Keine Angst vor dem Tod... und vor den Göttern! Sie existieren einfach nicht.
REPORTERIN: Deshalb brachte er sich vermutlich um, unser römischer Poet.
KANT: Im Irrsinn, ich weiß. Jedenfalls schlug Lukrez eine Brücke vom antiken Atomismus zum Atomismus der Neuzeit, mit der Aussage, die Natur sei nichts anderes als das Zusammenspiel dieser Atome. Aus seinen Gedanken schöpfte im 17. Jahrhundert übrigens der Franzose Gassendi, ein Begründer der neuzeitlichen Physik.
REPORTERIN: Sie sahen das ähnlich, Herr Kant?
KANT: Auch ich stellte die Theorie auf, dass anfänglich ein diffuser Nebel aus atomaren Partikeln vorherrschte. Allerdings ging ich nicht von gleichen Elementen aus, sondern von ihrer Verschiedenheit. Denn nur durch eine Differenzierung setzte sich meines Erachtens jene Dynamik in Gang, die nach den Regeln der Naturgesetze letztlich langsam zur Bildung der Welt führte.
REPORTERIN: Sie dachten schon an eine Evolution?
KANT: Ja, an eine langsame Vorwärtsentwicklung des Organischen.
REPORTERIN: Wow, zogen Sie auch das Vorhandensein von Atomen in Betracht?
KANT: Ich nannte sie Monaden, wobei ich zugeben muss, dass ich mich dem Einflusse des Herrn von Leibniz zu diesem Zeitpunkt noch nicht zu entziehen vermochte.
REPORTERIN: Trotzdem: Das Modell Ihrer Chaostheorie ist ja fast identisch mit dem heute allgemein anerkannten kosmologischen Standardmodell der Naturwissenschaft. Dieses sieht be-

kanntlich als Anfangselemente insbesondere Helium und Wasserstoff vor, die sich im Universum fast gleichmäßig verbreiten...
KANT: ... und sich dabei immer mehr verdichten und schließlich eine Strukturbildung ermöglichen. Das Ergebnis sind unzählige Galaxien, die sich seit dem Anfang des Universums vor ungefähr 13,7 Milliarden Jahren gebildet haben.
REPORTERIN: Sie bezogen in Ihr Weltmodell Newtons Gravitationsgesetze mit ein?
KANT: Natürlich. Diese bewirken dankenswerterweise die kosmische Massenbildung und sind der Ursprung aller Bewegung.
REPORTERIN: In der heutigen Astrophysik wird ja fast ausnahmslos die sogenannte Urknalltheorie vertreten. Hatten Sie damals schon ähnliche Vorstellungen?
KANT: Gemach, gemach... Ich halte es für voreilig, nur *einen* Urknall als absoluten Anfang unserer Welt zu postulieren, auch wenn alles, jüngsten Forschungen zufolge, darauf hindeutet. Warum sollte nicht schon vorher etwas existiert haben – ein anderes Universum, eine Zeit vor unserer Zeit? Womöglich war der sogenannte Urknall nur ein Übergang, ein Moment höchster Dichte? Vielleicht gab es ja mehrere solcher Momente? Was wissen wir schon, trotz Einsteins genialer Relativitätstheorie und Hawkings kundigen Ergänzungen? Natürlich haben wir manches herausgefunden. Wir nannten es schon: Raumzeit, Energie, Masse, Strahlung, Lichtgeschwindigkeit, Moleküle, Atome und noch viel kleinere Elementarteilchen. Die dabei gewonnenen Erkenntnisse lassen durchaus Rückschlüsse auf den Aufbau der Materie zu.
REPORTERIN: Jüngst fand man sogar das Higgs-Teilchen.
KANT: Mittels Teilchenbeschleunigung, ja, ich las darüber. Ob es sich dabei tatsächlich um das allerkleinste vorhandene Masseteilchen handelt, bleibt abzuwarten.
REPORTERIN: Vielleicht jubeln wir ja zu früh.
KANT: Der Aufbau der uns umgebenden Materie ist ein Problem, welches das menschliche Denken seit Jahrtausenden beschäftigt. Folgende Frage drängt sich immer wieder auf: Lässt sich die Zerteilung der Materie prinzipiell beliebig vornehmen, bis ins unendlich Kleinste? Oder gibt es irgendwo eine Grenze? Noch im 19. Jahrhundert hielt man Atome noch für unteilbar,

unzerlegbar. Dieses stellte sich dann als Irrtum heraus. Auch sie sind nur zusammengesetzte Gebilde, wie wir heute wissen.
REPORTERIN: Immer wieder die Atome... Sie lassen uns einfach nicht los.
KANT: Nicht nur das, gnädige Frau.
REPORTERIN: Nicht nur das, Herr Kant?
KANT: Wir *werden* sie einfach nicht los. Denke Sie an die Grundsätze zur Erhaltung von Masse und Energie.
REPORTERIN: Auch nicht nach unserem Tod?
KANT: Der Mensch bleibt, zumindest als Verkörperung der Energie, unvergänglich. Er wandelt nur seine Form. Seine immerfort in Bewegung befindlichen Atome und Moleküle dürften dann in andere Verbindungen aufgehen, ihre Anordnung ändert sich.
REPORTERIN: Höre ich da etwa Demokrit heraus?
KANT: Gut erkannt. Nach Demokrit ist der Mensch eine Mischung aus Körper- und Seelenatomen. Die Frage nach dem Bewusstsein wird in der Form beantwortet, dass die Seele aus besonders feinkörnigen, glatten und kugelförmigen Seelenatomen besteht, die mit dem Atem eingezogen und somit in den Körper gelangen. Wird die Atomverbindung unterbrochen, stirbt der Mensch. In diesem Moment wirbeln alle Seelenatome davon, um sich einer neuen Seele anzuschließen, die gerade (aus Seelenatomen) gebildet wird.
REPORTERIN: Das bedeutet, dass Demokrit der Ansicht war, dass der Mensch keine unsterbliche Seele hat.
KANT: Ein Gedanke, den die Wissenschaft heutzutage teilt, zumal jene mit dem Gehirn zusammenhängt, und kein Bewusstsein mehr vorhanden ist, wenn sich das Gehirn auflöst. Demokrit soll auf seinen Reisen viel im Osten herumgekommen sein und mit Buddhisten über die menschliche Auflösung gesprochen haben.
REPORTERIN: Schon erstaunlich!
KANT: Nochmals, folgendes möchte ich deutlich machen: Bis heute gilt in der Physik und physikalischen Chemie, dass Energie und Masse niemals verloren gehen, sie wechseln nur ihren Zustand, ihre Energieform. Ja, wir werden sie nie los. Sie bleiben erhalten, in welcher Form auch immer, lösen sich nicht einfach auf im Nichts.

REPORTERIN: Geist, Seele und Körper des Menschen vergehen somit nicht?
KANT: Bei Geist und Seele bin ich mir nicht sicher. Überhaupt sollten wir uns fernhalten von diesbezüglichen Spekulationen. Wir können nicht unterscheiden zwischen immaterieller Realität und Hirngespinsten.
REPORTERIN: Sie selbst haben keinerlei Gedanken daran verschwendet?
KANT: Natürlich dachte und denke ich, in meiner Eigenschaft als Philosoph, anhaltend darüber nach.
REPORTERIN: Zu welchem Ergebnis kommen Sie, Herr Kant?
KANT: Zu keinem eindeutigen. Einerseits könnte das Bewusstsein als eigenständige Energieform, als Seele, sehr wohl außerhalb des Körpers tätig sein und nach dem Ableben fortbestehen. Gerade an die Fortschritte der Quantenphysik werden in dieser Hinsicht hohe Erwartungen gestellt. Wer weiß, welche Überraschungen sie noch bereithält. Andererseits ist es auch vorstellbar, dass ohne eine Aktivität von Nervenzellen so etwas wie ein Bewusstsein unmöglich ist. Alles bleibt demnach Spekulation.
REPORTERIN: Und das Körperliche betreffend?
KANT: Sowie Laub durch Verwesung zu Humus wird, dürfte der menschliche Körper vergehen und neuem Leben als Basis dienen. Die Natur wird auf diese Weise neu belebt, einer Metamorphose gleich. Was uns bleibt, steht, nicht ganz gewollt, der Allgemeinheit wieder zur Verfügung – in einer anderen Form sozusagen.
REPORTERIN: Kein schönes Thema.
KANT: Natürlich nicht, aber der Tod gehört zum Leben. Nochmals zur Verdeutlichung: Wie Ihr bekannt sein dürfte, stammt die Energie, welche Menschen, Tiere, Pflanzen auf Erden zum Leben brauchen, aus der Sonne. Sie funktioniert wie ein riesiges, nahezu unerschöpfliches Atomkraftwerk, strahlt ständig Energie aus. Nur ein Bruchteil reicht aus, um auf Erden Leben zu ermöglichen. Nun, wie geht das vor sich?
REPORTERIN: Pflanzen brauchen Licht zum wachsen...
KANT: ... und verwandeln Sonnenenergie, speichern sie. Als Nahrungsmittel sind sie dann Energiequelle für Mensch und Tier. Die in ihnen steckende Energie wird wiederum verwandelt, zum Beispiel in Muskelkraft.
REPORTERIN: Leben wird ermöglicht, bis zum Tode...

KANT: Für uns Menschen lebenserhaltende Brennstoffe wie Kohle, Erdöl, Erdgas im Inneren der Erde bestehen bekanntlich aus verschütteten, luftdichten Überresten von pflanzlichen und organischen Lebewesen, von Bakterien zersetzt, die vor Millionen von Jahren gelebt haben.
REPORTERIN: Das also meinen Sie mit Erhaltung von Energie...
KANT: ... und Materie, die aus ständig in Bewegung befindlichen Molekülen, Atomen oder noch kleineren Elementarteilchen besteht.
REPORTERIN: Herr Kant, eine andere Frage. Neben der Materie betonte man, schon seit der Antike, seit Aristoteles, die Existenz des Äthers.
KANT: Gern einige Worte dazu. Nun, damit war ein unstoffliches, himmlisches Element, ein die Welt ausfüllendes Medium gemeint. Ja, Aristoteles prägte diesen Begriff und fügte ihn den vier bekannten Elementen Feuer, Wasser, Luft und Erde hinzu. Danach, bis in die späte Neuzeit hinein, sah man ihn als Träger von Lichtschwingungen, gleichsetzbar mit Lichtwellen. Diese Hypothese löste sich dann auf im Nichts. Schwingungen dürften mit Sicherheit in elektromagnetischen Kraftfeldern stattfinden. Doch aufgemerkt: Heute ist der Begriff Äther wiederum in aller Munde, wird in Zusammenhang gesetzt mit jener uns noch unbekannten dunklen Materie, deren Anziehungskraft die rotierenden Galaxien zusammenhalten, aber auch mit jener ebenso unbekannten dunklen Energie, die das ganze Weltall ausfüllen und für eine beschleunigte Ausdehnung des Weltraums sorgen soll. Diese kolossalen, unsichtbaren, alles durchdringenden Kräfte, nach denen wir bislang vergeblich fanden, scheinen sich möglicherweise als die Baumeisterinnen unseres Universums zu erweisen.
REPORTERIN: Unfassbar.
KANT: Sicherlich gab und gibt es erhebliche Fortschritte in der Weltraumforschung, keine Frage. Trotzdem: Der geschätzte Kollege Hawking ist ja nach wie vor auf der Suche nach einer Weltformel, mit der sich die widerstreitenden Theorien über Relativitäts- und Quantenphysik zusammenfügen lassen.
REPORTERIN: Er ist somit versucht, Makrokosmos und Mikrokosmos zu verbinden.

KANT: Richtig. Wie diese kosmische Dynamik jedoch anfing, ist immer noch eines der größten Rätsel der Physik, ja der Menschheit. Je mehr wir zu wissen glauben, desto größer unsere Unwissenheit. Wahrlich, nach wie vor ein Ankerplatz für metaphysische Spekulationen bis hin zu einem schöpferischen Eingriff Gottes...

REPORTERIN: Den sogar ein zweifelnder Einstein für möglich hielt. Ich zitiere: „Ob der Herrgott über meine Theorien lacht und mich an der Nase herumgeführt hat, das kann ich nicht wissen".

KANT: Ja, selbst Einstein hegte an seiner genialen Theorie zuweilen Zweifel, insbesondere an der damals neu aufkommenden Quantenmechanik mit ihrer These von der Zufälligkeit des Atomzerfalls. Er wollte sie partout nicht akzeptieren. Wir vermögen nur das entsprechende Gesetz nicht zu entdecken, so sein Einwand. Gott würfelt ja bekanntlich nicht.

REPORTERIN: Solche Worte ausgerechnet aus dem Munde eines Wissenschaftlers.

KANT: Zugleich gestand Einstein ein, dass die Regeln des Kosmos womöglich prinzipiell nicht erkennbar seien. Im Glauben an verborgene Naturkräfte sagte er: „Die Welt ist ein großes Roulette". Und Hawking, der vielleicht bekannteste Astrophysiker der Gegenwart, fragt sich ebenfalls: „Warum sollen wir am Göttlichen zweifeln, warum sollte es nicht in Form von Naturgesetzen auszudrücken sein?"

REPORTERIN: Spricht nicht gerade für den Glauben an eine persönliche Gottheit.

KANT: Aber für die Möglichkeit einer kosmischen Religiosität. Warum, gnädige Frau, ist nicht an etwas Göttliches zu glauben, das sich in der gesetzlichen Harmonie des Seienden offenbart, sich allerdings nicht mit Schicksalen und Handlungen von Menschen abgibt?

REPORTERIN: Das also meinte Hawking.

KANT: Er sieht auch keinen rechten Grund für die Annahme eines Schöpfers. Wir seien so unbedeutende Kreaturen auf einem kleinen Planeten eines durchschnittlichen Sterns unserer Galaxie. Daher fiele es schwer, an einen Weltenlenker zu glauben, der sich um uns kümmere oder auch nur unsere Existenz bemerke. Nach einem Gespräch mit dem Papst war dieser je-

denfalls deutlich erleichtert, dass der Wissenschaftler wenigstens den Urknall als Gottes Refugium unangetastet ließ.
REPORTERIN: Wie beurteilen Sie solche Aussagen, Herr Kant?
KANT: Insbesondere Physiker und Kosmologen, die sich der Erforschung der Materie verschrieben haben, werden immer wieder, aufgrund ihrer Arbeit, von Ehrfurcht ergriffen. Sie forschen angesichts des Erhabenen und teilen das Empfinden für die machtvolle Schönheit der Natur. Das galt früher, das gilt noch heute.
REPORTERIN: Gilt das auch für Philosophen, wie Sie, Herr Kant, für ganz besondere Menschen?
KANT: Aber natürlich, welche Frage. Doch überschätze Sie die Philosophen nicht. Das Schönste, was wir Menschen erleben können, ist das Geheimnisvolle, das durchaus von einem religiösen Empfinden begleitet sein mag. Gern zitiere ich den Dichter, Gelehrten und Zeitgenossen Albrecht von Haller: „Ins Innere der Natur dringt kein erschaffener Geist."
REPORTERIN: Doch was letztlich bleibt, ist ein großes Fragezeichen. Drum resignieren?
KANT: Nein. Forschen, forschen, immer weiter forschen... niemals aufgeben. Nichts ist erbärmlicher als die Resignation, die zu früh kommt. Das verlangt schon unser unbändiger Forschungswille und die Ruhelosigkeit des Geistes. Schon seit jeher findet die Wissenschaft meine Bewunderung.
REPORTERIN: Die Physik kann den dunklen Kosmos mit den vielen Milliarden Sternen heute viel besser erklären als damals.
KANT: Sicherlich. Wir sollten begreifen: Nicht nur der Kosmos ist bewunderungswürdig, sondern auch die Fähigkeit des menschlichen Geistes, diesen Kosmos, wenigstens teilweise, zu verstehen, zu berechnen. Nicht nur die Größe des Kosmos neigen wir zu unterschätzten, sondern auch die Größe des eigenen Geistes. Die Physik kommt zwar immer näher an den Ursprung der Welt heran, ihn selbst aber vermag sie nicht vollständig zu erklären – noch nicht. Es braucht eben Geduld.
REPORTERIN: Ja, Rom wurde schließlich auch nicht an einem Tage erbaut. Sie sagten sinngemäß, Herr Kant, je mehr sich die Wissenschaft der Erforschung des Kosmos und seiner grundlegenden Materie verschreibt, desto mehr gerät sie offensichtlich ins Staunen.

KANT: Uns erscheint das Weltall rätselhafter denn je. Je mehr wir zu wissen glauben, um so mehr neue Fragen stellen sich. Trotz moderner Technik wissen wir noch wenig über kosmische Phänomene. Und wo die Ratio versagt, kommt meist die Phantasie zu Hilfe. Das war früher so, das ist auch heute noch so. Es scheint doch, allerdings nur für Leichtgläubige, an ein Wunder zu grenzen, dass unser Dasein durch Zusammenwirken scheinbarer Zufälle möglich ist.
REPORTERIN: Zufälle? Können Sie einige Beispiele nennen?
KANT: Es erhebt sich nach wie vor die Frage, auch innerhalb der Wissenschaft: Sind die Erde und der Mensch ein Zufallsprodukt der Natur? Natürlich ist uns bekannt, dass unser Schicksal unter anderem von anderen Himmelskörpern abhängig ist...
REPORTERIN: Ja, ohne Sonne kein Leben...
KANT: Nicht nur das. Einige Beispiele: Jupiter schützt die Erde aufgrund seiner Gravitation vor einem Großteil von Meteoriteneinschlägen. Man denke nur an den verheerenden Meteoriteneinschlag vor ca. 65 Millionen Jahren, welcher das Weltklima derart veränderte, dass schlagartig die Dinosaurier ausgelöscht wurden. Ohne Einfluss des Mondes – welcher einmal, was noch hinzu kommt, Bestandteil der sich bildenden Erde war – gäbe es keine Ebbe und Flut, keine Stabilität der Erddachse als Bedingung für das Gedeihen von Mensch, Tier und Pflanze. Dieses wird ermöglicht durch „passende" Abstände zwischen den genannten Himmelskörpern und unserem Heimatplaneten, ihrem reibungslosen Zusammenwirken. Ganz abgesehen von der Rotation der Erdkugel, ein ebenso wichtiger Faktor für geeignete Lebensbedingungen.
REPORTERIN: Hm... Ein Gedanke geht mir nicht aus dem Kopf, Herr Kant.
KANT: Dann heraus damit.
REPORTERIN: Das Schicksal, eine Vorsehung, eine Fügung soll unser Leben bestimmen, und... unseren Untergang.
KANT: Auch den Anfang, wenn man an eine göttliche Macht glauben mag. Es gibt sogar einige unter den Wissenschaftlern, die davon überzeugt sind, dass der Mensch bereits im Urknall angelegt war.
REPORTERIN: Aber Herr Kant, sind wir etwa kein Zufallsprodukt der Evolution? Wurde der Mensch geplant, entworfen,

angelegt? Soll sich sein Schicksal während der ersten Millisekunden dieser Welt entschieden haben? Ich bin, ehrlich gesagt, verblüfft.

KANT: Wiederum warne ich vor Spekulationen. Sicherlich ist es beeindruckend, wie sich Moleküle im Laufe von Jahrmillionen zu immer komplexeren Organismen zusammenfanden, wie sich das Leben in der Evolution entwickelte und entfaltete.

REPORTERIN: Aber können wir von Zufall, Fügung, Vorsehung oder gar von Wundern sprechen?

KANT: Jedenfalls sind hier sogenannte Zufälle oder glückliche Fügungen besonders auffällig – von der Teilchendichte im Ur-Universum bis hin zum vernichtenden Meteoriteneinschlag. Hinzu kommen Zufälle in der Evolution – wir sollten bei diesem Begriff bleiben – insbesondere durch Mutationen, also durch Veränderungen von Eigenschaften in der Erbanlage.

REPORTERIN: Sie persönlich glauben nicht an Vorsehung oder gar an Wunder?

KANT: Wunder? Der Gedanke fällt mir schwer, läuft meiner rationellen Sichtweise – ich war stets um Ratio bemüht – zuwider. Oftmals war ich verwundert, manchmal spürte ich auch Bewunderung. Nun, tatsächlich mag man den Eindruck gewinnen, dass unsere Welt genauso eingerichtet sei, dass Leben daraus entstehen könne.

REPORTERIN: Wie geschaffen für uns Menschen?

KANT: Gläubige würden an dieser Stelle wahrscheinlich einen Schöpfer anführen, der eine wohnliche Welt für uns bereitet hat. Es mag durchaus möglich sein, dass die Evolution kein blindes Spiel von Zufällen ist, zumal sich die Materie zielgerecht in immer höhere Formen zu entwickeln scheint, wie Aristoteles schon damals prognostizierte – eine Entwicklung vom Möglichen zum Wirklichen.

REPORTERIN: Danke für diese Einschätzung, Herr Kant. Das beruhigt ungemein.

KANT: Trotzdem leben wir auf des Messers Schneide: Epidemien, klimatische Veränderungen, Meteoriteneinschläge, Vulkanausbrüche, auch eigenes Verschulden können uns dahinraffen. Es reichen schon winzige Veränderungen genau aufeinander abgestimmter physikalischer Naturkonstanten, um uns auszulöschen. Atomkerne werden von starker Kernkraft zusam-

mengehalten. Wäre sie nur wenige Prozent schwächer oder stärker, gäbe es keine Sonne, keine Erde...
REPORTERIN: ... kein Leben.
KANT: Zumindest die Existenz des Homo sapiens erscheint zeitlich begrenzt.
REPORTERIN: Hm, das sagt ein Optimist wie Sie. Klingt nicht gut, weniger beruhigend.
KANT: Nun, ich bin weit davon entfernt, eine Weltuntergangsstimmung zu verbreiten.
REPORTERIN: Herr Kant, nochmals zurück zum Urknall, den unsere Wissenschaftler ja allesamt prognostizieren.
KANT: Die Expansion des Universums hat letztlich zum Begriff des Urknalls geführt, von unserer Wissenschaft beobachtet mittels Rückschau und Rückrechnung. Demzufolge ist der Urknall unsere eigene geistige Konstruktion.
REPORTERIN: Jüngst fand man sogar Hinweise auf urzeitliche Gravitationswellen, die aus den ersten Bruchteilen von Sekunden des Kosmos stammen. Eine Sensation, Herr Kant?
KANT: Ja, zweifellos. Die heutige Astrophysik ist in der Lage, immer weiter zurückzuschauen. Wir kennen das Alter des Universums. Das Modell eines „inflationären Universums" scheint sich zu bestätigen, denn unlängst hat man Gravitationswellen nachgewiesen, die tatsächlich aus den ersten Bruchteilen von Sekunden des Kosmos zu stammen scheinen.
REPORTERIN : Ein Blick in die Werkstatt des Schöpfers. Die Bestätigung der Hypothese vom Urknall?
KANT: *Eines* Urknalls womöglich, zumindest die Bestätigung, dass er mit einer unmittelbaren, extrem schnellen Expansion einherging, die sich immer mehr verlangsamte. Durch die heutige Technik sind wir nunmehr in der Lage, Hintergrundstrahlungen aus der Urzeit des Universums aufzunehmen, die uns aus den tiefsten Schichten des Himmels erreichen.
REPORTERIN: Signale von der Geburt des Universums. Der Anfang des Universums. Ein Triumph des menschlichen Geistes.
KANT: Vorsicht, Vorsicht, nicht so voreilig! Viele Fragen hat die moderne Naturwissenschaft beantwortet. Auf die großen Welträtsel jedoch haben wir keine Antwort.
REPORTERIN: Sie sind mit noch so viel Physik nicht zu beantworten?

KANT: Grundlegende Fragen bleiben offen: Warum ist etwas und nicht nichts? Woher kommen der Urknall und die Naturkonstanten? Was war vorher? In der Tat wissen wir wenig darüber. Weder die Astrophysik noch die Philosophie wird je beweisbare Erklärungen hierfür liefern können. Und vergessen wir nicht: Geschätzte 95 % des Universums sind uns bisher unbekannt, wir kennen weder die „Dunkle Materie" noch die „Dunkle Energie." Von ihrer Existenz ist man überzeugt, doch man weiß nicht, woraus sie besteht.
REPORTERIN: Beklemmend.
KANT: Es gibt eben Grenzen des Wissens. Der Himmel lässt sich nicht vollständig ergründen. Wir können nur Erkenntnisse schaffen, die messbar sind. Und wir können nur auf Veränderungen reagieren, die innerhalb unserer begrenzten Sinneswahrnehmung in Raum und Zeit erfolgen. Denn wir wissen seit Einstein: Raum, Zeit und Materie gehören zusammen, sind eine untrennbare Einheit. Heutzutage scheint man sich ziemlich sicher zu sein, dass das uns bekannte Universum nur einen winzigen Teil des großen Ganzen ausmacht – was meine Theorie bestätigt.
REPORTERIN: Das große Ganze ist uns somit völlig unzugänglich. Die Grenzen des Wissens. Trotzdem ist unsere Neugier grenzenlos. Immer neue Fragen ergeben sich?
KANT: Die Naturwissenschaften stoßen mit jeder neuen Erkenntnis auf neue unerklärbare Aspekte. Wenn der Mensch an seine Grenzen stößt, wird seine Neugier geweckt... und das ist gut so.
REPORTERIN: Wird dabei nicht zuviel herumspekuliert?
KANT: Sicherlich. Denken wir beispielsweise an die Stringforscher, die mit irgendwelchen mathematischen Taschenspielertricks die Weltentstehung zu erklären versuchen. Allerdings: Spekulationen und Visionen gehören fraglos zum Geschäft in der Kosmologie.
REPORTERIN: Zur Spekulation gehört sicherlich die Annahme von Parallelwelten, oder?
KANT: Welten über Welten, meint Sie, die gnädige Frau. Eine berechtigte, wenn auch spekulative Frage, zweifelsohne. Doch warum nicht? Demokrit sprach davon, später Cusanus, Bruno... auch meine Wenigkeit.

REPORTERIN: Herr Kant, was eigentlich ist genau gemeint damit, wenn wir, wie so oft, von *unserer* Welt sprechen?
KANT: Zumindest die Astronomen bezeichnen damit den kugelförmigen Raum, aus dem Licht innerhalb von ca. 13 Milliarden Jahren, die seit dem Urknall verstrichen sind, zu uns gelangte. Galaxien, Sterne und Planeten indes, die jenseits dieser Kugel liegen, erweisen sich als nicht wahrnehmbar.
REPORTERIN: Kann es sein, dass Paralleluniversen tatsächlich existieren?
KANT: Nochmals: Warum nicht? Auch einige Wissenschaftler sind fest davon überzeugt, im Zusammenhang mit der Urknalltheorie.
REPORTERIN: So ganz einig scheint sich die Wissenschaft in Bezug auf die Entstehung des Universums durch einen Urknall nicht zu sein, oder?
KANT: Zumindest ein möglicher, sogar höchst wahrscheinlicher Weg zur Existenz der Welt. Aktuelle Befunde stützen zwar die Urknallthese, doch können weitere Forschungen durchaus zu anderen Vorstellungen führen. Der letzte Stand der Wissenschaft muss nicht unbedingt der richtige sein. Und wenn man 50 oder 60 Jahre vorausdenkt, vielleicht wird unser Weltbild eines Tages ein ganz anderes sein.
REPORTERIN: Ja, vielleicht wird man dann über unsere heutigen Ansichten lächeln.
KANT: Wir werden es erleben.
REPORTERIN: Bei mir ist das nicht so sicher, bei Ihnen schon, Herr Kant. Schließlich gelten Sie als unsterblich. Der Beweis sitzt vor mir, er ist erbracht.
KANT: Die Unsterblichkeit gereicht nicht immer zum Vorteile. Sie kann auch zur Last, zur Qual werden.
REPORTERIN: Ich tausche gern.
KANT: Einverstanden. Dann hätte ich irgendwann meine wohlverdiente Ruhe.
REPORTERIN: Eine andere Frage: Physiker und Mathematiker, berechnen sie den Kosmos auf verschiedene Weise?
KANT: Physiker versuchen, die Welt von innen heraus zu verstehen. Sie bauen Teleskope und Mikroskope und versuchen damit, immer tiefer in den Weltraum und in die Mikrowelt einzudringen. Mathematiker betrachten die Welt von außen, als

mathematisches Konstrukt, erstellen Gleichungen und versuchen die Welt auf diese Weise zu ergründen.
REPORTERIN: Mit einigen Gleichungen lässt sich die Welt berechnen?
KANT: Sicherlich. Möge Sie an die Maxwellschen Gleichungen der Elektrodynamik, an Einsteins Feldgleichungen, an die Schrödinger-Gleichungen der Quantenmechanik denken.
REPORTERIN: So einfach ist das? Dabei erscheint uns doch unsere Welt so unglaublich komplex.
KANT: Das mag sein. Für die Berechnung des Kosmos jedoch gibt es, wie gesagt, relativ einfache Lösungen, unter Anwendung bestimmter Gleichungen. Die Natur ist nichts anderes als ein Zusammenhang von Regeln. Es gibt keine Regellosigkeit. Wissenschaft ohne Mathematik ist nicht möglich.
REPORTERIN: Nach diesem kleinen Exkurs, Herr Kant, möchte ich nochmals auf *Ihre* damaligen Vorstellungen zurückkommen, die Weltentstehung betreffend.
KANT: Sehr gern, darauf warte ich schon. Also dann: Die Theorien des Platon, dessen Kosmologie eine ewige, zunächst ungeordnete Materie vorsieht, welche durch göttliche Fügung in abstrakter Gestalt des *Demiurgen* geordnet und in Formen gefasst wird, teilte ich nicht, als ich meinen Kosmos modellierte.
REPORTERIN: Sondern?
KANT: Mein Weltenmodell sieht vielmehr vor, dass die Materie einst selbsttätig, quasi aus einer Urmasse hervorging. Vielleicht nur für einen winzigen Augenblick lang, bevor sie sich zu entfalten begann.
REPORTERIN: Ohne unseren Schöpfergott etwa?
KANT: Von diesem Grundstoff ausgehend, nahm ich einen Mittelpunkt an, ein atomares Zentrum von größter Dichte und Anziehungskraft.
REPORTERIN: Aber das klingt ja nach Vorwegnahme der Theorie des Urknalls, Herr Kant, zumal dieser auch auf ein extrem enges Raumgebiet konzentriert war, auf einen unendlich kleinen Punkt...
KANT: Eine Ursubstanz von unvorstellbarer Energiedichte, nicht zu vergessen. Nun ja, eine gewisse Ähnlichkeit ist freilich, auf den ersten Blick zumindest, unverkennbar. Führen wir uns die derzeitige Urknalltheorie grob vor Augen: Raum, Zeit, Licht und Materie existieren noch nicht. In einem Bruchteil von Se-

kunden dehnt sich das Universum mittels Schwerkraftwellen explosionsartig aus – wie ein Feuerball – von mikrokosmischen auf kosmische Dimensionen, die Inflation. Während das Weltall expandiert, bildet sich aus überschüssigen Elementarteilchen erste Materie. Gasförmige Elemente wie Wasserstoff und Helium entstehen, durch Verdichtung Atome, durch Gravitationen schließlich Galaxien, Sterne und Planeten.

REPORTERIN: Der Urknall als Anfang der Schöpfung.

KANT: Eine Art Selbstschöpfung, die immer neue Welten und Dinge hervorbringt und gebiert, in einem ewigen Prozess. So lautete meine ursprüngliche Hypothese, die ich auch heute noch unterstütze.

REPORTERIN: Herr Kant, das erstaunt mich aber. Die Selbstorganisation der Natur. Deshalb nochmals meine Frage: Die erste Bewegung kam nicht von... Gott?

KANT: Sie muss... ja, sie muss von den Kräften der Natur selbst hergeleitet worden sein.

REPORTERIN: Auch das klingt modern. Nochmals, ohne Gottes Zutun?

KANT: Dieses Thema scheint Ihrem besonderen Interesse zu gelten. Sie lässt nicht locker zu lassen, die Gnädigste, zerbricht sich Ihren klugen Kopf gar zu sehr. Die Antwort auf die Frage, ob der Allmächtige dabei seine Hand im Spiele gehabt haben mag, überlasse ich gern den Theologen. Die sind sicherlich um eine Antwort nicht verlegen. Wir sollten nicht spekulieren.

REPORTERIN: Somit eine Sache des Glaubens, nicht beweisbar.

KANT: Glaubenssachen benötigen keines wissenschaftlichen Beweises. Euklid brauchen wir daher nicht zu bemühen.

REPORTERIN: Quod erat demonstrandum (was zu beweisen war). Gut, lassen wir Gott aus dem Spiel.

KANT: Gern möchte ich meine damalige Theorie noch ein wenig vertiefen, wenn Sie erlaubt. Einerseits zieht sich während des Schöpfungsvorgangs die im Weltall ungleich verteilte Materie durch Anziehungskräfte in Zentralkörper zusammen. Andererseits veranlassen Abstoßungskräfte die Materieteilchen dazu, durch Zusammenstoß andere Körper zu bilden. Durch die Wechselwirkung von Anziehungs- und Abstoßungskräften kommt es zu Rotationen, zu Wirbelbewegungen. Allmählich bilden sich aus Gaswolken Planetensysteme, in welchen die

Himmelskörper miteinander verbunden sind, indem sie sich, infolge eines Drehimpulses, je um einen Zentralkörper drehen. Diese Fixsterne ähneln unserer Sonne, sind Mittelpunkte von Systemen, die wiederum nur winzige Teile von unzähligen Galaxien darstellen.

REPORTERIN: Fantastisch! Sonnensysteme, unserer Milchstraße ähnelnd, entstanden aus einer einst chaotischen, dann rotierenden Nebelmasse. Und dieser Prozess dauerte Millionen von Jahre?

KANT: Ja, wie ich schon sagte: Zwar ist die Schöpfung, aus meiner Sicht, ein ewiger Prozess voller Dynamik, aber auch ein Prozess des Vergehens und Entstehens. Nachdem alte Systeme „ihre Rolle ausgespielt haben", vergehen sie und stürzen in gähnende Abgründe, schwarzen Löchern gleich. So können alte Sonnensysteme implodieren und in Feuerwelten untergehen, um wieder neue entstehen zu lassen, durch Anziehungs- und Abstoßungskräfte eben. Ein ununterbrochener Widerstreit zwischen Chaos und Ordnung. Folgerichtig gleicht der wohlgeordnete Kosmos schließlich einem Phönix, „der sich nur darum verbrennt, um aus seiner Asche wiederum verjüngt aufzustehen, durch alle Unendlichkeit der Zeiten und Räume hindurch". Die Schöpfung ist niemals das Werk eines Augenblicks, sie ist niemals vollendet.

REPORTERIN: Das also meinen Sie mit der Wiederkehr des Gleichen! Den Weltraum hielten Sie, in Raum und Zeit, für unendlich. Ich bin verblüfft. Das sind Ansichten der modernen Kosmologie, die Sie schon damals, im Alter von dreißig Jahren, formulierten: Supernova-Explosionen, weiße Zwerge, rote Riesen, dunkle Energie, dunkle Materie (von der wir keine Ahnung haben), alles verschlingende Schwarze Löcher...

KANT: Ein einziges Chaos und ein einziger Kampf innerhalb jener kosmischen Ordnung und Harmonie, welche wir seit Menschengedenken bei Betrachtung des nächtlichen Sternenhimmels vermuten und unser Gemüt mit Bewunderung erfüllt. Nun, diese Aussagen konnte ich nur treffen, weil Newton und andere zeitgenössische Kosmologen das Material dazu lieferten.

REPORTERIN: Chaos und Harmonie demnach, Herr Kant?

KANT: Bedenke Sie, dass sich die soeben beschriebenen kosmischen Prozesse des Entstehens und Vergehens von Sternen in Zeitabständen von Millionen von Jahren abspielen und die

Kosmologie erst jetzt und aufgrund modernster Instrumente in die Lage versetzt wird, sie zu erkennen.

REPORTERIN: Sehr modern anmutend ist auch, wie ich finde, Ihre Definition kleinster Teilchen als raumfüllende Kraft. Aus einer in Rotation befindlichen gasförmigen Urmaterie spalten sich infolge der Anziehungs- und Fliehkräfte Teile ab, aus denen durch Ballung der Materie Sterne und Planeten entstehen.

KANT: Ja, ich ging von einer scheibenförmigen Nebelmasse aus, deren Zentrum sich zur Sonne verdichtet und aus äußeren Bereichen die Planeten hervorgegangen sind... heute in ihren Grundzügen bestätigt.

REPORTERIN: Wichtige Teile Ihrer Arbeit wurden später von Astronomen wie Friedrich Wilhelm Herschel und vom Franzosen Laplace bestätigt. Danach sprach man von der „Kant-Laplaceschen Theorie", lange Zeit eine wichtige Grundlage der Astronomie und hoch geschätzt. Das wissen Sie natürlich?

KANT: Selbstverständlich, trotz meiner Abwesenheit befand und befinde ich mich auf dem Laufenden – bis heute. Im 18. Jahrhundert freilich, so muss ich leider gestehen, hielt sich die Wirkung meines Buches in Grenzen und wurde erst durch Alexander von Humboldt neu entdeckt.

REPORTERIN: Herr Kant, Ihre These von der Wiederkehr des Gleichen, vom Entstehen und Vergehen, auf die ich nochmals zurückkommen will, erscheint mir durchaus vergleichbar mit derjenigen des altgriechischen Philosophen Heraklit.

KANT: Gut dass Sie ihn anspricht. Ja, Heraklit sah den Kosmos hervorgehen aus einem Urfeuer. Heute würden wir den Begriff Energie verwenden. Irgendwann wird er im Urfeuer wieder zusammenfallen und darin verglühen – um schließlich abermals wieder neu zu entstehen.

REPORTERIN: „Alles fließt" – sein bekanntes Zitat.

KANT: Feuer, gleichsetzbar mit Energie, ist für diesen herausragenden Philosophen der Urgrund aller Existenz. Aus ihm kommt alles, und in ihm vergeht alles. Auch wenn ich mich wiederhole...

REPORTERIN: Manchmal sind Wiederholungen äußerst hilfreich.

KANT: Der Gedanke, dass es keinen Verlust an Energie gibt, dass sie nie vergehen kann, wird ja inzwischen vom Satz der Erhaltung der Energie bestätigt.

REPORTERIN: Ja, wir sprachen darüber. Der Kosmos soll im Nichts verglühen und wieder aus dem Nichts hervorgehen... eine schaurige Vorstellung.
KANT: Da stellt sich nochmals die Frage. Warum nur ein Urknall? Warum nicht mehrere, viele?
REPORTERIN: Der Urknall als „Brücke" eines Vorgängermodells und unserem expandierenden All. Es expandiert und zieht sich wieder zusammen, wobei wir beim heutzutage ebenfalls diskutierten Modell eines „zyklischen Universums" angelangt sind, Herr Kant. Die Wiederkehr des Gleichen eben.
KANT: Warum nicht? Eine Alternative zum gängigen Urknallmodell, das meinen Vorstellungen (und denen des Heraklit) entspricht.
REPORTERIN: Selbst Steven Hawking stimmt Ihrer beider Ansichten zu, neuerdings. Danach würde der Kosmos immer wieder neu entstehen und vergehen...
KANT: Wie schon gesagt: Ein Zyklus aus Geburt, Tod und Wiedergeburt. Jedes Mal, am Ende des Universums, nach vielen Billionen Jahren, nachdem die Kräfte der großen Explosion nachlassen und letzte Sterne erloschen sind, nachdem sie quasi infolge einer Abkühlung des Universums den Temperaturtod starben...
REPORTERIN: Heraklit sprach noch vom Feuertod.
KANT: ... löst sich die Materie auf und der Weltraum zieht sich unter seinem eigenen Gewicht zusammen. Durch das Schrumpfen, durch das Zusammenquetschen auf allerkleinstem Raum, wird eine riesige Energiemenge aufgestaut. Die entstandene Spannung entlädt sich erneut mit gewaltiger Explosion, die Energiemengen werden freigesetzt...
REPORTERIN: So erfolgt ein erneuter Knall, quasi aus dem Nichts. Durch Ausdehnung entsteht ein neues Universum, nach den noch immer geltenden Naturgesetzen.
KANT: Richtig. Das Universum dehnt sich aus, zieht sich wieder zusammen, wie ein großes kosmisches Herz, das schlägt und schlägt...
REPORTERIN: Ein ewiger zyklischer Prozess.
KANT: Sie erwähnte das Nichts. Nun, darunter ist kein Nichts im Sinne von Nicht-Existenz zu verstehen. Die sogenannten Schwarzen Löcher, die seit langer Zeit die Astronomen und Physiker beschäftigen und auch beunruhigen, könnten mit die-

sem uns noch unbekannten Nichts verglichen werden. Alles verschluckende Energiekonzentrationen, in die der Kosmos versinkt, nachdem seine Ausdehnung und Entwicklung abgeschlossen ist.

REPORTERIN: Und wie erklären Sie das Wiederaufflammen des ewigen Feuers?

KANT: Da könnte man die Explosion einer Supernova zum Vergleich heranziehen, durchaus identisch mit dem Urknall oder dem Wiederaufflammen des Feuers bei Heraklit. Alles wird wieder entflammt, die Entwicklung neu initiiert.

REPORTERIN: Ein einziger Kampf...

KANT: Ja, ein wogender Kampf der Elemente, der gesamten Natur, den Heraklit in die leider oft falsch interpretierten Worte fasste: „Der Krieg ist der Vater aller Dinge."

REPORTERIN: Klingt stark nach Waffengang.

KANT: Womöglich ein Übersetzungsfehler, eine Fehlinterpretation, zumal der Wissenschaftszweig der *Semantik*, also die Lehre der Bedeutung von Worten und Texten, noch nicht erfunden war. Unter dem damaligen Begriff Krieg verstand man eine Auseinandersetzung in Worten. Wobei der „Dunkle" erstmals den Begriff der *Dialektik* (These, Antithese, Synthese) als ewiges Naturgesetz verwendete und sogar schon die Evolutionstheorie vorwegnahm.

REPORTERIN: Vielleicht eine kurze Erklärung?

KANT: Man stellt die Gegensätze gegenüber und versucht sie auf eine Gemeinsamkeit zurückzuführen. These und Antithese werden zur Synthese zusammengefasst, Gegensätze aufgelöst, ohne die Einzelteile abzuschaffen.

REPORTERIN: Die Synthese ist demnach als Einheit, als Harmonie zu verstehen, Herr Kant?

KANT: Ja, doch wird sie, als gegensatzloser Zustand, wieder zur These. Wieder entsteht, dem Weltgesetz der Dialektik entsprechend, ein Gegensatz (Antithese). Denn Harmonie bedeutet Stillstand.

REPORTERIN: Ein einfaches Beispiel, vielleicht aus unserem Leben?

KANT: Trotz des Gegensatzes von Mann (These) und Frau (Antithese) suchen sie sich, wollen sich ergänzen und vervollkommnen, da sie meinen, ihnen fehle das Wesentliche, angeblich...

REPORTERIN: Im Grunde ein Bedürfnis von Mann und Frau.
KANT: Ja, zur Einheit, zur Synthese. In ihr heben sich alle Gegensätze auf, versöhnen sich miteinander.
REPORTERIN: Völlige Harmonie?
KANT: *(lacht)* Bis zur Scheidung. Dann ist es aus mit der schönen Harmonie. Das ganze Prozedere beginnt wieder von vorn, auf höherer Ebene, aufgrund von gemachten Erfahrungen, in diesem Falle überwiegend schlechten.
REPORTERIN: Höre ich etwa den Heiratsmuffel heraus, Herr Kant?
KANT: Nun ja...
REPORTERIN: Die Gedanken und Dinge in der Welt stehen somit niemals still, fließen, bewegen sich fortwährend, gemäß Heraklit.
KANT: Recht hat er! Sie entwickeln sich ständig weiter. Im Vordergrund steht ein ununterbrochenes Werden, dem alle Dinge unterworfen sind. In der Natur herrscht ein ständiger Überlebenskampf. Die Starken setzen sich durch, die Schwachen ordnen sich unter.
REPORTERIN: Klingt schon stark nach Evolution. Unglaublich!
KANT: Die Welt ist eine zerrissene Welt – voller Widersprüche. Ohne Wettstreit kein Vorwärtsschreiten, ohne Bewegung kein Leben... sondern Tod.
REPORTERIN: Man kann nicht zweimal in denselben Fluss steigen?
KANT: Weil dieser sich sofort verändert. Auch so eine berühmte Aussage des Heraklit. Wie gesagt: „Alles fließt". „Panta rhei".
REPORTERIN: Sagen Sie, Herr Kant. Gab es zu jener Zeit auch gegenteilige Ansichten?
KANT: Die eleatische Schule, wichtigster Vertreter war Parmenides von Elea (Unteritalien), sprach zwar von der Einheitlichkeit des Seins, negierte allerdings dessen Bewegung („nichts ist bewegt") – einen Gegenpol zu Heraklit bildend.
REPORTERIN: Warum nannte man Heraklit eigentlich den „Dunklen"?
KANT: Anscheinend wegen seiner unverständlichen Aussagen und dunklen Prognosen. Trotz der bruchstückhaften Überlieferung seiner Arbeit war erstmals so etwas wie ein komplettes

philosophisches System erkennbar. Ja, zweifellos ragte Heraklit aus seiner Zeit heraus.
REPORTERIN: Dieses System der *Dialektik*, das Heraklit zuerst anwandte, war auch Bestandteil Ihrer Philosophie, Herr Kant?
KANT: Nein. Erst der Kollege Georg Wilhelm Friedrich Hegel hatte sich am Anfang des 19. Jahrhunderts dieses Themas wieder angenommen, es ausgebaut, kultiviert und zum Inhalt seiner Philosophie gemacht. Eine höchst interessante These übrigens. Die Dialektik als fortschreitender Geschichtsprozess.
REPORTERIN: Herr Kant, dieser vielschichtige Themenkomplex hält mich so gefangen, dass ich es wagen möchte, einfach weiter zu fragen.
KANT: Wohlan, meine Gnädigste, frage Sie nur, scheue Sie sich nicht.
REPORTERIN: Zurückkommen möchte ich nochmals auf Ihr Zitat, das ziemlich viel Optimismus ausstrahlt. „Gebt mir nur Materie, ich will euch eine Welt daraus bauen."
KANT: So ähnlich formulierte schon Descartes, wobei er sich freilich, in seiner Naturphilosophie, auf Ausdehnung und Bewegung bezog, hervorgerufen durch Verwirbelungen. Sein damaliges zugegebenermaßen verwegenes Zitat wurde häufig kritisiert. Auch von Voltaire, der wiederum ein Verehrer Newtons war.
REPORTERIN: Allzu verständlich. Denn Gott wird in seiner Rolle als Weltenbauer und höchstes Wesen hinter den Menschen zurückgedrängt.
KANT: Da möchte ich Descartes in Schutz nehmen. Er gedachte, die Wichtigkeit der Naturgesetze zu betonen, Gott aber als höchstes Prinzip, als „ersten Beweger", anzuerkennen.
REPORTERIN: Als abstrakte Gottheit?
KANT: Vielleicht. Ansonsten soll er ja ein gottgläubiger Mensch gewesen sein.
REPORTERIN: Sahen Sie sich in einem ähnlichen Konflikt, Herr Kant?
KANT: Nun, ich kannte ja den Vorwurf gegen ihn. Ich argumentierte infolgedessen etwas geschickter, richtete mich an die Vernünftigen dieser Welt, um mich keiner harten Kritik auszusetzen. Ebenso sah ich auch, da bin ich ganz ehrlich, meine gesellschaftliche Stellung gefährdet.

REPORTERIN: Ich bin gespannt auf *Ihre* Version.

KANT: Gott hat den ganzen, unendlichen Raum mit einem Urstoff angefüllt, in den er bestimmte Keimanlagen und Kräfte hineinlegte. Dieser Stoff nun bildet dank seiner ihm innewohnenden, verliehenen Bewegungskraft (den physikalischen Hergang beschrieb ich bereits) nach und nach, infolge eines langwierigen Entwicklungsprozesses, bestimmte Formen heraus – das schöne und ordentlich anmutende, uns bekannte Weltsystem.

REPORTERIN: Erinnert wiederum an die *Entelechie* des Aristoteles. Also brachten Sie ebenfalls den Erschaffer ins Spiel! Aber das ist doch das gleiche persönliche Dilemma, in das sich Newton und zuvor Descartes hineinmanövriert hatten.

KANT: Ja, auch ich fügte am Ende den Gottesbegriff hinzu... wohl eher aus „taktischen Gründen".

REPORTERIN: Aus taktischen Gründen! Gegen Ihre Überzeugung, obwohl Sie als Naturforscher nur den Grundsätzen der Naturlehre vertrauten!

KANT: Gewiss eine spannungs- und konfliktreiche Situation für mich. Denn ich war alles andere als ein Atheist. Ich war aber auch kein gläubiger Christ, der vorbehaltlos an die Offenbarung glaubte. Wie gesagt, ich saß zwischen zwei Stühlen, befand mich in einem tiefen Zwiespalt, dem mutmaßlich jeder sich selbst ernstnehmende Naturwissenschaftler ausgesetzt ist, wenn er auf dieses Thema zu sprechen kommt.

REPORTERIN: Kant als Agnostiker also! Dieser Zwiespalt, in welchem Sie sich befanden, ist durchaus einleuchtend und nachvollziehbar, wie ich finde: Einerseits wurden Sie durch Elternhaus und Schule religiös erzogen, andererseits dachten Sie in den Grenzen mechanischer Welterklärung, allgemeiner Naturgesetze und freigeistlicher Weltsicht. Die Gefahr, als Ketzer verurteilt zu werden, bestand in Ihrer Epoche ja nicht mehr – Gott sei Dank. Schon gar nicht im toleranten Preußen unter der Freigeistigkeit des „alten Fritz".

KANT: Sie hat es angesprochen. Der preußische Staat hatte freundlicherweise die Stelle des Schöpfers eingenommen, bezeichnete sich zumindest als vom Schöpfer eingesetzt. Gleichwohl verfügte das Christentum, auch an Schulen und Universitäten, noch über eine recht starke Position. Der Einfluss der Theologie auf die Philosophie war noch beachtlich. Wir Philo-

sophen hatten es, allesamt und zu allen Zeiten, schwer genug mit der Obrigkeit.
REPORTERIN: Irgendwie, Herr Kant, erinnert mich das an die altgriechischen Atomisten, deren Weltmodell dem Ihrigen ziemlich ähnlich zu sein scheint.
KANT: Ich weiß ja inzwischen um Ihre Vorliebe für die antike Philosophie. Doch ich stimme Ihr zu: Manchmal sah ich mich tatsächlich als Nachkomme jener Weltweisen, zeitweilig als moderner Demokrit oder Epikur, der, wiedergeboren, im Christentum sein niedergelegtes Geisteswerk fortführt... Atome, die ihrer Schwere wegen aufeinander zufallen, dabei von Gegenkräften abgelenkt, in einen Wirbel versetzt werden, sich schließlich verdichten...
REPORTERIN: Diese weisen Männer sahen vielleicht die Götter nur als Phantasiegebilde und behaupteten, nur die genaue Forschung führe zur Glückseligkeit, nicht der Glaube an ein höheres Wesen. Dachten Sie nicht insgeheim genauso, Herr Kant? Mal ganz ehrlich.
KANT: Moment mal. Von diesen von mir hochverehrten frühen Denkern unterschied ich mich, weil ich nicht ein Chaos ohne Urheber lehrte, sondern Gott die Schöpfung der entwicklungsfähigen Materie zuschrieb. Zumindest hielt ich es für denkbar.
REPORTERIN: Ja, ich weiß, ich weiß. Sicher aus den bekannten Gründen...
KANT: Und noch einen Unterschied möchte ich aufzeigen: Bei Epikur, nicht bei Demokrit, fallen die Atome blind zusammen, um die Welt zu bilden. Es sind glückliche Umstände, welche die Welt zu einem wohlgeordneten Ganzen fügen. Ich jedoch binde meine vorgefundene Weltmaterie, die ich für notwendig erachtete, an Naturgesetze, mich demnach Demokrit anschließend.
REPORTERIN: Von Gott geschaffen... natürlich.
KANT: Wie gesagt, durchaus denkbar.
REPORTERIN: Ein Gedanke will mir nicht aus dem Sinn: Was bewog diese Männer damals eigentlich, derartig verwegene Theorien aufzustellen? Anders ausgedrückt: Wie kam man dazu, über Atome, Materie, Weltentstehung nachzudenken?
KANT: Getrocknete Nüsse und Getreidekörner können zu Mehl zerrieben werden. Steinbrocken zerfallen zu kleinsten Steinchen, Geröll und feinstem Sand. Eis schmilzt zu Wasser,

Wasser verflüchtigt sich zu Dampf, Holz und Kohle verbrennen im Feuer zu Rauch und Asche... Derartige Beobachtungen könnten durchaus zu jenen großartigen Gedankengebilden geführt haben.

REPORTERIN: Allein durch Intuition und Denkkraft. Und schon wieder sind wir bei den vermeintlich kleinsten Teilchen, den Atomen.

KANT: Angeordnet in verschiedenen Kombinationen, unzerstörbar, nur ihre Form ändernd. Die erste ansatzweise Formulierung von der Umkehrbarkeit von Masse und Energie, die heute zu den fundamentalsten Gesetzen der modernen Wissenschaft zählt. Erst viel später sah man, wie weitsichtig und modern anmutend die Ansichten dieser frühen Atomisten waren.

REPORTERIN: Herr Kant, Sie betonen in Ihrer „Theorie des Himmels", dass die Kräfte, die Gott in die Materie hineinlegte, von selbst zu geordneten und zweckmäßigen Zuständen führten. Sie verbinden mechanische Naturerklärung mit teleologischen Ansätzen.

KANT: Genau so möchte ich verstanden werden.

REPORTERIN: In der gesamten Philosophiegeschichte und Theologie versuchte man sich immer wieder an sogenannten Gottesbeweisen, die Sie ja später, in Ihren „kritischen Werken", kritisierten.

KANT: Ich warte schon darauf, dass Sie das anführt. Zu meiner Zeit wurde eine Art von Gottesbeweis lebhaft diskutiert, der alles andere als logisch klang, doch damals höchst populär war. Man wollte aus der Betrachtung der Natur zur Erkenntnis des Göttlichen gelangen.

REPORTERIN: Wie standen Sie dazu?

KANT: Nun, die Betrachtung der Natur spricht die Gefühle im höchsten Maße an und ruft Erstaunen, Demut und Ehrfurcht hervor.

REPORTERIN: Die Erfahrung des Erhabenen.

KANT: Allerdings scheint die Gewissheit, dass die Natur ein göttliches Schöpfungsprodukt ist, mehr eine Sache des Gefühls zu sein als eine logisch beweisbare. Denn hier beginnt die religiöse moralische Dimension.

REPORTERIN: Die Position Gottes in seiner Schöpferrolle wurde schon im frühen 18. Jahrhundert reichlich diskutiert. Auch in den höchsten wissenschaftlichen Kreisen?

KANT: Ich erinnere mich an einen weiteren Disput zwischen Newton und Leibniz, der wiederum indirekt ausgetragen wurde. Newton ließ seine Gottheit immer wieder in das kosmische Geschehen eingreifen, während selbige für Leibniz nur ein einziges Mal direkt tätig war, nämlich bei der Schaffung der Weltmaterie, die den ganzen unendlichen Raum ausfüllt.
REPORTERIN: Sie tendierten zu Leibniz.
KANT: Nach reichlicher Überlegung, immer wieder zögernd, vertrat ich, ähnlich wie Leibniz, die Meinung, unser Altvater könne durchaus auf einen Schlag die Materie erschaffen haben, in seiner Unendlichkeit, im höchsten Verstande und als erste Ursache.
REPORTERIN: Die sich alsbald in einem schöpferischen Akt... ja nennen wir es Urknall... entlud. Also doch Gott als Weltschöpfer?
KANT: Zumindest könnte er etwas damit zu tun haben. Wir sollten uns jedoch von jeglicher Spekulation fernhalten. Auch ich lehnte mich damals, als ich dieses Buch herausbrachte, etwas zu weit aus dem Fenster – aus heutiger Sicht.
REPORTERIN: Ihre Ansicht richtete sich aber gegen Newton, von Ihnen hochverehrt?
KANT: Gegen „Gottes ständig eingreifenden Finger", wie Newton es formulierte, hegte ich Bedenken. Zugegeben, seine Lehre von den bewegenden Kräften zwischen den Körpern faszinierte mich ein Leben lang. Nichtsdestoweniger ließ ich auch schon Einwände gegen Leibniz und seiner bereits erwähnten „prästabilierten Harmonie" gelten – zumindest wie er sie sah.
REPORTERIN: In diesem Gelehrtenstreit, ich komme nochmals darauf zurück, ging es, grob gesagt, um Geist und Materie.
KANT: Leibniz sah in der „besten aller möglichen Welten", den Gedanken des Platon folgend, die göttliche Vernunft aufblitzen, während Newton stärker von den Naturgesetzen her dachte, selbstverständlich von Gott geschaffen.
REPORTERIN: Auch über das Wesen von Raum und Zeit, Sie deuteten es bereits an, gab es Meinungsverschiedenheiten zwischen diesen beiden Giganten des Geistes?
KANT: Die in einem offenen Zwist auszuarten drohten, der Europas Gelehrtenkreis aufhorchen ließ.
REPORTERIN: Worum ging es konkret, Herr Kant?

KANT: Gemäß Leibniz erschuf Gott nicht nur die Welt, sondern Raum und Zeit gleich mit. Nach Newton jedoch legte der Schöpfer die Welt in Raum und Zeit hinein. Demnach musste beides schon vorhanden gewesen sein. Weiterhin warf Leibniz Newton vor, er halte Gott für einen schlechten Uhrmacher, der sein Werk nicht vollendet habe.
REPORTERIN: Sicherlich aufgrund dessen These, dass unser Altvater fortwährend ins Weltgeschehen eingreife.
KANT: Richtig.
REPORTERIN: Wie auch immer. Warum aber die ganze Aufregung?
KANT: Ich bitte zu bedenken, dass wir in anderen Zeiten lebten. Leibniz wies Newtons Behauptung vehement zurück, als Anmaßung, als höchst respektlose Rückstufung Gottes.
REPORTERIN: Ich verstehe. Dessen Allmächtigkeit beginnt mit einer derartigen Aussage zu bröckeln.
KANT: Genauso empfand man es in streng gläubigen Kreisen.
REPORTERIN: Herr Kant, nochmals zu Ihnen. Ich meine – oder liege ich etwa falsch? – auf meine Fragen nach *Ihrem* Glauben und Gottesbild noch keine konkrete Antwort erhalten zu haben.
KANT: Vielleicht sollte Sie sich mit den bisherigen Antworten zufrieden geben, das Thema nicht überstrapazieren. Wie ich kürzlich hörte, streiten sich über dieses Thema noch immer die Interpreten. Lassen wir es dabei bewenden.
REPORTERIN: Dass Sie aber stets zu den Bewunderern des Sternenhimmels zählten, geben Sie zu?
KANT: Gern sogar. Meine Begeisterung für die Sternenkunde zeigte sich noch im höchsten Alter. Zuletzt noch sprach ich im Freundeskreis mit größtem Entzücken über den wohlgelungenen Bau des Himmelsgebäudes, der dem Anschein nach doch keinem Zufall entspränge.
REPORTERIN: *(lacht)* Also doch ein Hinweis auf des Erlösers Güte, Weisheit und Macht.
KANT: *(amüsiert)* Vielleicht. Aber eines weiß ich genau: Ich betete nicht zum Herrgott. Von Religion, insbesondere von den Pfaffen, hielt ich mich weitgehend fern, so gut es ging. Weiß Sie eigentlich, dass Beten in der Religion das Gleiche ist, wie Denken in der Philosophie?

REPORTERIN: *Sie* weiß nur, dass den Religionen nur das Heilige wahr ist, der Philosophie nur das Wahre heilig ist.
KANT: Großartig, Sie zitieret Ludwig Feuerbach, der in seiner Religionsphilosophie versucht ist, Gott als menschliche Wunschvorstellung zu entlarven.
REPORTERIN: Vielleicht etwas genauer, Herr Kant?
KANT: Nun, Feuerbach und andere Philosophen vor und nach ihm – gern erinnere ich an dieser Stelle an den Vorsokratiker Xenophanes – gingen davon aus, dass wir Menschen geneigt sind, dem Göttlichen menschliche Eigenschaften zuzuschreiben, menschliche Züge auf Nichtmenschliches zu übertragen. Man nennt es auch *Anthropomorphismus.*
REPORTERIN: Ein schwieriges Wort.
KANT: Wir sprachen über die Religion. Man sollte, das sei hinzugefügt, nur von *einer* Religion sprechen, gleichsetzbar mit Humanität, Tugendhaftigkeit, Sittlichkeit, Rechtschaffenheit – Moralität eben.
REPORTERIN: Den Glauben haben sie vergessen.
KANT: Dieser beginnt, wo das Wissen aufhört, endet oft mit Ergebenheit. Nochmals: Es gibt nur eine Religion, doch vielerlei Glaubensrichtungen. Sie sollte nicht auf der Sünde des Morastes gebaut sein.
REPORTERIN: Wollen Sie auf die noch immer vorherrschende gegenseitige Intoleranz zwischen den einzelnen Religionen... pardon... Glaubensrichtungen hinaus?
KANT: Was soll diese Zänkerei um den richtigen Glauben? Wozu Glaubenskriege? Man soll endlich um Toleranz bemüht sein.
REPORTERIN: Herr Kant, zurück zu Ihrer Schrift. Sie entdeckten Newtons Weltgebäude und bauten es aus zu einer ungeheuren Vision, welche in Ihrer Zeit ihresgleichen suchte. Den bestirnten Himmel über Ihnen, der schon Ihre kindliche Neugier weckte, dehnten Sie aus ins unermesslich Große, postulierten Weltsysteme, die in riesigen Zeiträumen durchwaltet sind von Zerstörung und Neugeburt. Gott machten Sie lediglich für die Materiebeschaffung verantwortlich. Nochmals meine Frage: Brachten Sie ihn nur deshalb ins Spiel, weil Sie, wie sollte es auch anders sein, keine weitere Ursache für dieses Weltenwunder fanden? Oder wollten Sie dem Vorwurf begegnen, ein Atheist zu sein? Oder weil Sie Ihrer hohen Begeisterung beim

Anblick des abendlichen Sternenhimmels Ausdruck verleihen wollten und letztlich diese Begeisterung ins Religiöse übersteigerten?

KANT: Ihre Fragen sind berechtigt. Nun, ich sprach immer wieder, eigentlich zeitlebens, in stiller Ehrfurcht, hoher Achtung und tiefer Bewunderung von der mein Gemüt und meine Seele bewegenden unbegreifbaren Wirklichkeit der Natur. Ein religiöser Unterklang war eigentlich unüberhörbar. Sicherlich auch für Sie.

REPORTERIN: Sie nannten das Gemüt. Es ging Ihnen also nicht nur um Gott und die Welt, sondern, in diesem Zusammenhang, stets auch um die Seele des Menschen, Herr Kant?

KANT: Ja, um sie ging es letztlich. Um sie herum zentrierte sich alles.

REPORTERIN: Dann wage ich es, in diesem Sinne, auch wenn ich damit vorgreife, an Ihre berühmten Worte anzuknüpfen, die am Ende Ihres großen moralphilosophischen Werkes „Die Kritik der praktischen Vernunft" stehen werden: *„Zwei Dinge erfüllen das Gemüt mit immer neuer und zunehmender Bewunderung, je öfter und anhaltender sich das Nachdenken damit beschäftigt: DER BESTIRNTE HIMMEL ÜBER MIR UND DAS MORALISCHE GESETZ IN MIR...*

KANT: *(leise, sinnierend)* Beide darf ich nicht als in Dunkelheit verhüllt oder im Überschwänglichen, außer meinem Gesichtskreis, suchen und vermuten. Ich sehe sie vor mir und verknüpfe sie unmittelbar mit dem Bewusstsein meiner Existenz...

REPORTERIN: Ergreifende Worte...

KANT: Ich erlaubte mir, „den bestirnten Himmel über mir" mit dem „Bewusstsein meiner Existenz", also die kosmische Unendlichkeit mit meiner körperlichen Vergänglichkeit, aber auch mit meinen außerordentlichen Fähigkeiten als Vernunftmensch, zu verknüpfen. Ich machte mich als körperliches Wesen gleichsam winzig, um mich als seelisches Wesen über alle Maßen zu erhöhen.

REPORTERIN: *(leise)* Der Mensch als nichtiger Winzling, doch das moralische Gesetz in ihm richtet den Gedemütigten wieder auf. Sehr poetisch, Herr Kant... und wie tröstlich.

KANT: Auch auf die Gefahr hin, dass ich schon zu viel verrate: Das moralische Gesetz gilt als grenzenlos, über den Tod einzelner Menschen und Völker hinaus. Die moralische Selbstverpflichtung, beispielsweise nicht zu betrügen oder zu morden, ist der weite Kosmos im Menschenkopf. Dieses Gesetz ist ebenso unverwüstlich und bewunderungswürdig wie das am Nachthimmel leuchtende „Sternenmeer".

REPORTERIN: Der bestirnte Himmel als Beispiel für Schönheit, ja Erhabenheit, Herr Kant?

KANT: Diese Begriffe schärfen den moralischen Sinn des Menschen und können menschliche Werte fördern, Haltungen wie Respekt und Achtung. Aus Achtung und Respekt wiederum entstehen andere Werte: Liebe, Freiheit und Frieden. Denn wer die geordnete Schönheit des Universums wahrnimmt, erhält derjenige nicht schon den Hinweis, wie er selbst vernünftig und gerecht zu handeln hat?

REPORTERIN: *HANDLE NUR NACH DERJENIGEN MAXIME, DURCH DIE DU ZUGLEICH WOLLEN KANNST, DASS SIE EIN ALLGEMEINES GESETZ WERDE.* Dieses moralische Gesetz, Ihr weltberühmter „kategorischer Imperativ", Herr Kant...

KANT: ... ist dem vernünftigen Wesen eingegeben als „Faktum der Vernunft" und dient als moralischer Maßstab für all seine Handlungen. Dabei gilt er ohne Einschränkungen.

REPORTERIN: Der Mensch als sein eigener Gesetzgeber?

KANT: Ja, nur die Achtung und der Respekt vor dem Sittengesetz motiviert uns zum moralischen Denken und Handeln, ein Denken und Handeln aus Pflicht, nicht aus Neigung. Nur die Moral allein macht den Menschen zum Menschen. Denn das Größte, was dieser kennt, ist der Anblick des bestirnten Himmels und das moralische Gefühl der Pflicht. Der einzelne Mensch muss die Würde der Menschheit in seiner eigenen Person bewahren. Pflicht, du erhabener großer Name!

REPORTERIN: *(nachdenklich)* Eindrucksvoll, sehr eindrucksvoll, Herr Kant.

KANT: Das bedeutet, dass die moralische Welt, dank des menschlichen Willens, von einem entsprechenden Gesetz beherrscht wird, das ebenso allgemeingültig ist wie die wissenschaftlichen Gesetze der empirischen Welt. Vor ihm sollten wir, wie vor einer verschleierten Göttin, unser Knie beugen.

REPORTERIN: Das würde auch bedeuten, dass die Moral ebenso auf Vernunft gegründet ist wie die Wissenschaft.

KANT: Richtig erkannt.

REPORTERIN: Andererseits, besorgt frage ich mich wiederum: Wo bleibt da Gott? Entschuldigung, ich kann nicht anders, als nach ihm zu fragen.
KANT: *(amüsiert)* Nun steht Sie da und kann nicht anders. Vielleicht hält er sich ja aus allem heraus, unser Herrgott.
REPORTERIN: Um sich Ärger zu ersparen sicherlich.
KANT: Nolens volens (ob man will oder nicht): Ich möchte andeuten, dass es nicht unvernünftig ist, an eine höhere Macht zu glauben – im Gegenteil. Allerdings erscheint es ratsamer, sich als Mensch auf seine eigene Moralität zu verlassen. Und warum, frage ich, sollten wir nicht die moralische Vollkommenheit als das Göttliche betrachten, anstatt den maßlosen Übertreibungen und Versprechen der Bibel und ihren göttlichen Vertretern auf Erden allzu sehr Vertrauen entgegenbringen und Glauben zu schenken? Religionswahn, Afterdienste, um in Gott Wohlgefallen zu erregen!
REPORTERIN: Starker Tobak, Herr Kant. Da muss ich erst einmal innehalten... *(tief beeindruckt)*
KANT: Tue Sie das, die gnädige Frau, sortiere Sie Ihre Gedanken.
REPORTERIN: Bleiben wir noch ein wenig bei Ihrer „Theorie des Himmels", Herr Kant. Sie sprachen vom Sternenmeer, das wir nächtlich vor Augen haben... wie etwa den Andromedanebel, dessen Lichtspirale gut zwei Millionen Lichtjahre zu uns unterwegs ist?
KANT: Dabei ist er der nächste galaktische Verwandte unserer Milchstraße.
REPORTERIN: Interessant finde ich, dass Sie sich in Ihrer „Theorie des Himmels" mit Bewohnern anderer Gestirne, also mit Außerirdischen beschäftigten – ein Thema, das doch vermutlich erst im 20. Jahrhundert aufgegriffen wurde.
KANT: Nein, das Thema war auch schon im 16. und 17. Jahrhundert aktuell.
REPORTERIN: Aber wie kam man darauf? Hat das eine Vorgeschichte?
KANT: So ist es. Durch die Entdeckungen des Kopernikus trat eine gesellschaftliche Wende ein, die mit einer Selbstverkleinerung der Menschen einherging.
REPORTERIN: Selbstverkleinerung? Wie ist das zu verstehen?

KANT: Durch das neue Weltbild, das die Erde nicht mehr im Mittelpunkt des Universums sah, schien auch sein Bewohner, der Mensch, unbedeutend geworden zu sein. Er stellt nur noch einen winzigen Punkt im unermesslichen Universum dar.
REPORTERIN: Kopernikus hat die Erde vom Mittelpunkt der Welt an den Rand gerückt. Eine Art Minderwertigkeitsgefühl, infolge einer Kränkung?
KANT: Weitaus schlimmer. Der Mensch fühlt sich einsam in den unendlichen Räumen des Universums, einsam in dessen Kälte und Leere. Diese Einsamkeit, dieses Verlorensein beklagte schon 1670 der französische Wissenschaftler und Philosoph Blaise Pascal. Gemäß seiner eigenen Aussage dachte er nur mit „Schrecken" daran.
REPORTERIN: Und da sehnte man sich nach einem Kontakt zu Außerirdischen?
KANT: Möglicherweise. Zumindest festigte sich die Meinung, dass der Schöpfer sich in seiner Allmacht nicht *nur* auf die Erde und seine Bewohner konzentriert haben mag, sondern auch auf vermeintliche andere Himmelskörper, ja auf das gesamte Universum.
REPORTERIN: Sollte das etwas mit Gottesferne zu tun haben?
KANT: So empfand es mit Sicherheit der überaus gläubige Pascal.
REPORTERIN: Der sicherlich sein Nervenleiden als göttliche Bestimmung sah.
KANT: Zuvor begriff sich der Mensch als einzigartig im Universum. Doch allmählich erkannte der so Herausgehobene, dass Gott als Weltschöpfer eigentlich für alle seine Geschöpfe da sein müsste.
REPORTERIN: Es war wohl beruhigend zu wissen, dass sich der Mensch nicht allein im Universum befindet.
KANT: Von Wissen konnte keine Rede sein: Man stellte lediglich Vermutungen auf, spekulierte.
REPORTERIN: Wer brachte Sie eigentlich auf die Idee, Herr Kant, dieses Thema Ihren naturwissenschaftlichen Schriften einzuverleiben?
KANT: Es existierten schon Bücher und Schriften darüber. Zu nennen sind u.a. der französische Schriftsteller de Fontenelle, aber auch der Engländer Alexander Pope, der zu meinen Lieblingsautoren zählt. Auch der große Mathematiker und Astronom

Christiaan Huygens sowie der Philosoph Christian Wolff äußerten sich hoffnungsvoll über die vermeintliche Anwesenheit von Außerirdischen.

REPORTERIN: Da wir gerade über die Erforschung des Universums sprechen. Wer eigentlich war dieser Christiaan Huygens?

KANT: Ein niederländischer Physiker, Mathematiker und Astronom des 17. Jahrhunderts. Wir erwähnten ihn schon in Verbindung mit der Begründung der Theorie von der Wellennatur des Lichts.

REPORTERIN: Die ja von Newton abgelehnt wurde.

KANT: Huygens erfand die Pendeluhr, erkannte die wahre Gestalt der Saturnringe und entdeckte den Jupitermond Titan. Er schloss sich der Ansicht Leibnizens an, dass Raum und Zeit relativ seien. Beide kannten sich. Ja, Ihr Einwand, gnädige Frau, ist berechtigt. Newton glaubte, das Licht bestehe aus einer riesigen Anzahl winzig kleiner körperlicher Teilchen, von einer Lichtquelle ausgesandt. Kurz danach stellte Huygens seine Lichtwellentheorie vor.

REPORTERIN: Gern zurück zu unserem Thema, den Außerirdischen, Herr Kant. Auch Sie glaubten, ich habe doch richtig gehört, an die Existenz von außerirdischen Wesen?

KANT: Auch heute noch, in welcher Form auch immer. Es ist anmaßend anzunehmen, unter Abermilliarden Himmelskörpern sei nur die Erde als einziger bewohnt. Bedenke Sie, dass es im Universum 50 bis 100 Milliarden der Milchstraße ähnliche Sterneninseln gibt. Die Wahrscheinlichkeit eines Erfolges, außerirdisches Leben aufzufinden, ist schwer abzuschätzen. Wenn wir nicht anhaltend suchen jedoch, sind Erfolgsaussichten gleich Null. Und noch Kompliment an die Raumfahrt. Was sie zu leisten imstande ist, habe ich damals nur in kühnsten Träumen zu hoffen gewagt. Leider sind ihre Möglichkeiten begrenzt.

REPORTERIN: Aufgrund der unglaublich weiten Entfernungen zwischen den einzelnen Sternen sicherlich. Selbst die Nachbarsterne sind lichtjahreweit entfernt. Bleibt doch nur die Spekulation.

KANT: Sie ist natürlich erlaubt.

REPORTERIN: Auch der Astrophysiker Hawking fragt sich ja, warum wir eigentlich allein sein sollten, angesichts der unbe-

greiflichen Vielzahl von Sternen und Planeten. Erde und Menschheit, vielleicht sind sie ja ein besonderer Glücksfall.
KANT: Oder ein kosmischer Sonderfall.
REPORTERIN: Sagen Sie, Herr Kant, Sie beschäftigten sich, in diesem Zusammenhang, mit einer Schrift des schwedischen Naturforschers Emanuel Swedenborg.
KANT: Welche dieser 1734 veröffentlichte.
REPORTERIN: Worum ging es da?
KANT: Er entwickelte in seinem Buch eine ähnliche Chaostheorie wie ich, später soll er, gemäß eigenen Aussagen, Kontakt zu Außerirdischen gehabt haben und sogar träumerisch dem kosmischen Idealmenschen begegnet sein. So weit folgte ich ihm natürlich nicht, obwohl auch ich Spekulationen über die Beschaffenheit und das Aussehen von Außerirdischen anstellte.
REPORTERIN: Wie sahen *Ihre* Spekulationen aus?
KANT: Nun, als Leitfaden spielte wieder einmal die Gravitation Newtons eine wichtige Rolle. Ich vertrat damals die Meinung, dass bei wachsender Schwerkraft der Sonne gegenüber ihren Planeten die Trägheit der jeweiligen Bewohner zunimmt und deren Geisteskraft abnimmt; aber auch umgekehrt, bei schwindender Schwerkraft, die Trägheit abnimmt und das Denkvermögen zunimmt. Natürlich wusste ich, dass ich mit meinen Ansichten ins Feld der Phantasien wanderte.
REPORTERIN: Danach müssten die Bewohner eines sonnenentfernten Planeten kluge und glückliche Menschen sein. Und wie schätzten Sie, gemäß Ihrer, mit Verlaub, etwas eigenartigen Theorie, die Position unserer Erdenbewohner ein?
KANT: Theorie? Nennen wir es Spekulation, aus heutiger Sichtweise natürlich völliger Unfug. Damals sah ich die Erde als eine Art Mittelplanet und das menschliche Verhalten zwischen Schwere und Leichtigkeit hin und her pendelnd.
REPORTERIN: Ich verstehe. Sie schlossen auf die Moral der Menschen, oder besser gesagt, auf ihr moralisches Mittelmaß.
KANT: So ist es. Schwerfällige Unvernunft vermischt sich beim Menschen mit geistiger Klarheit, Sündhaftigkeit mit Tugend. Kurz: Unsere moralische Beschaffenheit lässt ein wenig zu wünschen übrig, ist noch nicht ausgeprägt. Die Sünde begleitet uns auf Schritt und Tritt – bis in die heutige Zeit. Über das Wesen des Menschen gibt es keine Klarheit. Eines jedoch

wissen wir genau: Von Vollkommenheit sind wir weit entfernt. Sehr weit sogar.

REPORTERIN: Als Naturphilosoph entwarfen Sie ein Modell des Kosmos, basierend auf mathematischen Grundsätzen à la Newton.

KANT: Allerdings war ich auch Metaphysiker und träumte von einer Wanderung der Seele, die sie dort hinführt, wo ein Forscher niemals hingelangt... in die entfernteren Regionen des Universums.

REPORTERIN: Den Mond haben wir betreten, den Mars im Visier. Das war es doch auch schon.

KANT: Nun, davon träumten wir damals nur. Raumfahrt war technisch noch unvorstellbar, unrealistisch. Uns blieb nur die Phantasie. Aber nochmals Kompliment an die Wissenschaft. Sie macht, bis heute, beachtliche, ja immense Fortschritte in der Erforschung des Weltraumes.

REPORTERIN: Es ging Ihnen um die Befreiung der Seele, um sie den Sternen näher zu bringen.

KANT: Schon als Kind schwärmte ich vom unermesslichen Sternenhimmel, wollte mit meinen kleinen Händen die Sterne ergreifen. Weil das physisch nicht möglich war, gedachte ich, meine Seele von ihrer kleinen Existenz, in einer relativ kleinen Stadt wie Königsberg, in das Universum auswandern zu lassen. *Sie* sollte die große Forschungsreise antreten, hoch zu den Sternen, in die Nähe der Sonnenoberfläche, um deren Feuerstürme zu beschreiben, weiter durch die Galaxien... In diese Welten begab ich mich mit meinem Geist. Was ist dagegen schon eine körperliche Reise von Königsberg nach Berlin? Ich eröffnete einen Raum in meinem Bewusstsein, der vom Kleinsten bis zum Größten reicht.

REPORTERIN: Mit Verlaub, Herr Kant. „Der kleine Königsberger Professor, gefangen in einer Nussschale, aber mit dem Anspruch, König über den unendlichen Weltraum zu sein."

KANT: Gut formuliert, keine Frage.

REPORTERIN: Sie schrieben in diesem Zusammenhang von Glücksgefühlen „epikureischen" Ausmaßes... Was brachte Sie dazu?

KANT: Nur die edle Seele erlebt diese mit herkömmlichen Begriffen kaum zu beschreibenden Glücksgefühle. Der un-

sterbliche Geist schwingt sich empor in die erhöhte Natur, um dort das Glück des Seligen zu finden.
REPORTERIN: Was hat das alles mit Epikur zu tun?
KANT: Dazu bedarf es einer etwas längeren Erklärung. Epikurs Wahlspruch lautete bekanntlich: „Lebe im Verborgenen". Nichts Schöneres gab es für den „Gartenphilosophen", als zusammen mit Freunden in seinem „Garten" vor den Toren Athens, einem Versammlungsort gleich, glückselig umherzuwandeln – vertieft in erbauliche Gespräche. Zugegeben: Der Besitz eines solchen Gartens hätte durchaus auch meinem Wunsche entsprochen.
REPORTERIN: Dann sicherlich vor den Toren Königsbergs, mit Blick auf den prächtigen Sternenhimmel. Überhaupt, Herr Kant... mit dem von Krankheit gezeichneten Epikur scheint Sie manches zu verbinden... nicht nur die mit Worten kaum zu beschreibenden Glücksgefühle, die sich bei der Betrachtung der Natur und in Gesprächen mit Freunden einstellen. Etwa auch der Zweifel an Gott?
KANT: Nun, es ergaben sich tatsächlich gewisse Gemeinsamkeiten. Epikurs Botschaft lautete: Habt keine Angst vor den Göttern, denn sie interessieren sich nicht für die Menschen. In Wahrheit besteht die Welt ohnehin nur aus Atomen und dem leeren Raum. Sein Ratschlag: Kümmert euch um die Freunde, genießt das Leben, lachet und philosophieret, denn es könnte euer einziges sein. Strebt nach diesseitigem Glück, denn ein Jenseits gibt es nicht.
REPORTERIN: Also ein lustbetonter Unglaube?
KANT: Sie hört die Zwischentöne?
REPORTERIN: Jedenfalls, so scheint mir, war Epikur Atheist.
KANT: Nicht im strengen Sinne. Wie ich las, ging er ab und zu in den Tempel. Vielleicht zweifelte er gar an seinem Zweifel.
REPORTERIN: *(leise)* Zweifel am Zweifel... das Göttliche betreffend. Herr Kant, *auch* eine Gemeinsamkeit mit Ihnen?
KANT: *(amüsiert)* Wie man es nimmt. Mit einem Unterschied: Ich ging nie in die Kirche...
REPORTERIN: Weil sie den Pfaffen und ihrem religiösen Getue misstrauten.
KANT: ... geschweige denn, in einen Tempel. Sie scheint nicht locker zu lassen!

REPORTERIN: *(leise, resignierend)* Wie man es nimmt... ach, Herr Kant... Einige Seiten Ihrer Kosmologie erscheinen mir, ehrlich gesagt – mit Verlaub – reichlich spekulativ. Meinungen und Geglaubtes sind noch längst kein Wissen, oder?
KANT: Nun, alles, was denkbar ist, kann geglaubt werden. Meinen und Glauben lässt sich zumindest als Wissen beschreiben, das nicht beweisbar ist. Die Meinungen von heute jedoch sind nicht immer die von gestern.
REPORTERIN: *(etwas irritiert)* Ja, natürlich... Herr Kant, Sie verloren sich geradezu in Träume und Spekulation, äußerten sich über bewohnte Planeten, über Seelenwanderung, über eine Reise in den Kosmos. Exakte Wissenschaft sieht doch wohl anders aus?
KANT: Ich weiß, ich weiß. Das gesamte Universum ist sinnlich nicht fassbar. Dazu bedarf es neben einer beachtlichen Einbildungskraft auch einer Menge Poesie. Nach und nach wurde mir jedoch bewusst, dass ich es mit traumhaften Vorstellungen zu tun hatte, wenn ich von Dingen redete, die nicht beweisbar waren. Ich musste die Grenze finden zwischen glaubwürdiger Wissenschaft und dem unbegrenzten Feld des Phantastischen. Für das Erste war, gewissermaßen als Leitfigur, Newton zuständig, für das Zweite ein anderer... ihn haben wir soeben erwähnt.

Das Erdbeben von Lissabon

REPORTERIN: Herr Kant, ein ganz anderes Thema. 1755 ereignete sich eine große Katastrophe. Ein schreckliches Erdbeben suchte Lissabon heim und zerstörte die Stadt. Das muss für die Europäer erschütternd gewesen sein, angesichts des großen Leids, welches dieses verursachte.
KANT: In deutschen Zeitungen erfuhr man erst vier Wochen später von diesem Beben. Sie darf nicht vergessen, dass es weder Radio gab noch Fernsehen. Und Sie hat Recht: Das christliche Europa wurde erschüttert in den Grundfesten des Seins, Denkens und vor allem im Glauben. Dem Beben der Erde folgte ein Beben des Geistes. Der Schrecken von Lissabon stand für einen Umbruch im Denken des 18. Jahrhunderts: theologisch, philosophisch, naturwissenschaftlich und politisch.
REPORTERIN: Auch theologisch und philosophisch.
KANT: Die Frage der *Theodizee*, der Rechtfertigung Gottes angesichts des Leids in der Welt, stellte sich aktueller denn je. Der Ausspruch des großen Leibniz, wir lebten in der besten aller Welten, stieß nun auf bittere Zweifel. Nicht nur unter den Philosophen.
REPORTERIN: Voltaire hatte für diese Worte ja ohnehin nur Hohn und Spott übrig.
KANT: Voltaire war einer der einflussreichsten Autoren der europäischen Aufklärung. In Frankreich galt er schon zu Lebzeiten als Legende. Mit seiner Kritik der Missstände des Absolutismus und der Feudalherrschaft als auch der Machtposition der katholischen Kirche galt er als wichtiger Wegbereiter der Französischen Revolution. Stets stritt er für die Freiheit des Denkens, Toleranz, Vernunft, Frieden, Glück der Menschen. Vor allem kämpfte er gegen Ungerechtigkeit und Unterdrückung. Nun ja, in seinem Roman „Candide" richtete er das Wort tatsächlich streng gegen Leibniz und gegen diejenigen, welche die Welt schön reden wollten. Allerdings goss Voltaire beißenden Spott über vieles, meist auch berechtigt. Dass er nun den großen Leibniz so verunglimpfte, durch Europa reiste und tönte „Wo ist Gott?", empörte nicht nur viele Zeitgenossen, sondern

rief auch seinen Landsmann und Intimgegner Jean Jacques Rousseau auf den Plan.
REPORTERIN: Berechtigt?
KANT: Voltaire hätte nur Leibniz richtig zu Ende lesen müssen.
REPORTERIN: Rousseau war, aus verschiedenen Gründen, Ihrer besonderen Verehrung gewiss. Können Sie uns auch Rousseau kurz vorstellen?
KANT: Rousseau, dieser berühmte französischer Schriftsteller, Philosoph und Staatstheoretiker, machte die moderne Gesellschaft dafür verantwortlich, dass der Menschheit ihre natürliche Stärke verloren geht. Er sprach sich gegen Unfreiheit und Ungleichheit aus („Der Mensch ist frei geboren, und überall liegt er in Ketten") und sah als Ursache dafür den zivilisatorischen und wirtschaftlichen Fortschritt. Er appellierte nicht an die Vernunft, sondern daran, natürlichen Instinkten zu vertrauen.
REPORTERIN: Verfasste er nicht eine staatstheoretische Schrift, die einen Gesellschaftsvertrag zum Inhalt hat?
KANT: Ja, in seiner Schrift „Vom Gesellschaftsvertrag" legte Rousseau, als wichtiger Vorkämpfer der Französischen Revolution, die Rechte der Individuen gegenüber dem Staat fest, aber auch die Ansprüche des Staates gegenüber dem Einzelnen. Der heutige Begriff „Volkssouveränität" geht darauf zurück.
REPORTERIN: Sein berühmtes Zitat: *ZURÜCK ZUR NATUR"* dürfte unseren Lesern und Zuhörern sicher bekannt sein. Aber: Hat sich Rousseau wirklich so erregt, wegen dieser Kritik Voltaires an Leibniz?
KANT: Ihn störte nicht nur die Unredlichkeit, sondern er wollte sich seine Zuversicht, ans Gute zu glauben, nicht nehmen lassen. Jedoch verurteilte er die Hybris der Menschen, die sich als Herren über die Natur aufzuspielen wagten. Schließlich machte er auch für die Schäden des Lissabonner Erdbebens die Mängel der Zivilisation verantwortlich und wandte sich somit gegen Voltaire, der eher an den Fortschritt der Menschheit glaubte.
REPORTERIN: Wie standen Sie selbst zu dieser Debatte?
KANT: Nun ja, ich befand mich diesbezüglich auf der Linie Rousseaus, hatte aber auch für Voltaire Verständnis. Lissabon war damals schon eine große Stadt mit Tausenden von Einwohnern; siebenstöckige Häuser waren zusammengestürzt. Wir Menschen bauen Hütten auf dem Schauplatz der Eitelkeit, um

unseren Trieben Glück und Befriedigung zu verschaffen. Rousseau meinte mit seinem „Zurück zur Natur" keinesfalls, dass wir auf allen Vieren nunmehr in den Wäldern herumkriechen sollten, wie Voltaire ihm, wieder einmal maßlos übertreibend, vorwarf. Vielmehr, dass wir auf die Natur zurückblicken und uns angemessen einrichten mit ihr. Kurz: Er entdeckte die tief verborgene unverfälschte Natur des Menschen und wünschte sich ihre Wiederherstellung.
REPORTERIN: Schlossen Sie sich dieser Meinung an?
KANT: Rousseau hatte Visionen, wie kaum ein anderer Philosoph des 18. Jahrhunderts. Ich war der Meinung, dass wir die biologische, chemische Ordnung der Natur einsehen, alles jedoch aus einer nüchternen, naturwissenschaftlichen Sichtweise betrachten sollten. Ferner müsste der Mensch erkennen, dass er vergänglich ist und nicht der Nabel der Welt, auch wenn er innerhalb der Gattung Tier zweifellos etwas Besonderes darstellt.
REPORTERIN: Warum?
KANT: Vermöge seiner Vernunft, seiner moralischen Fähigkeit. Doch nie darf er sich zum Herren der Welt aufschwingen. Vielmehr sollte der Mensch stets seine eigene Begrenztheit im Blick behalten, angesichts des Unendlichen.
REPORTERIN: War der Aufschrei des Entsetzens damals nicht verständlich? Schließlich waren unzählige unschuldige Menschen getötet worden.
KANT: Gewiss. Doch was vom Standpunkt der Ewigkeit des Universums als gut und richtig anzusehen ist, weil naturnotwendig, erscheint vom Standpunkt des Einzelnen aus oft hart und grausam. Das zeigte Lissabon, das zeigen aktuelle Naturkatastrophen. Die Betrachtung solcher schrecklichen Ereignisse ist lehrreich. Der Mensch kann von den Naturgesetzen nicht erwarten, dass sie sich seinen Wünschen anbequemen. Auch ich fragte mich damals besorgt: Was eigentlich soll das für ein Gott sein? Zuerst schöpft er die Naturgesetze und schafft, nach den Worten des Alten Testaments, den Menschen – und schließlich liefert er ihn den Launen der Natur aus.
REPORTERIN: Äußerte sich Goethe nicht ähnlich?
KANT: Goethe. Ja, so ungefähr. Er schrieb, mit einiger Berechtigung, der Gott, der Vater des Schönen und Erhabenen, des Himmels und der Erde, habe sich hier keineswegs so väterlich

verhalten. Dagegen: Die Natur hat gezeigt, wie fragil der Mensch ist. Doch die Menschheit ist unverwüstlich. Sie scheint sich immer wieder neu aufzubauen.
REPORTERIN: Da klingt Optimismus durch. Aber nicht nur die Natur, sondern auch Menschen fügen anderen Menschen großes Leid zu.
KANT: Gewiss. Erinnern wir uns nur an das Drama von Auschwitz, die Bombenabwürfe über Dresden, oder an das Attentat auf das World Trade Center in New York. All diese schrecklichen Ereignisse, seien sie naturbedingt oder von Menschen gemacht, stürzen uns in Verzweiflung – bringen uns aber auch zum Philosophieren. Das Staunen ist der Anfang der Philosophie. Es kann aber auch der Schrecken sein.
REPORTERIN: In Königsberg brach 1764 ein großer Brand aus?
KANT: Ich erinnere mich ungern daran. Möglicherweise war Brandstiftung die Ursache. Viele Häuser, Speicher wurden vernichtet, es gab auch Tote. Die Königsberger wussten danach, wie gefährdet ihr Leben tatsächlich war.
REPORTERIN: Aber Herr Kant, regen sich angesichts solcher Katastrophen nicht Zweifel an Gottes Gerechtigkeit? An seiner Existenz? Muss eine derartige Erfahrung nicht immer in Unglaube münden, im Atheismus?
KANT: Der Atheismus ist gewiss kein Produkt der Aufklärung. Schon in der Antike herrschten berechtigte Zweifel an der Gerechtigkeit der Götter, ja an deren Existenz. Vor allem nach verlorenen Kriegen und Naturkatastrophen. Das galt freilich nicht für das christliche Mittelalter.
REPORTERIN: So?
KANT: Der mittelalterliche Glaube war auf beunruhigende Weise unerschütterlich. Er nahm offenbar immer weiter zu, je schlechter es den Menschen ging.
REPORTERIN: Ist das psychologisch nicht verständlich?
KANT: Ja, ja, die Psychologie, ein spezielles Thema sicherlich.

Lehrtätigkeit

REPORTERIN: Herr Kant, bleiben wir im Jahre 1755. Ein überaus wichtiges Jahr für Sie.
KANT: Sie meint meine Promotion zum Doktor der Philosophie in Königsberg.
REPORTERIN: Was taten Sie, nachdem Sie promoviert hatten?
KANT: Ich ließ mich zunächst als Privatdozent nieder und hielt Vorlesungen im Hause eines befreundeten Professors. Dort logierte ich auch.
REPORTERIN: Wovon lebten Sie?
KANT: Ich lebte ohne staatliches Gehalt, nur von Vorlesungsgebühren und von der privaten Betreuung von Studenten.
REPORTERIN: War das nicht sehr anstrengend und belastend?
KANT: Im Gegenteil. Als ich 1755 nach Königsberg zurückkehrte, am Ende meiner sechsjährigen Hauslehrerzeit auf dem Lande, war ich ausgeruht, sprühte vor Elan und entwickelte eine beachtliche Produktionskraft.
REPORTERIN: Professor wurden Sie jedoch erst 1770.
KANT: Ja, nach langem Bemühen.
REPORTERIN: Sie lehrten nicht an einer Eliteuniversität, sondern in einer Provinzstadt, in Königsberg.
KANT: Ihre Meinung über meine Heimatstadt teile ich nicht. Königsberg am Pregelflusse war eine agile ostpreußische Hafenstadt und Handelsmetropole mit ca. 50.000 Einwohnern, eingeschlossen eine Vielzahl von geschäftigen Ausländern. Ein Tor zur Welt, das Venedig des Nordens. Man konnte hier Menschenkenntnis erwerben, ohne zu reisen. Ein schicklicher Ort zur Erweiterung der Weltkenntnis.
REPORTERIN: Leider nicht mehr vergleichbar mit dem heutigen Königsberg.
KANT: Was ist geblieben? Eine zerstörte Stadt, eine russische Exklave. Es zerbricht mir das Herz!
REPORTERIN: Sie entwickelten eine lebhafte und genaue Vorstellungskraft über fremde Länder, obwohl Sie über Königsberg und seine Umgebung nie hinausgekommen sind.
KANT: In der Tat. Ich war in der Lage, einem verblüfften Engländer sogar eine präzise Beschreibung der Westminsterbrücke vorzutragen.

REPORTERIN: Und nicht nur ein scharfsinniger Analytiker waren Sie, in allen Forschungsgebieten zuhause, sondern studierten, nach eigener Aussage, auch gern das „Buch der Zeit".
KANT: Womit Sie eine meiner damaligen Aussagen zitieret.
REPORTERIN: Selbst so relativ entfernte Ereignisse wie die Revolutionen in Amerika und Frankreich interessierten Sie und wirkten auf Ihre Werke ein.
KANT: Deshalb sollten sie auch in einem globalen Kontext gesehen werden.
REPORTERIN: Jedenfalls stellten Sie in Ihren Lehrveranstaltungen die ungewöhnliche Weite Ihres geistigen Horizonts unter Beweis: Mathematik, Physik, Logik, Metaphysik, Naturphilosophie, Pädagogik, Theologie, Geographik, Anthropologie, Morallehre... Habe ich noch etwas vergessen?
KANT: Genug, genug...
REPORTERIN: Genug ist besser als zuviel.
KANT: Vergessen hat Sie die Tatsache, dass ich für Lob und Anerkennung nicht besonders empfänglich bin.
REPORTERIN: Herr Kant, wir wissen, dass Ihre Vorlesungen keineswegs schulmeisterlich abliefen. Im Gegenteil: Sie waren mit Witz und Laune gewürzt, oft auch angereichert mit Zitaten und Anekdoten. Die Hintergründigkeit Ihres besonderen Humors?
KANT: Gleichwohl sollte bedacht werden, dass diese Vorlesungen grundsätzlich (nicht nur in meiner vorkritischen Zeit, auch später) auf der Grundlage von Lehrbüchern beruhten. Insbesondere auf der Ethiklehre Baumgartens, einem Schüler Wolffs, und anderen Geistesgrößen deutscher Aufklärung.
REPORTERIN: Können Sie uns Baumgarten und Wolff kurz vorstellen? Man kennt diese Namen heute kaum noch.
KANT: Christian Wolff war ein Leibniz-Schüler und baute dessen Lehre aus, wobei er die Theologie aus ihrer Vorrangstellung verdrängte (was ihm zeitweise Ärger einbrachte) und die gesamte deutsche Aufklärung entscheidend beeinflusste. Alexander Gottlieb Baumgarten beschäftigte sich mit Fragen der Ethik und systematisierte die deutsche Schulphilosophie. Beide gehörten zu den bekanntesten deutschen Rationalisten.
REPORTERIN: Welche Sie später, wie schon angesprochen, in Ihrer „kritischen Zeit", heftig kritisierten.

KANT: Ja, relativ früh befielen mich Zweifel an der menschlichen Vernunft. Noch in den sechziger Jahren des 18. Jahrhunderts rechnete ich mich dem Rationalismus zu, war daher, von Jugend an, mit dessen Vernunftdenken vertraut gemacht worden. Später wandte ich mich entschieden in Richtung „Kritizismus".

REPORTERIN: „Vorkritische Zeit" und „kritische Zeit"? Wollen Sie diese Begriffe etwas verdeutlichen?

KANT: Üblicherweise wird bei meinen philosophischen Werken zwischen der vorkritischen und der kritischen Phase unterschieden, weil sich meine Position spätestens mit Veröffentlichung der „Kritik der reinen Vernunft" veränderte. Noch bis in die sechziger Jahre kann man mein Wirken, wie ich schon sagte, dem Rationalismus von Leibniz und Wolff zurechnen. In der Zeit danach arbeitete ich meine neue, als „Kritizismus" bekannte Erkenntniskritik aus, die ich 1781 veröffentlichte.

REPORTERIN: Herr Kant, wir werden Ihren Kritizismus natürlich noch eingehend behandeln, auch auf den Rationalismus zu sprechen kommen, doch momentan drohen wir abzuschweifen. Noch einmal zurück zu Ihren Vorlesungen: Sie waren ein ungemein beliebter und verehrter Lehrer?

KANT: Das hoffe ich doch.

REPORTERIN: Ihre Vorlesungen waren geprägt von der Wiederkehr tagesaktueller Ereignisse und einer Unzahl von Lesefrüchten aus allen Bereichen.

KANT: Nun, über vierzig Jahre lang hielt ich Vorlesungen an der Universität Königsberg, bis 1796. Zuletzt eine recht mühevolle Arbeit, wöchentlich auf 24 Stunden anwachsend...

REPORTERIN: Die Bezahlung war unzureichend?

KANT: Von der Universität erhielt ich, wie schon erwähnt, kein Gehalt, sondern musste meinen Lebensunterhalt ausschließlich durch Hörergebühren der zum Teil mittellosen Studenten bestreiten. Ein schwieriges Geschäft. Selbst ein bescheidener finanzieller Erfolg ließ sich so kaum erzielen. Späterhin besserte sich dieses, sodass ich in die Lage versetzt wurde, ein standesgemäßes Leben zu führen.

REPORTERIN: Empfanden Sie Ihre Lehrtätigkeit als aufregend?

KANT: Nicht immer. Denn „täglich saß ich vor dem Amboss meines Lehrstuhls und führte den schweren Hammer sich selbst

ähnelnder Vorstellungen im gleichen Takte fort – Jahr für Jahr". Eine Sphäre, die mir manchmal allzu eng wurde, mich an die Strafen des Sisyphos erinnerte. Das Tagtägliche erschöpfte mich.
REPORTERIN: Offenbar erhoben Sie gegenüber Ihren Studenten einen hohen Anspruch. Sie forderten zum Mitdenken auf und leiteten an zum methodischen Denken. Sie lehrten in überfüllten Sälen, fanden von Anfang an lebhaftes Interesse. Ihre Zuhörerschaft war zusammengewürfelt aus Preußen und Ausländern, vor allem aus Balten, Polen, Russen, Engländern und Niederländern. Ihre Studenten vergötterten Sie, weil Sie auch im persönlichen Umgang viel Wärme und Herzlichkeit zeigten.
KANT: Was Sie dem alten Kant vermutlich kaum zugetraut hat, in Anbetracht seiner akademischen, scheinbar gefühllos wirkenden späteren Schriften.
REPORTERIN: *(irritiert)* Doch, doch, zugetraut... natürlich. Heutzutage würden Sie womöglich als eine Art Popstar verehrt...
KANT: *(lacht)* Wie eingangs des 19. Jahrhunderts der arme Hegel oder im 20. Jahrhundert der bedauernswerte Sartre. Nun, das fehlte mir noch.
REPORTERIN: Herr Kant, wie kein anderer Kollege verstanden Sie es, nicht Philosophie zu lehren, sondern das Philosophieren, somit vorurteilsfreies Denken. War das einer der Gründe, warum Sie die Lehrtätigkeit einiger Ihrer Kollegen kritisch betrachteten?
KANT: Nicht nur kritisch, sondern auch mit Spott. Meines Erachtens unterwarfen sie sich Reglements und Lehrbuchweisheiten. Sie dachten keineswegs selbst und kauten nur fremde Gedanken wider. Ihr trockener Lehrstoff, einem „stehenden Wasser" gleich, sollte sich sodann in den armen Köpfen der jungen Leute einnisten. „Man findet nicht die Spur von Geist, alles ist Dressur", wobei ich den Kollegen Goethe zitiere.
REPORTERIN: Warum missfiel Ihnen bei Ihren Vorlesungen eigentlich das gewissenhafte, ausführliche Mitschreiben?
KANT: Ich war und bin der Ansicht, dass man dabei oft nur das Unwichtige vermerkt und geneigt ist, die wirklich wichtigen Fragen zu vernachlässigen. Wer nicht aufmerksam zuhörte, blieb zurück, einer Nachtmütze gleich, denn ich wiederhole ungern. Auch Nachbetereien waren mir ein Gram.

REPORTERIN: Da muss ich unbedingt Ihren Studenten, den Dichter und Philosophen Johann Gottfried Herder anführen. Abgesehen davon, dass er den Grundstein für eine spätere Kant-Kritik legte.
KANT: Herder war ein leidenschaftlicher Vertreter der späteren Romantik: schwärmerisch, emotional, überschwänglich, oft wankelmütig in seinen Ansichten. Ich schenkte ihm zunächst viel Aufmerksamkeit.
REPORTERIN: Und wie gingen Sie mit seiner späteren Kritik um?
KANT: Natürlich habe ich gegen Kritik nichts einzuwenden, vor allem, wenn sie logisch und konstruktiv vorgetragen wird. Schließlich belebt Dialektik und Auseinandersetzung das geistige Geschäft. Doch war mein „Kritizismus" schon damals, zugegebenermaßen, schwer verständlich, selbst für diejenigen, die als klug und beschlagen galten. Ich bin nicht ganz sicher, ob das nun unbedingt auf Herder zutraf.
REPORTERIN: Aber Herder, das sollte man ihm zugute halten, hat gemäß eigenen Aussagen das Glück genossen, Sie als Lehrer erlebt zu haben. Er lobt in größter Dankbarkeit und Hochachtung den gedankenreichen Redefluss Ihrer Lippen, Ihre fröhliche Heiterkeit, den Witz und Scherz, der Ihnen zu Gebote stand, Ihre Ermunterung und Anregung zum Selbstdenken und die schier unglaubliche Fülle Ihres Wissens. Ich zitiere: „Mit dankbarer Freude erinnere ich aus meinen Jugendjahren der Bekanntschaft und Unterrichtung eines Philosophen, einem wahren Lehrer der Humanität. Seine Philosophie weckte das eigene Denken auf, und ich kann mir nichts Erleseneres und Wirksameres hierzu vorstellen als seinen Vortrag, dem ich andächtig zuhörte." Fühlten Sie sich geschmeichelt, Herr Kant? Das sind doch warme, dankbare Worte, oder nicht?
KANT: Nun ja, sie mögen von ehrlicher Dankbarkeit erfüllt sein. Andererseits: Schmeichler, Speichellecker und Jaherrn gab und gibt es genug, oft ihren Vorteil und Gewinn suchend. Auch Dankbarkeit war und ist dünn gesät – was auf Herder sicherlich nicht zutreffen mag. Immer wieder ermahnte ich ihn, er solle doch nicht soviel über Büchern brüten, sondern vielmehr meinem Beispiele folgen. Sie deutete es bereits an: Stets zum Selbstdenken ermunternd, legte ich in meinen Vorlesungen

einen trockenen Humor an den Tag, der oftmals zu allgemeinem Gelächter führte. Ich selbst blieb meist ernst, lachte selten.
REPORTERIN: Wie würden Sie die Beziehung zu Herder beschreiben?
KANT: Mit ihm verband mich ein überwiegend freundschaftliches Verhältnis – bis auf einige Unstimmigkeiten.
REPORTERIN: Wie war sein weiterer Weg? War er ein gelehriger Schüler? Machte er Ihnen Ehre?
KANT: Herder wurde zum weitgereisten Kulturphilosophen, Historiker, Ästhetiker und Dichter. 1770 begegnete er Goethe und ließ sich in Weimar nieder. Er stieg zu einem der geistigen Väter des „Sturm und Drang" auf und legte die Grundlagen zur Romantik.
REPORTERIN: Kann man sagen, dass er Sie und Ihre Lehre verraten hat?
KANT: Verrat wäre ein überzogener Begriff. Herder misstraute zunehmend der Aufklärung – demzufolge auch meinen Ansichten über die Vernunft, die Sie in meinen „Kritiken" findet. Er sprach sich immer lebhafter für das Irrationale im menschlichen Denken aus. Auf diese Weise machte er sich mit der Volksdichtung und Verwobenheit der Sprache vertraut und fand einen tiefen Zusammenhang zwischen Natur und Mensch. Sein Thema war die Humanität, die er als wahre Kultur bezeichnete. Die Nichtbeachtung, zumindest die Vernachlässigung der Sprache machte er ebenso zum Vorwurf.
REPORTERIN: Berechtigt?
KANT: Nun ja, wohl nicht ganz zu unrecht.
REPORTERIN: Kommen wir zu einem anderen, weitaus berühmteren Zeitgenossen: Johann Wolfgang von Goethe. Sind Sie ihm je begegnet?
KANT: Nein, es ergab sich bedauerlicherweise nie. Die Kutschfahrt nach Königsberg war dem Geheimrat anscheinend zu weit und zu beschwerlich, obwohl er ja zweimal Italien besucht haben soll. Vielleicht lag es auch an meiner eigenen Zurückhaltung. Ja, ich hätte ihn gern kennen gelernt, gleichsam den ebenso hochmögenden Herrn von Schiller.
REPORTERIN: Herr Kant, nicht nur die Art und Weise, wie Sie Ihre Vorlesungen hielten, wurde überschwänglich gelobt, auch eine Ihrer Schriften. Nachdem er Ihre „Beobachtung über das Schöne und Erhabene" gelesen hatte, sah sich der Dichter

Heinrich Heine veranlasst, deren eleganten, wohlklingenden Stil zu rühmen, als „Schrift voller guter Laune und Leichtigkeit in der Art französischer Essais".

KANT: Im Gegensatz allerdings zur späteren „Kritik der reinen Vernunft", welche, wie Heine sich ausdrückte, in einem „grauen und trockenen Packpapierstil" verfasst ist und damit angeblich viel Schaden angerichtet hat. Zugegeben, dieses etwas zähflüssige Werk stand im deutlichen Gegensatz zum eher glutherzigen, leidenschaftlichen Zeitgeist des „Sturm und Drang", aber auch im Gegensatz zu meinen früheren Werken, die ich in einer lebhaften und leicht verständlichen Sprache zu schreiben pflegte.

REPORTERIN: Heinrich Heine amüsierte sich aufs Köstlichste über Ihre pedantischen, starren Lebensgewohnheiten. Konnte er das beurteilen?

KANT: Kaum, denn er zählte gar nicht zu meinen Zeitgenossen. Seine nicht sehr geistvolle Kritik stimmte vielmehr ein in den Chor jener unheilbaren Romantiker, die ein halbwegs normales Leben bereits für langweilig halten. Doch eines möchte ich betonen: Ich war nicht immer der trockene Physiker und Metaphysiker, denn ich schätzte die europäische Literatur und befasste mich mit ihren Autoren, gedachte nicht nur Gelehrter, sondern auch Literat zu sein – anders als meine werten Kollegen in meinem Umfeld.

Lebensgewohnheiten

REPORTERIN: Herr Kant, Ihre Vorlesetätigkeit und Studien füllten allerdings nur die Hälfte Ihres Tages. Die andere Hälfte gehörte, wie Sie sagten, dem gesellschaftlichen Leben. Sie erlauben doch, dass ich Sie auf das Private anspreche? Wir Journalisten sind ja bekanntlich von Natur aus neugierig.
KANT: Nur zu, ich bin auf alles gefasst. Aber meint Sie wirklich, dass sich jemand dafür interessiert?
REPORTERIN: Sie weichen aus, Herr Kant.
KANT: Schon gut, schon gut.
REPORTERIN: Wir dürfen folglich unseren Lesern und Zuhörern den Tagesablauf eines Königsberger Gelehrten des 18. Jahrhunderts näher bringen.
KANT: Das hat Sie nett umschrieben. Da sollte ich mich angesprochen fühlen. Ja, frage Sie nur. Wenn es denn von allgemeinem Interesse ist. Ich scheine ja wirklich so etwas wie eine öffentliche Person gewesen zu sein. Dabei ist doch eher die Meinung vorherrschend, mein Leben sei geprägt von Tristesse und Ereignislosigkeit.
REPORTERIN: Wie müssen wir uns einen solchen Tagesablauf vorstellen? Wir hörten, dass Sie ihn streng geregelt haben – räumlich und zeitlich, fast wie ein Fahrplan. Pünktlich um zehn gingen Sie ins Bett, pünktlich um fünf standen Sie auf, tranken zwei Tassen schwachen Tee zur Anregung des Darms und genehmigten sich eine Tabakspfeife. Und zwar so zügig, dass jedes Mal ein glühender Aschkegel zurückblieb.
KANT: Auch das ist bekannt? Zweifellos ist Sie gut informiert, die gnädige Frau.
REPORTERIN: Fühlten Sie sich wirklich an einen regelmäßigen Tagesablauf gebunden? Eine ständige Wiederholung von Aufstehen, Teetrinken, Schreiben, Vorlesungen, Essen, Spazierengehen, strengste Bettruhe, von Pflichten getrieben, ohne kleinste Veränderungen, sich ganz auf die Arbeit konzentrierend. Keine Süchte, keine Exzesse, keine Kabale, keine Erschütterungen. Ihre Lebensführung wird oft parodierend mit der Mechanik eines Uhrwerks verglichen – überpräzise, unnachsichtig gegen sich selbst, diszipliniert... Es heißt, die Königs-

berger Hausfrauen hätten die Uhr nach Ihren täglichen Spaziergängen gestellt.
KANT: Ich weiß, ich weiß. Genialer Gedankenreichtum, jedoch monotoner Alltag! Jenes Klischee hängt mir bis heute nach. Aber dieses Bild ist etwas überzeichnet.
REPORTERIN: Wirklich nur ein Klischee, Herr Kant? Heinrich Heine spöttelte einst, man hätte über Sie nie eine Lebensgeschichte schreiben können. Denn Sie hätten weder ein Leben gehabt noch eine Geschichte.
KANT: Ach, schon wieder der Heine... Sie darf nicht alles glauben, was über mich geschrieben wurde. Vielleicht wäre ihm selbst etwas mehr Disziplin ganz gut bekommen, dem Heine. Mein Alltag war, zumindest in meinen jüngeren und mittleren Jahren, alles andere als monoton. Allenfalls im fortgeschrittenen Alter verhielt ich mich im hohen Maße diszipliniert, befand mich doch in ständiger Sorge um meine körperliche Verfassung. Eine gewisse Alltagsroutine versetzte mich in die Lage, meiner Arbeit und den mir selbst gestellten Aufgaben gerecht zu werden. Je älter ich wurde, desto mehr bemühte ich mich um eine entsprechende Disziplin.
REPORTERIN: Wie begann Ihr Tag?
KANT: Nun, ich wies meinen treuen Diener Martin Lampe, einen ausgedienten Soldaten, an, mich jeden Morgen, mit der Haltung eines Wachhabenden, im militärischen Ton, zu wecken.
REPORTERIN: Wann?
KANT: Um 4 Uhr 55. Und zwar mit den Worten: „Es ist Zeit". Dabei sollte er keine Ausflüchte und Verzögerungen dulden, wenn ich noch um etwas Nachtruhe bat. Seine Anweisung befolgte ich unverzüglich, wie ein Soldat den Befehl, selbst im seltenen Fall einer schlaflosen Nacht. Bis um sieben arbeitete ich dann im Morgenmantel und Nachtmütze am Schreibtisch und zog diese Kleidungsstücke auch wieder an, wenn ich am späten Vormittag von meinen Vorlesungen zurückkehrte.
REPORTERIN: Bizarr, doch effizient. Sie trugen eine Nachtmütze, Herr Kant?
KANT: Ein keineswegs lachhaftes Utensil, denn bei der damaligen schlechten Isolierung und Heizung der meisten Häuser war der Schläfer gezwungen, sich bis obenhin, über den Hals hinaus, einzumummeln.

REPORTERIN: Wie lange hielten Sie das alles durch?
KANT: Es wurde etwas anders, als ich ab 1783 ein eigenes Haus besaß. Dort fanden dann die Vorlesungen statt. Ich hielt sie ab von 7 Uhr bis 9 Uhr.
REPORTERIN: Sie nahmen Ihre Studien sehr früh morgens auf. Warum?
KANT: Ja, wenn die Sonne aufging. Niemals in der Dämmerung. Und schon gar nicht in der Dunkelheit.
REPORTERIN: Gab es dafür einen besonderen Grund?
KANT: *(sich die Pfeife anzündend)* Diese Vorliebe entsprach meinem Wunsch nach Licht, nach Aufklärung, Erleuchtung, nach Erhellung des Verstandes – infolge einer langen Periode der Dämmerung und des Schattens, vor der ich nicht zu kapitulieren gedachte.
REPORTERIN: *(irritiert)* Verstehe...
KANT: Die Eulen der Minerva fliegen selbst noch in der Morgendämmerung, um einmal den Kollegen Hegel ins Spiel zu bringen.
REPORTERIN: Die Eule als Symbol der Weisheit, im alten Hellas.
KANT: Die Philosophie als Eulenflug, auch Hahnenschlag eines anbrechenden Morgens.
REPORTERIN: Hm... nachdenkenswert. Und nach dem frühmorgendlichen Studium und der anschließenden Vorlesung?
KANT: Danach pflegte ich, zumindest in jüngeren und mittleren Jahren, mich zwischendurch in ein Kaffeehaus zu begeben, wo ich einen Tee zu mir nahm, etwas Billard spielte und die neuesten Zeitungen las, um mich dann weiterhin meinen Schriften zuzuwenden, bis 12.45 Uhr.
REPORTERIN: Zum Mittagsmahl luden Sie oft Gäste ein...
KANT: Ja, exakt um 13 Uhr.
REPORTERIN: Ihre Gäste mussten pünktlich sein?
KANT: Unpünktlichkeit ging mir gegen den Strich.
REPORTERIN: Was geschah dann nach dem Essen?
KANT: Nachmittags erfolgte ein Spaziergang – ohne Rücksicht auf das Wetter. Gute Gedanken wollen ergangen werden, in frischer Luft und bei freier Bewegung. Ein täglicher Spaziergang mit offenem Sinne ist anregender als eine Reise um die Erde. Alle großen Abenteuer finden im Kopf statt.

REPORTERIN: Dabei gingen Sie lieber allein und ließen sich auch nicht gern aufhalten, wie man erzählt?
KANT: Zumeist. Während des Spaziergangs in Begleitung bestand immer die Gefahr einer Beschleunigung meines Schrittes, welche bei mir leicht eine Transpiration hervorrufen konnte.
REPORTERIN: Ach was.
KANT: Alles andere hätte außerdem meinen Zeitplan durcheinander gebracht. Ferner erzwingt die Unterhaltung in freier, kalter Luft das Atemziehen durch den Mund, das ich für gesundheitsschädlich hielt. Sie sollte tunlichst vermieden werden.
REPORTERIN: Beim Spaziergang, so heißt es, traten Sie aus der Haustür, bogen in die kleine Lindenallee ein (heute Philosophenweg genannt), gingen dort sage und schreibe achtmal auf und ab. Stets elegant gekleidet, im grauen Leibrock, das spanische Röhrchen, den Spazierstock, in der Hand, gepflegtes Haar, jedoch ohne den üblichen Gelehrtenzopf... Dieser Aufzug soll Ihrer – mit Verlaub – kleinen, ja zierlichen Erscheinung, die nicht recht von dieser Welt zu sein und von Ihrem übermächtigen Geist fast völlig aufgezehrt schien, eine gewisse gravitätisch steife, fast gespenstisch anmutende intellektuelle und faszinierende Würde verliehen haben.
KANT: Hübsch hat Sie das gesagt.
REPORTERIN: Es heißt, Ihr treuer Hausdiener Lampe folgte Ihnen dabei, wie ein Bild der Vorsehung. Ängstlich besorgt, stets mit einem langen Regenschirm ausgestattet.
KANT: Ja, für alle Fälle.
REPORTERIN: Sie nehmen uns hoffentlich nicht übel, Herr Kant, dass vor unseren Augen ein Bild der Exzentrik entsteht, bei diesen Details.
KANT: Nun, möglicherweise stellt man sich so einen zerstreuten Professor vor: kauzig, pedantisch, regelbesessen und weltfremd. Letzteres dagegen, die Weltfremdheit, konnte man mir kaum nachsagen. Zumindest nicht in meinen besten Jahren.
REPORTERIN: Entschuldigung, mich erinnert das alles an den altgriechischen Philosophen Thales von Milet, der in den Himmel schaute, dabei in einen Brunnen fiel und daraufhin von einer thrakischen Magd ausgelacht wurde. Dabei soll sie gesagt haben: „Die Dinge am Himmel willst du erkennen, aber siehst noch nicht einmal, was vor deinen Füßen liegt". Thales wollte

wissen, was am Himmel ist. Dabei blieb ihm verborgen, was vor seinen Füßen lag.

KANT: *(lacht)* Eine berechtigte, wenngleich auch spöttische Kritik. Vielleicht war Thales ja freiwillig in den Brunnen gestiegen, um den Himmel besser beobachten zu können?

REPORTERIN: *(lacht auch)* Ja, wer weiß das schon. Ein interessanter Gedanke... der die Magd mutmaßlich vollends verblüfft hätte. Ihr besonderer Humor, Herr Kant.

KANT: Sterndeutung und Magd. Dialektik am Brunnen.

REPORTERIN: Dialektik?

KANT: Im Sinne von Gesprächsführung.

REPORTERIN: Herr Kant, gern zurück zu Ihnen. Sie haben Ihren treuen Diener Lampe später entlassen.

KANT: Ja, schweren Herzens, nach vierzig Jahren Dienst bei mir.

REPORTERIN: Warum eigentlich?

KANT: Offenkundig hatte sich der arme Mann zu sehr dem Alkohol verschrieben.

REPORTERIN: Gewiss hatte er seine Gründe dafür... Sie hatten ständig Probleme mit ihm. Auch wegen seiner geistigen Begrenztheit?

KANT: Gott hab' ihn selig. Aber es ist wahr: Sein Verstand zeigte deutliche Grenzen auf. Es war nicht immer einfach mit ihm.

REPORTERIN: Inwiefern, Ihr gemeinsamer Haushalt funktionierte doch ganz gut?

KANT: So leidlich. Ich war Kopfarbeiter, unbeholfen in der Handarbeit, Lampe eher das Gegenteil.

REPORTERIN: Doch eine gute Ergänzung.

KANT: Von wegen! Trat ein eigentlich unwesentlicher Mangel im Haushaltswesen auf, war guter Rat teuer, denn Lampe war noch weniger in der Lage ihn zu beseitigen als ich. Regelmäßig besorgte er die Auflösung, nicht des Problems, sondern der Sache selbst, indem er sie durch falsch angewandte Gewalt zertrümmerte. Er wandte dort Gewalt an, wo er mit dem Kopf keine Lösung zu erzwingen vermochte.

REPORTERIN: In der Tat ein Problem. Dennoch nannten Sie seinen Nachfolger auch Lampe?

KANT: Ach, ich mochte mich in meinem hohen Alter einfach nicht mehr umgewöhnen.

REPORTERIN: Ich verstehe, Herr Kant, Sie mochten keine Ungereimtheiten. So wie Ihr überaus geregelter Tagesablauf, so musste auch Ihre Umwelt, Ihre Umgebung, aufs Genaueste geordnet sein, sich Ihnen regelrecht anpassen. So ist es überliefert. Zu Recht?
KANT: Auch wenn es anmaßend klingen mag. Ich hasste Unregelmäßigkeiten. Wenn etwa ein Stuhl an eine andere Stelle des Zimmers verrückt wurde, geriet ich in Unruhe und Verzweiflung. Die vertraute Ordnung musste wiederhergestellt werden. Einmal, ich befand mich im fortgeschrittenen Alter, lud mich ein Freund auf eine Spazierfahrt über Land ein, die bis 22 Uhr andauerte. Eine verwirrende, beschwerliche Kutschfahrt über Stock und Stein. Unvermittelt geriet ich wiederum in Angst und Unzufriedenheit, Heimsucht plagte mich. Grund genug, dass niemand in der Welt mich zu einer selbigen, geschweige überhaupt zu etwas, nochmals hätte überreden können.
REPORTERIN: Maßlos ärgerten Sie sich immer wieder über den oftmals schlechten Druck Ihrer eigenen Schriften.
KANT: Meine Augen fühlten sich angegriffen. Ich fand es abscheulich, dass man auf diese Weise verhinderte, mich selbst zu verstehen.
REPORTERIN: Man erzählte auch, die Baumkrone einer Pappel habe Ihren Blick auf den nahen Kirchturm behindert.
KANT: Nicht nur das. Sie störte mich außerdem beim sinnieren. Das Problem wurde jedoch gelöst, nachdem man selbige, nach Verständigung mit dem Nachbarn natürlich, erfolgreich kappte.
EPORTERIN: Ihrer Dienerschaft verboten Sie, das Schlafzimmer zu lüften.
KANT: Allerdings. Ich war der Ansicht, dass Wanzen, die mich des Öfteren heimsuchten, zu ihrer Existenz Licht benötigen. So ließ ich Fenster und Läden schließen und verbot sie zu öffnen. Entsetzt musste ich später vernehmen, dass sie trotz meiner Anweisung und ohne mein Mitwissen – stelle Sie sich das einmal vor – täglich zwecks Luftzufuhr geöffnet wurden. Mein Unbill und Missbelieben war nur allzu berechtigt, oder?
REPORTERIN: Natürlich, Herr Kant, aber – mit Verlaub – das regelmäßige Öffnen der Fenster doch wohl auch!
KANT: *(lacht)* Ihr trockener Humor gefällt mir. Den Schalk hat Sie im Nacken.

REPORTERIN: Herr Kant, Lärm war Ihnen zuwider?
KANT: Ich will es nicht abstreiten.
REPORTERIN: Geben Sie uns ein Beispiel?
KANT: Mich irritierte das anhaltende und widerwärtige Krähen eines Hahnes in der Nachbarschaft so sehr, dass ich dem Besitzer schließlich anbot, ihm das Tier abzukaufen, um es ohne großes Federlesen für immer zum Schweigen zu bringen.
REPORTERIN: Was war so schrecklich am Krähen des armen Hahnes?
KANT: Ich fühlte mich jedes Mal genötigt, mein Gedankengeschäft kurzfristig niederzulegen. Derlei Unterbrechungen sind dem ernsthaften Denken höchst abträglich.
REPORTERIN: Sagen Sie bloß, Ihr Nachbar ließ sich auf den Handel ein?
KANT: Nein, er lehnte ab, unbegreiflicherweise. Er bestand hartnäckig auf dem Fortleben des vermaledeiten Krähers. Ich war daraufhin gezwungen, die Wohnung zu wechseln. Eine unbeschreibliche Strapaze, wie Sie sich vielleicht denken kann.
REPORTERIN: Sie galten danach vermutlich als Griesgram, der skrupellos Hähne liquidieren und Pappeln fällen ließ, nur um seine Ruhe zu haben.
KANT: *(lacht)* Ich hoffe nicht. Mein Mitgefühl gegenüber derart störenden Elementen allerdings hielt sich in der Tat in Grenzen.
REPORTERIN: Jetzt aber hatten Sie endlich Ihre Ruhe?
KANT: Von wegen! Das Thema hatte sich leider noch längst nicht erledigt. Schon wieder drohte Ungemach. Nun störte der mit Inbrunst vorgetragene Choralgesang der Insassen eines nahen Gefängnisses mein Gedankengeschäft. Man bedenke: Choräle!
REPORTERIN: Was nun? Das Gefängnis konnten Sie sicherlich kaum kaufen oder abreißen lassen.
KANT: Entrüstet wandte ich mich an den mit mir befreundeten Bürgermeister Hippel, nebenbei bemerkt, ein begnadeter satirischer Schriftsteller, und forderte ihn auf, den unerträglichen Singsang verbieten zu lassen.
REPORTERIN: Und danach hatten Sie dann endgültig Ihre wohlverdiente Ruhe.
KANT: Nur bedingt. Man erklärte mir unmissverständlich, dass es üblich sei, den Gefangenen zwecks Besserung ihres Seelen-

heils das Singen geistiger Lieder zu gestatten, und zwar bei offenem Fenster und mit verbrecherisch lauter Stimme. Alles Heuchelei! Ein niederträchtiges Verhalten! Die Fenster blieben dann allerdings, infolge meiner Beschwerde, geschlossen. Doch der Unfug ging weiter.
REPORTERIN: Das führt mich zu der Frage, ob Sie eine Abneigung gegen Musik hegten. Oder störte Sie nur die Lautstärke?
KANT: Beides, das galt aber nicht für Marschmusik.
REPORTERIN: Andere Musik interessierte Sie nicht?
KANT: In jungen Jahren bedingt, doch irgendwann wurde sie mir wesensfremd.
REPORTERIN: Musik ist eine höhere Offenbarung als alle Weisheit und Philosophie, sagte einst ein berühmter Musiker... und die Wurzel aller Kunst, wie ein bekannter Philosoph behauptete.
KANT: Ein Musiker also... und ein Philosoph. Jetzt kommt Sie mir noch mit Beethoven und Schopenhauer, einem angeblichen Musikbefürworter.
REPORTERIN: Verständlich finde ich das schon. Die meisten Menschen lieben Musik, schön vorgetragen. Was störte Sie daran?
KANT: Sie war (und ist) mit Geräuschen verbunden, destabilisierte meine Vernunft, klang oftmals unkontrolliert, ungeordnet und hätte leicht gewisse Affekte und Triebe in mir erwecken können. Sie versteht – das Dionysische eben. Zog jedoch eine Marschkapelle vorbei, dann trat ich gern und frohgelaunt aus dem Haus und folgte aufmerksam ihren Klängen. Marschmusik erheitert, sammelt, hebt. Man sollte sie nicht nur in Kasernen spielen, sondern auch in öffentlichen Schulen, meine damaligen Worte.
REPORTERIN: Und wozu?
KANT: Zur sittlichen Hebung wohlgemerkt.
REPORTERIN: Es heißt, auch die darstellende Kunst war Ihnen völlig gleichgültig.
KANT: Nicht gänzlich. Doch mir fehlte jegliches Kunstverständnis. Dabei möchte ich nicht verhehlen, dass ich zu meiner Schande nur einen einzigen Stich mein Eigen nannte. Ein Porträt Rousseaus, das mir ein Freund einst schenkte.

REPORTERIN: Deshalb sagte man Ihnen auch nach – mit Verlaub – Sie seien gleichgültig gegenüber dem Schönen gewesen und hinter Ihrer Alltagsroutine verberge sich ein kaltes Herz.
KANT: Im Übrigen sollte Sie nicht allem Glauben schenken, was über mich erzählt wird. Dem Naturschönen war ich durchaus zugeneigt, und das Zweite betreffend: Sie hätte einmal meine Studenten, Freunde und Bekannte befragen sollen.
REPORTERIN: Herr Kant, Ihre geradezu zum Lächeln anregende liebenswürdige Schrulligkeit – verzeihen Sie mir bitte den Ausdruck – entsprach nicht immer den Anekdoten, die über Sie verbreitet wurden?
KANT: Keinesfalls. Ich galt im Grunde als geselliger Mensch. Einem betagten Murrkopf glich ich auch im höheren Alter nicht. Und demjenigen, der angesichts meiner Lebensgewohnheiten mehr oder weniger amüsiert lächelt, dürfte das Lachen mit Sicherheit vergehen, wenn er meine Werke liest.

Kindererziehung

REPORTERIN: Herr Kant, eine Anekdote möchte ich unseren Lesern und Zuhörern nicht vorenthalten. An einigen Tagen blieb Ihr täglicher, gewohnheitsmäßiger Spaziergang aus. Sie traten nicht aus dem Haus – zur tiefsten Verwunderung Ihrer Nachbarschaft. Ein „ungeheures" Ereignis. Krankheitsgründe waren nicht zu vermelden?
KANT: Ich weiß, worauf Sie hinaus will. Tatsächlich vertiefte ich mich in den sechziger Jahren in Rousseaus „Emile", seinen berühmten Erziehungsroman. Er faszinierte mich. Daran, dass ich kaum aufblickte und das Buch, ohne es abzusetzen, bis zum Ende durchgelesen und darüber noch das Mittagsmahl vergessen haben soll, kann ich mich freilich nicht erinnern. Ich befürchte, dass dieser Vorfall zur Legende überhöht wird. Daran allerdings, dass ich meinen Spaziergang nicht pünktlich antrat, als ich mir eine Zeitung kaufte, die vom Ausbruch der Französischen Revolution berichtete, erinnere ich mich sehr wohl.
REPORTERIN: Warum faszinierte Sie dieses Buch?
KANT: Nun, ich fühlte mich an meine eigene Kindheit und Jugend erinnert, an die harten preußischen Erziehungsmethoden während meiner Schulzeit, die alles andere als eine „natürliche" Erziehung beabsichtigten. Ich sah mich selbst in diesem Kinde.
REPORTERIN: Gewiss ein Gegensatz zu Ihrer liebevollen häuslichen Erziehung.
KANT: Ja, eine glückliche Mutter ist für Kinder segensreicher als hundert Lehrbücher über Erziehung – ich weiß, wovon ich rede. Der Wille der Kinder sollte nicht durch Dressur gebrochen, sondern in richtige Bahnen gelenkt werden. Eine Erziehung mit Freiräumen ist nötig, gehört zum Wesen und Gedeihen des Denkens.
REPORTERIN: Konnten Sie selbst in Sachen Kindererziehung neue Erkenntnisse sammeln?
KANT: Sicher, zumindest theoretische.
REPORTERIN: Einen Narren an Kindern hatten Sie aber nicht gefressen?
KANT: Mir fiel es zeitlebens schwer, mich auf ihre Einfalt und scheinbare Torheit einzulassen, zumal es den Verzicht auf Überlegenheit, Eitelkeit und Wissen erforderte. Eine besondere

Schoßneigung zu einer verzärtelnden Kinderliebe verspürte ich nicht. Der Umgang mit Kindern war mir nicht vertraut. Gleichwohl hielt ich es für eine Kunst, sich zweckmäßig mit diesen Plagegeistern zu beschäftigen, sie zu erdulden, sich zu ihren Begriffen herabzustimmen. Zugegebenermaßen war es mir nicht möglich, mir diese Kunst zu eigen zu machen.
REPORTERIN: Uneheliche Kinder, Herr Kant. Ein Wort dazu?
KANT: Da möchte ich meinen Freund, besagten Dichter Hippel zitieren: „Kein Wunder, dass uneheliche Kinder gemeiniglich die besten Köpfe sind; sie sind die Folge einer geistreichen Stunde, die ehelichen oft der Langeweile."
REPORTERIN: Als Folge einer geistreichen Stunde also.
KANT: Nun, der Vater ist oft ungewiss. Manchmal weiß nicht einmal die Mutter, wem sie den Nachwuchs zu verdanken hat.
REPORTERIN: Klingt sehr gewagt, Herr Kant, und gleichsam provokativ. Zurück jedoch zu Rousseau. Sie gewannen aus seinem Buch noch andere Erkenntnisse?
KANT: Ja, Rousseau hat mich „zurechtgebracht."
REPORTERIN: Wie ist das zu verstehen?
KANT: Nachdem ich seinen Roman gelesen hatte, vollzog sich ein Umschwung in meinem Leben, in meinem Charakter. Züge von Hochmut und Verblendung schwanden. Ich lernte die Menschen schätzen, auch den gemeinen Arbeitsmann. Zuvor reagierte ich oft überheblich. Eine geradezu narzisstische Verhaltensweise, den Pöbel verachtend, der meiner Ansicht nach von nichts wusste. Eigenliebe betrügt uns innerlich. Ich spreche aus Erfahrung.
REPORTERIN: Anflüge von Arroganz? Das überrascht.
KANT: Die ich jedoch überwand, wohlgemerkt.
REPORTERIN: Sie änderten sich?
KANT: Ändern und bessern sind zweierlei. Zumindest holte mich Rousseaus praktische Philosophie auf die Erde zurück, bewahrte mich vor Dünkel und Selbstüberschätzung. Ich erhob ihn daraufhin zu meinem moralischen Führer, Newton zu meinem physischen.
REPORTERIN: Sie stiegen herunter von Ihrem Elfenbeinturm. Späte Selbstkritik, kann man das so sehen?
KANT: Welcher sich jeder Mensch früher oder später notwendigerweise unterziehen sollte. Andererseits muss ich Sie enttäuschen: Einen Elfenbeinturm habe ich nie bestiegen.

Kant und das gesellschaftliche Leben

REPORTERIN: Herr Kant, wir wissen bereits, dass Sie gute Gesellschaft überaus schätzten. Freunde und Bekannte, wer waren sie?
KANT: Mein Freundeskreis bestand aus Kaufleuten, geistvollen Frauen und Schwarmgeistern... durchweg interessante, niveauvolle, kritische Menschen mit völlig verschiedenen Lebens- und Weltanschauungen. Gelehrte und Kollegen befanden sich nicht darunter, zu ihnen unterhielt ich keinen gesellschaftlichen Kontakt.
REPORTERIN: Warum eigentlich nicht? Warum verhielten Sie sich so unakademisch?
KANT: Mit kleinlichen Rivalitäten und Schikanen wollte ich nichts zu tun haben. Ich verabscheute intellektuelle Angeberei. Außerdem befürchtete ich, die Gespräche mit ihnen verminderten die Eigenständigkeit und Welttauglichkeit meiner Gedanken.
REPORTERIN: Im Kreise Ihrer Freunde und Bekannten verbrachten Sie oftmals viel Zeit beim ausgedehnten Mittagsmahl, dem Billard- und Kartenspiel, im Theater und in den Salons der Stadt. Waren Sie womöglich so etwas wie ein Salonlöwe, gar ein Schürzenjäger?
KANT: *(lacht wieder)* Derartigen Wesen glich ich kaum.
REPORTERIN: Sie hatten zumindest eine ausgeprägte Freude an Geselligkeit. Der Königsberger Philosoph Johann Georg Hamann fürchtete schon, Sie würden durch einen Strudel gesellschaftlicher Zerstreuung von Ihren wissenschaftlichen Plänen fortgerissen werden; er prangerte Ihr „ungezügeltes" Leben an. Ich zitiere ihn kurz: „Wirklich war damals Herr Magister Kant der galanteste Mann von der Welt, wasserblaue Augen, blond gelockt, trug bordierte Kleider, und als Postillion d´amore besuchte er alle Cafeterias."
KANT: Der „galante Magister"... ich weiß. Ach ja, der Hamann, ein guter Freund auch, trotz einiger Meinungsverschiedenheiten. Ich erinnere mich gern an ihn. Ebenfalls in Königsberg geboren, im Jahre 1734 meine ich, wurde er wie ich pietistisch erzogen und war später Magister, Hofmeister und Kaufmann. In London erfuhr er eine Lebenswende, die ihn zum bib-

lischen Glauben zurückführte und zum Gegner der Aufklärung machte. Den tiefgläubigen Hamann zählte man, im Gegensatz zu mir, zu den Gefühlsphilosophen. Ein wahrer Prophet der Empfindsamkeit. Wegen seiner gedanken- und ideensprühenden Klugheit nannte man ihn den „Magnus des Nordens".
REPORTERIN: War sein Einfluss bedeutend?
KANT: Er beeinflusste vor allem Herder und Goethe und wurde mit seiner Lehre vom Genie eine Art geistiger Vater des „Sturm und Drang." Ob das nun verdienstvoll war, möchte ich nicht beurteilen. Jedenfalls war er mutmaßlich der Einzige, der meine Erkenntnislehre („Kritik der reinen Vernunft") halbwegs verstand.
REPORTERIN: Halbwegs nur? Warum schrieben Sie eigentlich immer so kompliziert, so umständlich, Herr Kant?
KANT: Ich verstehe nicht ganz, was Sie meint, die Gnädigste.
REPORTERIN: Nun, mit endlosen Sätzen, eigenartigen Wortschöpfungen und endlosen Wiederholungen, zumindest in Ihren späteren „Kritiken"...
KANT: Das Wichtige kann nicht oft genug wiederholt werden. Ferner suchte ich mich durch die Genauigkeit im Ausdruck gegen Missverständnisse abzusichern.
REPORTERIN: Hätten Sie sich nicht einfacher ausdrücken können?
KANT: Das tat ich fürwahr, liebe Dame, so einfach wie möglich, meines Erachtens.
REPORTERIN: Aha. Zurück zu Hamann. Er beschreibt Sie sehr anschaulich als Kavalier und Lebemann. Wie kam es damals eigentlich zu so viel Lebensfreude, Herr Kant?
KANT: Mitverantwortlich für meine lebensfrohe Einstellung in jener Zeit war die erste liberale Okkupation in Königsberg durch die Russen um 1760. Der Lebensstil in der Stadt änderte sich, man öffnete sich nun auch nach Osten, wurde freier, offenherziger, schwärmerischer.
REPORTERIN: In Russland herrschte dann Katharina die Große.
KANT: Ja, eine Freundin Voltaires und der Philosophie, wie man weiß, leider von sinnlichen, ungezügelten Leidenschaften beherrscht. Die ständische Ordnung lockerte sich, der pietistische Ernst wich einer freien Haltung. Die preußische Kargheit

und der Puritanismus des Soldatenkönigs machten einer luxuriösen Lebensführung Platz.
REPORTERIN: Was bedeutete das konkret?
KANT: Nun, die gesellschaftlichen Aktivitäten nahmen zu.
REPORTERIN: Auch Ihre eigenen, Herr Kant?
KANT: Am munteren Treiben der Offiziere in Privathäusern und Offizierskasinos nahm ich zu jener Zeit tatsächlich regen Anteil. Einige russische Offiziere besuchten meine Vorlesungen. Eine Zeit, die ich nicht missen will, zumal sie mir höchst dienlich war, finanziell und gesellschaftlich, aber auch in Bezug auf Erweiterung meiner Welterkenntnis.
REPORTERIN: All das erinnert nur wenig an den Kant, wie wir ihn zu kennen glauben.
KANT: Ich gebe zu: Das soeben Erörterte stand im völligen Gegensatz zu meinen disziplinierten Gewohnheiten und einer gewissen Neigung zur Askese, worüber sich schon einige meiner Zeitgenossen wunderten und aufs höchste erheiterten.
REPORTERIN: Ohne Frage entsprach es dem Stil eines gewandten Weltmannes, Herr Kant. Immer elegant gekleidet... Herr Hamann schien Recht gehabt zu haben.
KANT: Lieber ein Narr in der Mode, als außer der Mode zu sein, lautete meine damalige Devise. Außerdem verlangte es nach Disziplin.
REPORTERIN: Ja, Kleider machen bekanntlich Leute. Sie entsprachen demnach nicht immer dem Klischee vom verhockten Philosophen, der sich in der Denkerhöhle verkriecht wie Diogenes in sein Fass.
KANT: Sicherlich hatte ich durch die Beziehungen, die mir durch meine Stellung als Privatlehrer eröffnet wurden, eine gewisse „gesellschaftliche Leichtigkeit" erworben.
REPORTERIN: Ja... diese gewisse Leichtigkeit.
KANT: Das Schwere fällt, das Leichte steigt. Leichtigkeit und Schwerelosigkeit verleihen nicht immer Flügel.
REPORTERIN: So sollen Sie, bei allem Respekt, Herr Kant, nach feuchtfröhlichen Abenden sogar den Heimweg nicht gefunden haben... und das nicht nur einmal.
KANT: *(lacht)* Gelegentlich kam es vor, nachdem ich dem Weine etwas zu ausgiebig zusprach, dass ich Schwierigkeiten hatte, das „Loch in der Magistergasse" zu finden. Ich war kein trinkfester Zecher.

REPORTERIN: Somit lag es nicht am Wein.
KANT: Wer trunken wird ist schuldig, nicht der Wein. Ihn maßvoll zu genießen, bezeichnete ich einmal als ein Bedürfnis des Geistes, denn im Weine liegt die Wahrheit. Nichts gegen diesen edlen Tropfen also.
REPORTERIN: *(nachdenklich)* Der Wein als Verbündeter des Geistes... Herr Kant, legendär geworden ist Ihr Mittagstisch, zu dem Sie oft einluden. Wie ging es da so zu?
KANT: Als ich ein eigenes Haus unterhielt und eine Köchin beschäftigte, sah ich tatsächlich gern Gäste zum Mittagsmahl bei mir. Dann lud ich sie vorsorglich auch für den nächsten Tag wieder ein, damit sie nicht in die Verlegenheit gerieten, eine andere Einladung ausschlagen zu müssen.
REPORTERIN: Was wurde serviert?
KANT: Meine Lieblingsspeise war Kabeljau, dicke Erbsen, Rübchen und Göttinger Wurst. Eine Flasche Rotwein, vorzugsweise Bordeaux, stand immer bereit.
REPORTERIN: Hm... da läuft einem ja das Wasser im Munde zusammen. Sie aßen ungern allein?
KANT: Als philosophischer Gelehrter allein zu essen, hielt ich für untunlich, denn ständig wäre ich in Versuchung gewesen, meine schweren Gedanken mit mir herumzuschleppen. Eine angenehme Tischgesellschaft dagegen verhindert die Kraftanstrengungen des einsamen Denkens. Der genießende Mensch, der im Denken während der einsamen Mahlzeiten an sich selbst zehrt, verliert die Munterkeit. Die er dagegen gewinnt, wenn ein Tischgenosse ihm durch seine abwechselnden Einfälle neuen Stoff zur Belehrung darbietet, welchen er selbst nicht hat ausspüren dürfen. Außerdem wirken Mahlzeiten ohne Gesellschaft verstopfend, was vor allem für die Geistesarbeiter gilt, welche sich bekanntlich gern über ihre Ideen austauschen. Bei Tische soll Freude den Vorsitz führen.
REPORTERIN: War es nicht vor allem vergnüglich, Gäste zu bewirten?
KANT: Der Mensch ist vor allem da ganz Mensch, wo er in guter Gesellschaft gut isst und trinkt. Bei Tische entwickelt sich die hohe Tugend der Umgänglichkeit, beflügelt von einem guten Glas Wein und einem zarten Filet auf dem Teller...
REPORTERIN: *(hustend, den Pfeifenrauch abwehrend)*... und selbstverständlich ein Pfeifchen in Ehren, Herr Kant.

KANT: Ich pflegte im Scherze zuweilen zu sagen: Gut Essen und Trinken sind die wahre Metaphysik des Lebens.
REPORTERIN: Klingt himmlisch... und appetitlich. Doch der Mensch lebt nicht von Wein und Brot allein.
KANT: Zumindest hält Essen und Trinken Leib und Seele zusammen. Natürlich – ich zitiere Sokrates, nicht die Bibel – leben wir nicht um zu essen; sondern essen, um zu leben.
REPORTERIN: Herr Kant, ich las einmal, dass sich vor Ihrem Gastmahl immer die gleichen Tischrituale abspielten.
KANT: Mein Diener Lampe signalisierte mir und den wartenden Gästen, mit einer gewissen Gemessenheit, dass das Essen aufgetragen sei: „Es ist angerichtet, Herr Professor". Nachdem ich Platz genommen und meine Serviette entfaltet hatte, eröffnete ich die Tafel mit den Worten: „Nun, meine Herren"...
REPORTERIN: Hat es Sie nie gereizt, selbst zu kochen, Herr Kant? Oder ist die Frage unter Ihrer Philosophenwürde?
KANT: Nein, durchaus nicht. Diese Disziplin war mir nicht unbekannt, zumindest aus theoretischer Betrachtungsweise. Wenn mir ein Gericht schmeckte, fragte ich schon mal fachmännisch nach dem Kochrezept. Man ermunterte mich sogar, ein Kochbuch zu schreiben, was ich allerdings, aus Zeitgründen, dankend ablehnte. Außerdem hätte ein solches sicherlich keinen unauslöschlichen Eindruck auf meine Nachwelt hinterlassen. Jedenfalls ist sie davon verschont geblieben.
REPORTERIN: Schade eigentlich, es wäre sicher auf großes Interesse gestoßen: *Menue a la Kant*...
KANT: *(lacht)* Klingt nach einer Delikatesse. Um auf Ihre Frage zurückzukommen: Meine praktische Erfahrung war nicht unerheblich. Ich rührte häufig den Senf an, der meines Erachtens jedes gute Mittagsmahl veredelt.
REPORTERIN: Das weiß heutzutage jede gute Hausfrau.
KANT: *(lacht wieder)* Das hoffe ich doch. Übrigens gab ich nicht überall meinen Senf dazu, wie es einige gern zu tun pflegten, sondern beschränkte mich ausschließlich auf den Wohlgeschmack der Mahlzeiten.
REPORTERIN: Wo nahmen Sie, als Sie noch kein Haus besaßen, ihre Mahlzeiten ein?
KANT: Meist in bürgerlichen Gaststätten, ebenso in Bauernschänken – fast dreißig Jahre lang.
REPORTERIN: Bauernschänken, Herr Kant?

KANT: In einer solchen kann ein Philosoph mehr zuhause sein als unter verdrehten Köpfen und Herzen, allein schon wegen des freieren sozialen Umgangs.
REPORTERIN: Wie lange speisten Sie so?
KANT: Zuweilen zog sich das Mittagsmahl bis 16 Uhr und länger hin, wobei ich bemüht war, selbiges in einem allgemeinen Gelächter ausklingen zu lassen. Scherz, Schalk und Witz standen mir willig zu Gebote.
REPORTERIN: Ja, ja, Ihr Vorrat an trockenen Anekdoten und Metaphern schien beträchtlich gewesen zu sein...
KANT: ... den ich oft genug mit eigenem trefflichen Humor zu würzen wusste.
REPORTERIN: Sie lachten gern?
KANT: Ich fand immer mehr Gefallen daran. Was ich noch sagen wollte: Drei Dinge helfen die Mühseligkeiten des Lebens zu ertragen: Die Hoffnung, der Schlaf und... das Lachen. Außerdem war ich der Meinung, Lachen sei gesund und fördere die Verdauung. Nur das fröhliche Herz findet Wohlgefallen. Ja, fröhlich sollten wir sein, niemals Runzeln ziehen.
REPORTERIN: Galten Sie als Frohnatur?
KANT: Wohl weniger. Ich lachte nicht oft, nie spontan und unkontrolliert... meinem trockenen Charakter und meiner „kantigen" Art entsprechend. Und schon gar nicht über meine eigenen Scherze.
REPORTERIN: Lachen in Maßen, unvorstellbar *(leise)*. Das erinnert mich an Platon, der wahrscheinlich zum Lachen in den Keller seiner Akademie hinunterging...
KANT: Wie schon gesagt, Ihr Humor gefällt mir. Unbedingte Askese, vereint mit Humorlosigkeit – nein, diese Eigenschaften teilte ich nicht mit dem göttlichen Platon.
REPORTERIN: Vermutlich auch nicht seine Göttlichkeit. Ach ja, Ihr Lieblingsphilosoph hieß vielmehr Epikur... auch so ein chronisch Maßvoller.
KANT: Aus verschiedenen Gründen... ebenfalls ein Philosoph aus der griechischen Antike, wir sprachen schon über ihn, der Freundschaften und Bewirtung von Freunden einen großen Wert zumaß. Also vor einem guten Mahl nicht zurückschreckte, solange es nicht zu üppig ausfiel.
REPORTERIN: Ich weiß, ich weiß: Ein kleines Stück Käse, eine Handvoll Oliven und ein Schluck Wein, einige Freunde,

mit ihnen in heiteres Gespräch vertieft... das seien die Üppigkeiten des Epikur gewesen.

KANT: Glaube Sie mir: Selbiges kann mehr Freude schenken als ein Festbankett. Womöglich hätte ich meine Gäste mit diesen „epikureischen Spezialitäten" nicht an den Mittagstisch locken können. Allerdings, die Gefahr, dem Hedonismus zu erliegen, der Maßlosigkeit, bestand weder bei mir, noch bei Epikur. An hedonistische Freudenfeste kann ich mich zumindest nicht erinnern.

REPORTERIN: Sie zumindest galten zweifellos zeitlebens als maßvoller und bescheidener Mensch. Das hinderte Sie aber nicht, eine ausgeprägte Freude an Geselligkeit zu empfinden. Ihren gesellschaftlichen Verpflichtungen gingen Sie ein Leben lang nach?

KANT: Nun ja, je älter ich wurde, umso mehr zog ich mich zurück, um Kraft für meine Arbeit zu sparen. Den täglichen Mittagstisch im Freundeskreis hielt ich jedoch bis ins hohe Alter aufrecht.

REPORTERIN: Herr Kant, Ihre Tischgespräche, worum drehten sie sich?

KANT: Sie wird es kaum für möglich halten: Vom Kalbsbraten bis zu den Kometen.

REPORTERIN: Das sind nicht unbedingt philosophische Themen.

KANT: Diese behandelte ich lieber allein. Gleichwohl nahmen mir zugeneigte Freunde gewissermaßen an meinen aktuellen philosophischen Werken teil... ohne es freilich zu bemerken.

REPORTERIN: Freundschaften waren Ihnen wichtig?

KANT: Sie müssen reifen. Auf den ersten Blick mag es Liebe geben, Freundschaft jedoch nicht. Den sicheren Freund – ich meine nicht den leicht erwärmten – findet man nicht am Wege. Erkannt wird er erst in der Not, im Unglück. Niemand ist uns näher, auch wenn er einmal Schwächen zeigt. Cicero beispielsweise bezeichnete einen wahren Freund als „zweites Ich".

REPORTERIN: Trotzdem Vorsicht?

KANT: Ja, Vorsicht vor falschen Freunden. Es sind nicht alles jemals Freunde, die Ihr zulachen, erst recht nicht beim Weine. Hüte Sie sich also davor! Verspricht Sie mir das?

REPORTERIN: Vielen Dank für den Tipp, Herr Kant. Ich verspüre da eine geradezu rührende, ja fast väterliche Besorgnis, wenn ich das einmal so sagen darf.
KANT: *(etwas verlegen)* Nun ja...
REPORTERIN: Unter Ihren richtigen Freunden befand sich auch ein britischer Kaufmann namens Joseph Green?
KANT: Ja, mein bester Freund. Ich lernte ihn 1765 kennen, nachdem sich mein Freundeskreis aus verschiedenen Gründen rapide wandelte.
REPORTERIN: Wie müssen wir ihn uns vorstellen?
KANT: Green war ein sehr enger, überaus korrekter, rechtschaffener Vertrauter und unentbehrlicher Gesprächspartner mit scharfem Verstande, fast mehr Gelehrter als Kaufmann. Ihn besuchte ich häufig nachmittags und besprach mit ihm unter anderem die „Kritik der reinen Vernunft". Er seinerseits brachte mir die englische Literatur näher und ermunterte mich zum Studium ihrer Schriftsteller.
REPORTERIN: Green war, wie Sie, ein eingefleischter Junggeselle. Er soll zur Pedanterie geneigt haben, einer Eigenschaft, die man doch eher Ihnen zusprach.
KANT: Nun, er lebte nach strengen Regeln und Maximen, ein „Mann nach der Uhr". Sein Einfluss auf mich war nicht unbeträchtlich. Tatsächlich änderte sich nach und nach meine Lebensweise. Ich ließ mich nicht mehr vom Strudel der Ereignisse forttreiben, sondern folgte vielmehr selbstgesetzten Zielen und Maximen.
REPORTERIN: Diese Grundsätze sollten dann auch in Ihrer künftigen Philosophie eine immer größere, wenn nicht gar herausragende Rolle spielen.
KANT: Ohne sie ist der Mensch wie ein Schiff ohne Steuer und Kompass, von Winden hin und her getrieben.
REPORTERIN: Gut zu wissen. Herr Kant, eine Anekdote besagt, dass Sie mit Green um 8 Uhr morgens zu einer Spazierfahrt verabredet waren. Dieser wartete schon seit 7 Uhr 45. Punkt 8 Uhr bestieg er seine Kutsche und fuhr einfach an Ihnen vorbei, obwohl Sie die Straße entlang kamen und heftige Zeichen machten, er möge anhalten.
KANT: Anekdoten tragen oft ein Körnchen Wahrheit in sich.
REPORTERIN: Des Weiteren hieß es, Green sei ein Mensch ohne jegliches ästhetisches Empfinden gewesen, der wenig dem

gesellschaftlichen Leben zugeneigt war. Auch Sie legten später immer mehr Wert auf Maxime, auf Lebensgrundsätze, weniger auf Gefühle. Dies äußerte sich beispielsweise darin, dass Sie Theaterbesuche weitgehend einstellten und noch weniger Musik hörten als in früherer Zeit.

KANT: Übrigens dürfte dann kaum erklärbar sein, dass er mich, der Green, bei angeblich so wenig musischem Empfinden, immer wieder auf die Werke englischer Gefühlsphilosophen des 18. Jahrhunderts hinwies. Aber keine Frage, sein Einfluss auf mich war kein unerheblicher.

REPORTERIN: Sie fanden Ihren Freund nachmittags oft schlafend in einem Lehnstuhl vor.

KANT: Das kam schon vor. Ich setzte mich dann neben den Gichtgeplagten, hing meinen Gedanken nach und schlief ebenfalls ein. Dann erschien gewöhnlich Bankdirektor Ruffmann und tat ein Gleiches...

REPORTERIN: Schlummerstunde.

KANT: ... bis schließlich der erst spät nachmittags erscheinende Motherby ins Zimmer trat und die Gesellschaft weckte. Nun begannen interessante, oft bis in die frühen Abendstunden andauernde Gespräche, allerhöchstens bis 19 Uhr.

REPORTERIN: Motherby also.

KANT: Ja, Motherby. Ein englischer Geschäftspartner Greens und gemeinsamer Freund. Er kümmerte sich auch um eine gute Verzinsung meiner bescheidenen Ersparnisse.

REPORTERIN: Neigten Sie zur Sparsamkeit, Herr Kant?

KANT: Sparsam war ich, jedoch nicht geizig. Sparsamkeit in allen Dingen ist die vernünftige Handlung eines rechtdenkenden Menschen.

REPORTERIN: Die Mentalität Ihrer englischen Freunde, sagte sie Ihnen zu?

KANT: Ein Engländer hat zunächst keine Neigung zur Gefälligkeit. Doch sobald zum Freund geworden, ist er zu großen Dienstleistungen fähig.

REPORTERIN: Bis 19 Uhr, sagten Sie, dauerten Ihre nachmittäglichen Gespräche. Daraus soll unter den Anwohnern die Redensart entstanden sein: Es könne noch nicht sieben sein, Professor Kant ist noch nicht vorbeigegangen.

KANT: Womit ich ihnen den Blick auf die Uhr ersparte *(amüsiert)*.

REPORTERIN: Herr Kant, sagen Sie: Oft wird vermutet, Ihr Leben sei geprägt gewesen von einer legendären Ereignislosigkeit, von Ihren gesellschaftlichen Verpflichtungen einmal abgesehen. Trotzdem scheint die Bescheidenheit und Einförmigkeit Ihres Lebens der Vielfältigkeit Ihres geistigen Systems zu widersprechen. Aber vielleicht waren Sie gerade deshalb in der Lage, ein solches zu entwickeln, um letztendlich den Geheimnissen des Lebens auf die Spur zu kommen.

KANT: Ereignislos war mein Leben keinesfalls, niemals einseitig ausgerichtet. Und warum sollte das Denken das Leben ausschließen? Hoffentlich belehrte ich Sie inzwischen eines Besseren. Und von „gesellschaftlichen Verpflichtungen" kann auch nicht die Rede sein, denn im trauten Kreise meiner Freunde und Bekannten genoss ich jeden Augenblick. Nun ja, ich führte nicht wie Rousseau ein unstetes Wanderleben, korrespondierte nicht, wie Leibniz, mit allen Größen meiner Zeit. Ferner hegte ich keine politischen Ambitionen wie Platon, Hobbes und Locke, und ich war natürlich auch nicht in Frauengeschichten verstrickt wie beispielsweise Schelling. Auch etliche Extravaganzen und Auffälligkeiten, wie sie der „Sturm und Drang", die sogenannte „Geniezeit" liebte, lagen mir fern, zumindest im mittleren und hohen Alter.

REPORTERIN: Als Genie sahen Sie sich nicht?

KANT: Meine Abneigung gegen Hybris und Selbstüberschätzung habe ich ja schon mehrfach betont. Ein Autor sollte stets seine Werke sprechen lassen, hinter ihnen zurücktreten, niemals persönliche Eitelkeiten in den Vordergrund stellen. Und was heißt schon Genie? Im Alter nimmt es ab, die Urteilskraft dagegen zu. Zweifelsohne kann es nicht erlernt werden. Es muss vorhanden sein.

REPORTERIN: Herr Kant, bislang nahm ich an, vermutlich unberechtigterweise, dass Sie für die Verhältnisse des 18. Jahrhunderts, der Zeit des Sturm und Drang, in Ihrer Heimatstadt Königsberg so ziemlich – mit Verlaub – hinterm Mond lebten. Zumal Sie auch die zeitgenössischen Geistesgrößen nicht persönlich kannten. Passend dazu las ich, als Friedrich der Große einmal Ihre Heimatstadt besuchte, habe er gespöttelt, diese Stadt könne „besser Bären aufziehen als einem Schauplatz der Wissenschaft dienen"...

KANT: Trotzdem tat er sein Bestes, auch in diesen Winkel seines Königreichs Geist, Kunst und geistige Toleranz zu bringen, was seine Herrschaft auszeichnete. Mit seiner Aussage bewies er seinen eigenen königlichen Humor.
REPORTERIN: Vielleicht war er auch nur gestresst...
KANT: Nun, meine Ansichten über Königsberg legte ich schon dar. Doch ernsthaft: Ich fühlte mich keineswegs isoliert. Sie möge bedenken, dass die Mobilität meiner Zeit eine völlig andere war: Keine Eisenbahn, kein Automobil, kein Flugzeug. Und eine lange, beschwerliche Kutschfahrt über mehrere hundert Kilometer – nein danke. Mit Sicherheit kein Vergnügen, auch für unseren König nicht.

Kant und die feine Damenwelt

REPORTERIN: Herr Kant, wenn Sie nichts dagegen haben, möchte ich Sie gern auf ein Thema ansprechen – die Frauen.
KANT: Sicher ein großes, wenn nicht gar abendfüllendes Thema.
REPORTERIN: Sie galten als Liebling der Königsberger Gesellschaft, als geistreicher Unterhalter, als begehrter Gesellschafter, auch im Kreise der Damenwelt. Maria Charlotta Jakobi zum Beispiel...
KANT: Eine äußerst charmante Dame...
REPORTERIN: ... und die Gattin eines befreundeten Bankiers und Geheimen Kommerzienrats, eine der umworbensten, aber auch eine der umstrittensten Frauen Königsbergs. Sie nannten sie „Prinzessin", die dem „großen Philosophen" ein Degenband anfertigte und ihm „einen Kuss per Simpatie" schickte.
KANT: *(verlegen)* Oh je... ich befürchte, durch die Gnadenlosigkeit Ihrer durchaus wohldosierten Fragen, immer mehr zum gläsernen Menschen zu werden. Neugier, hartnäckiges Hinterfragen und Wissensdurst scheinen Reporterinnen und Philosophen gleichermaßen auszuzeichnen. Gut recherchiert jedoch, keine Frage.
REPORTERIN: Auch im Salon der Gräfin Keyserlingk war für Sie stets ein Ehrenplatz bereit, Herr Kant.
KANT: Ja, direkt neben der Gräfin, die ich einmal als „Idealbild" einer Frau bezeichnete. Für wahr „eine Zierde ihres Geschlechts".
REPORTERIN: Bitte die Fragen nicht missverstehen, Herr Kant. Wir wollen natürlich aus Ihnen keinen Casanova machen.
KANT: Nun, in jenen Jahren führte ich kein in Freude schwelgendes Leben, eher ein mit Freude erfülltes. Die körperliche Präsenz eines Giacomo Casanova, welche die holde Weiblichkeit so faszinierte, verzauberte, beglückte und deren Herz erbeben ließ, konnte ich gewiss nicht aufbieten. Jedoch sollte auch seine Klugheit und Gewandtheit einen bleibenden Eindruck hinterlassen haben *(belustigt)*. Nicht zu vergessen: Casanova gehörte zu meinen Zeitgenossen.
REPORTERIN: Sie sprechen damit Ihre eigene zierliche, zarte Figur an?

KANT: Nett umschrieben. Tatsächlich war ich bei einer Körpergröße von etwas über 150 cm eher kleinwüchsig und von Geburt an leicht missgebildet. Mein Knochenbau war schwach und die Muskulatur wenig ausgeprägt. Ich fand mich alles andere als beeindruckend. Dass die Damenwelt aufgrund meines Erscheinens in Verzückung und Aufruhr geriet, kann ich auch nicht bestätigen.

REPORTERIN: Trotzdem waren Sie bei ihr, zumindest als Unterhalter, höchst begehrt. Ich sage es mal so: Bei Ihnen dominierte offenbar das Geistige das Körperliche.

KANT: So ungefähr könnte man es ausdrücken, wenn man eine gewisse Rücksichtnahme walten lässt.

REPORTERIN: Sie genossen die Gesellschaft der Damen?

KANT: Der Damen schon, nicht unbedingt der Frauen, wenigstens zeitweise, und solange Sie mich nicht nötigten, die „Kritik der reinen Vernunft" zu erklären.

REPORTERIN: Das klingt jetzt aber sehr nach Geringschätzigkeit.

KANT: Das habe ich keineswegs beabsichtigt.

REPORTERIN: Wenn das so ist, was schätzten Sie besonders an ihnen?

KANT: Die Beredsamkeit ihrer Zungen.

REPORTERIN: Nicht etwa ihre Geschwätzigkeit?

KANT: Ich sollte mich besser in Schweigen hüllen.

Über die Gesundheit

REPORTERIN: Sie haben nie geheiratet, Herr Kant! Sie müssen nicht antworten... aber gab es womöglich gesundheitliche Gründe?
KANT: Meint Sie nicht auch, dass meine körperliche Unter- und meine geistige Überpräsenz ein harmonisches Eheleben kaum erlaubt hätten?
REPORTERIN: *(verlegen)* Ich weiß nicht recht...
KANT: Nun, tatsächlich befand ich mich in ständiger Sorge um meine Gesundheit und bemühte mich deshalb um eine strenge Selbstdisziplin. Das erwähnte ich schon. Zeitlebens verglich ich mich mit einem Seiltänzer, der auf dem Drahtseile des Lebens stets darauf bedacht sein musste, sein Gleichgewicht zu wahren.
REPORTERIN: Sehr anschaulich. Ja, oftmals hängt das Menschenleben an einem Zwirnsfaden *(nachdenklich)*.
KANT: Ja, der Tod ist sicher, die Stunde jedoch ungewiss.
REPORTERIN: Nahmen Sie eigentlich ärztliche Hilfe in Anspruch, Herr Kant?
KANT: Mein Hausarzt, beileibe kein Quacksalber, auch kein Viehdoktor, rückte meiner Schwäche behände mit allerlei Mittelchen zu Leibe, aber er agierte nicht sonderlich erfolgreich, sodass ich schließlich gezwungen war, mich selbst zu therapieren.
REPORTERIN: Auf welche Weise?
KANT: Indem ich mir medizinische Schriften verschaffte, von denen ich glaubte, präzise Hinweise auf die Ursachen meiner Leiden zu finden.
REPORTERIN: Somit hegten Sie doch Misstrauen gegen Ihren Hausarzt?
KANT: Nicht jeder Arzt ist weder ein Galen, noch ein Hippokrates.
REPORTERIN: Ja, ja, das Leben ist kurz, die Kunst (der Medizin) lang.
KANT: Spricht für die Medizin, von Letzterem begründet.
REPORTERIN: Diese zeittypischen Rosskuren damals, hat man die eigentlich einigermaßen schadlos überstanden?
KANT: Als Arzt schon. *(lacht)*
REPORTERIN: Als Patient natürlich. *(lacht ebenfalls)*

KANT: Meistens, nicht immer. Nur unterschätze Sie niemals eine wichtige Fähigkeit der Menschen, derartige Torturen zu überstehen – die Selbstheilungskraft des Körpers.
REPORTERIN: Herr Kant, Ich würde dennoch gerne wissen: Neigten Sie nicht ein wenig zum Hypochonder? Denn ernstlich erkrankten Sie doch erst im hohen Alter.
KANT: Sicher meint Sie eine Person, die sich einbildet, ernsthaft krank zu sein und darüber ständig klagt. Zu meiner Zeit sprach man von Melancholie.
REPORTERIN: Ja, eine solche Person meine ich. Schon Aristoteles soll alle großen Genies als Melancholiker bezeichnet haben.
KANT: Wenn das nicht beruhigt. Ich muss Sie allerdings enttäuschen. Ich sah mich keineswegs als Melancholiker, der sich permanent in Schwermut verlor. Aber vielleicht könnte man von einer melancholischen Gemütsverfassung sprechen, in gemilderter Form. Für das Erhabene und die Größe der Natur zeigte ich mich sehr empfänglich, mündend oft in Schwärmerei. Daher versuchte ich meinen Charakter zu stabilisieren, indem ich mir selbst moralische Prinzipien, Handlungsregeln, verordnete.
REPORTERIN: Über Ihren Charakter wurde vielfach spekuliert, bis hin zur Annahme, Sie seien ein ganzes Leben lang eingesponnen gewesen in ein ödipales Netz von Mutter und Sohn.
KANT: Was dann angeblich Verdrängung, Lustfeindlichkeit, Triebkontrolle, Zwang, Panzerung und narzisstische Einpuppung nach sich gezogen habe. Aber ich sage Ihr: Von je her bewegten sich Spekulanten auf unsicherem, sandigem Terrain – ein zweifelhaftes Geschäft. Um Ihre Frage zu beantworten: Ich war nie richtig krank, doch auch niemals richtig gesund. Mein Körper war leider kein zuverlässiger Partner.
REPORTERIN: Empfanden Sie das als schweres Los?
KANT: Klage darüber verbot mir mein überzeugter Stoizismus, der ein widerspruchsloses Ertragen von Leid voraussetzt und Pflichtbewusstsein, Gesetzestreue, Entsagung und Härte gegen sich selbst fordert. Ebenso versuchte ich untunliche Gefühlsbewegungen, Emotionen, Leidenschaften weitgehend zu unterdrücken... was mir, zugegebenermaßen, nicht immer gelang. Ich akzeptierte schließlich meinen schwächlichen Körper, ver-

drängte, dass ich eine flache und enge Brust besaß, die für die Bewegungen des Herzens und der Lunge wenig Spielraum ließ. Fühlte ich auch in meiner Brust Beklommenheit, so herrschte in meinem Kopf jedoch vorwiegend Ruhe und Heiterkeit, trotz so mancher Wehtage.
REPORTERIN: Ihr Gemüt war demnach nicht beeinträchtigt.
KANT: Nun, besser ist es, der Körper leidet als die Seele.
REPORTERIN: Womit Sie den alten griechischen Komödiendichter Menander zitieren. Also Gelassenheit durch Selbstüberwindung. Gehörten dazu auch bestimmte praktische Gewohnheiten?
KANT: Durchaus. Wenn Sie möchte, gebe ich Ihr gern einige Gesundheitstipps mit auf den Weg, obwohl ich heute nicht mehr ganz so überzeugt bin von deren Nützlichkeit und Wirksamkeit.
REPORTERIN: Gern, Herr Kant. Sie sprechen natürlich aus Erfahrung. Ständig waren Sie ja um Selbstdisziplin und Ihre Gesundheit bemüht.
KANT: Beispielsweise riet ich vom Kaffeetrinken ab und vermied es selbst gänzlich, weil ich das Öl des Kaffees für schädlich hielt. Zugegeben: Sein angenehmer Geruch übte auf mich stets einen großen Reiz aus, besonders in geselliger Runde. Ebenso gebot ich mir, ohne Rücksicht auf ärztliche Verordnungen, nicht mehr als zwei Pillen pro Tag zu nehmen, mochte die Erkrankung auch noch so heftig sein.
REPORTERIN: Lachen hielten Sie für gesund, wie wir bereits hörten. Seit Jahrhunderten geht man ja davon aus.
KANT: Bereits seit Aristoteles glaubt man, dass Lachen die Zirkulation verbessere, Spannungen auflöse, der Verdauung helfe, Energie zurückgebe und Körperfunktionen anrege.
REPORTERIN: Hatte Aristoteles damit Recht?
KANT: Grundsätzlich schon. Allerdings warnte ich vor übertriebenem Spaß und Humor, den ich als anarchisch, feindselig und ausgesprochen dumm empfand. Andererseits war ich der Ansicht, dass – bei Lachen in Maßen wohlgemerkt – die krampfhafte Erschütterung von Zwerchfell und Unterleib während des Lachvorgangs die Verdauung fördere und eine stärkere Wirkung zeige als gewöhnliche Abführmittel.
REPORTERIN: Abführmittel, sie wurden häufig angewandt damals?

KANT: Wohldosiert retteten sie, zumindest zu meiner Zeit, tatsächlich über gesundheitliche Krisen hinweg, eine Arznei, welche den Magen räumet, reiniget und wieder zurechtbringet. Selbst Gedanken werden wieder säuberlich geordnet. Sie sollte sie anzuwenden wissen, in der Not, die gnädige Frau.
REPORTERIN: Nein danke, eher nicht *(verzieht die Miene)*. Aber trotzdem vielen Dank für den heißen Tipp. Was ich noch fragen möchte, Herr Kant, Sie sollen eine ausgefeilte Fertigkeit in Bezug auf die Förderung Ihres Schlafes entwickelt haben?
KANT: So könnte man es ausdrücken. Ich setzte mich aufs Bett, schwang mich behände, mit einer gewissen Leichtigkeit, hinein und zog mir die Decke mit besonderer Geschicklichkeit über den Leib. Fest wie in einen Kokon eingesponnen, erwartete ich dann geduldig den erquickenden Schlaf.
REPORTERIN: Sicher nachahmenswert, keine Frage. Ruhepausen hielten Sie für notwendig?
KANT: Ja, der größte Sinnesgenuss ist die Ruhe nach der Arbeit.
REPORTERIN: In diesem Zusammenhang erinnere ich an einen Philosophen des griechischen Altertums, welcher der Ruhe eine besondere Bedeutung zumaß.
KANT: *(lacht)* Ich sprach von der Ruhe... nach verrichteter Arbeit, nicht vom Faulbett. Das lange Leben des Tonnenphilosophen Diogenes, auf den Sie bestimmt hinauswill, scheint gänzlich aus Ruhepausen bestanden zu haben. Arbeit war ihm eher fremd. Faulheit ist der Hang zur Ruhe ohne vorhergehende Arbeit, das verächtlichste aller Laster.
REPORTERIN: Ich merke schon: Da scheint womöglich Ihre evangelisch-lutherische Erziehung durch. Unvergessen für die Nachwelt bleibt die Anekdote, wonach Alexander der Große ihm seine Aufwartung machte, ihn fragend, was er denn wünsche. Diogenes, vor seiner Tonne liegend und sich wieder einmal sonnend, soll entgegnet haben: „Nichts, wirklich nichts, Kaiser, geh mir bitte nur aus der Sonne." Alexander, verdutzt und tief beeindruckt, antwortete gedankenschnell, unter dem Gelächter seiner Mannen: „Beim Zeus, wenn ich nicht Alexander wäre, möchte ich wohl Diogenes heißen."
KANT: Offenkundig ein eindrucksvoller Ausdruck und Beweis völliger Unabhängigkeit.
REPORTERIN: Diogenes bevorzugte offenbar die Muße.

KANT: Muße ist etwas anderes. In seinem Falle sollten wir uns, wenn Sie einverstanden ist, auf den Begriff des Müßiggangs einigen...
REPORTERIN: ... der ja, gemäß Martin Luther, aller Laster Anfang sein...
KANT: ... aber auch, wie die alten Griechen behaupteten, zur Seelenruhe führen soll – als Grundlage allen Glücks.
REPORTERIN: Sie können da nicht mitreden?
KANT: Nein, mich trieb es immer zu Tätigkeit und Bewährung. Sie sind das Salz des Lebens. Das Leben äußert sich nur so. Zucht und Ordnung, Pflichtbewusstsein herrschten bei mir vor – vermutlich auch meiner strengen preußischen Erziehung geschuldet. Ein Lotterleben gedachte ich aufs Strengste zu vermeiden. Unsere Bestimmung ist die Tätigkeit.
REPORTERIN: Herr Kant, die Seelenruhe wird ja in der Antike als Grundlage allen Glücks betrachtet. Entspricht das auch Ihrer Meinung?
KANT: Der Mensch sollte sich als würdig erweisen, das Glück zu genießen. Ich meine nicht die einzelnen Glücksmomente, die kommen und gehen, sondern ein Glück im Sinne von Glückseligkeit.
REPORTERIN: Wie, auf welche Weise?
KANT: Weniger durch Seelenruhe, sondern durch die Achtung und Befolgung des Sittengesetzes.
REPORTERIN: Durch moralisches Handeln ...
KANT: ...erwirbt man sich die Aussicht, oder besser gesagt, ein Anrecht auf Glückseligkeit. Ich sprach von „Glückswürdigkeit".
REPORTERIN: Man muss sie sich demnach verdienen.
KANT: Sie hat mich richtig verstanden, die gnädige Frau.
REPORTERIN: Herr Kant, bleiben wir noch bei den Krankheiten. Häufig wurden Sie von Allergien geplagt.
KANT: Ja, zart und empfindlich wie ich war, hatte ich mit allergischen Reaktionen zu kämpfen. Beispielsweise riefen frisch gedruckte Zeitungen bei mir ein heftiges Niesen hervor. Ebenso vertrug ich keine körperlichen Anstrengungen.
REPORTERIN: Mit ihrem Magen stand es auch nicht zum Besten?
KANT: Er wurde nachlässiger, nachdem er jahrelang, auf oft wunderbarste Weise seinen Dienst leistend, alles gut und willig aufnahm, was ich ihm anbot und zumutete.

REPORTERIN: Üppiges Essen vermieden Sie, oder?
KANT: Weitgehend. Manchmal machten mir, insbesondere im höheren Alter, Verstopfungen der Eingeweide zu schaffen, die häufig zu merkwürdigen Blähungen führten und die Einnahme besagter Abführmittel erforderten. Das Ganze hätte durchaus leicht zur Benebelung des Kopfes und zu allgemeiner Zerstreutheit führen können. Meine große Empfindsamkeit, ich sprach von empfindlichen Nerven, war letztlich meiner schwächlichen Konstitution geschuldet.
REPORTERIN: Obwohl Sie ihren Tagesablauf, wie wir hörten, zumindest später, gesundheitsschonend einrichteten.
KANT: Wenn die Jahre zunehmen, nehmen die Kräfte ab.
REPORTERIN: Von Krankenbesuchen im Freundeskreis hielten Sie sich fern, warum?
KANT: Aufmerksam erkundigte ich mich nach dem Befinden. Ja, Sie hat Recht, Krankenbesuche vermied ich weitmöglichst. Sie rührten mich zutiefst. Bei Todesfällen im Freundeskreis – so auch beim überraschenden Tod Hippels – pflegte ich in stiller, teilnehmender Betrübnis zu sagen, um nicht restlos in Schmerz und Betroffenheit zu versinken: „Es ist vorbei, Tote sollten bei den Toten ruhen. Der Tod hat keinen Kalender".
REPORTERIN: Herr Kant, vielleicht noch abschließend zum Thema Gesundheit: Sie sollen, wie ich las, einmal auf die heilsame Wirkung der Philosophie auf das Gemüt aufmerksam gemacht haben. Was hat es damit auf sich?
KANT: Ja, ich erinnere mich an meine damaligen Worte. Ich zitiere mich nun selbst wie folgt: „Übrigens ist das Philosophieren, ohne darum eben Philosoph zu sein, auch ein Mittel der Abwehrung mancher unangenehmer Gefühle."
REPORTERIN: Nur ein Wunsch oder persönliche Erfahrung?
KANT: Ich bin nicht der Einzige, der innere Ruhe und Gelassenheit mittels philosophischer Einsicht predigte, um ein Gleichgewicht zwischen Seele, Geist und Körper herzustellen. Das taten schon viele weise Männer vor mir, vor allem im Altertum.
REPORTERIN: Verstand man dieses Gleichgewicht als Harmonie?
KANT: So formulierte Hippokrates, dass der Mensch aus dem Gleichgewicht kommen könne, wenn die „Harmonie" zwischen

Seele, Geist und Körper gestört sei. Und wie Recht er hatte, als er auf einen Zusammenhang zwischen Seele (Psyche) und Körper (Soma) hinwies. Sorge, Kummer, Verdruss wirken sich negativ auf den Körper (besser: auf das körperliche Immunsystem) aus und verursachen Beschwerden. Negative Gefühle entstehen durch negatives Denken.
REPORTERIN: Und schon sind wir wieder bei der Philosophie angelangt, Herr Kant.
KANT: Ja, ihr zufolge wäre in diesen Fällen eine heilende Veränderung und Erneuerung des Denkens angebracht. Entsprechend bemerkte der französische Philosoph Voltaire dazu: „Die Philosophie ist zu etwas gut. Sie tröstet und bewirkt die Ruhe der Seele". Seneca beispielsweise schlug vor, negative Emotionen wie Wut und Zorn – beides Reaktionen auf äußere Ereignisse – einfach aufzuschieben. Er machte darauf aufmerksam, dass emotionale Gefühle einfach kommen und gehen. Oft genüge es, sich auf etwas anderes zu konzentrieren, tief durchzuatmen, einen Tee zu trinken, einen kleinen Spaziergang zu machen oder die ganze Situation in einem anderen Licht zu sehen... und schon lösten sich diese negativen Emotionen schnell auf. Selbst aus heutiger Sicht noch ein gutes Rezept. Sie sollte sich das merken.
REPORTERIN: Ach, Herr Kant, wenn das bloß so einfach wäre... die Sache mit der Gelassenheit. In unserem Kopf schwirren mindestens tausend Dinge gleichzeitig herum. Wir sind doch ständig am grübeln...
KANT: Nun ja, wir sprachen das Thema Muße schon an. Rückzug und vorübergehende Einsamkeit können seelischer Gesundung zuträglich sein. Ständiges Alleinsein ist gewiss nicht erstrebenswert, doch Rückzug schafft Inseln der Ruhe und schenkt neue Kraft. Die Fähigkeit, zumindest zeitweise für sich zu sein, bringt Gelassenheit hervor und Selbsterkenntnis. Man kommt mit sich ins Reine und erlebt den eigenen Reichtum. Der Mensch braucht Ruhepausen und Auffrischung seiner Geisteskräfte. Gedanken können geordnet werden. Die alten Griechen, ich erwähnte es schon, schwärmten vom Seelenfrieden, von der „Windstille der Seele". Sokrates bezeichnete die Muße sogar als „Schwester der Freiheit".
REPORTERIN: Lange ging das gut, etwa 1500 Jahre, bis der schon zitierte Luther kam, oder?

KANT: Ja, der Luther. Die Muße nannte er dann Sünde und Laster, Trägheit eben. Er prägte die Meinung, man müsse schuften bis zum Umfallen, Ruhepausen seien nicht gottgewollt. Ja, man kann mit Fug und Recht behaupten: Mit ihm fing alles an.
REPORTERIN: Also doch.
KANT: Wenden wir den Blick zurück: Damals, in der Antike, gab es Arbeitssklaven, die wenigen anderen ermöglichten, in aller Ruhe zu philosophieren. Sie wurden im Mittelalter und in der frühen Neuzeit ersetzt durch Leibeigene.
REPORTERIN: Nicht zu vergessen die Sklaverei auf Amerikas. Baumwollfeldern. Aber die Zeiten der Sklavenhaltung und Leibeigenschaft sind jedoch vorbei, Gott sei Dank.
KANT: Aber gnädige Frau, sind sie wirklich vorbei? Werfen wir einen Blick hinein, in unsere heutige Arbeitswelt. Die entscheidenden Begriffe heißen „Dynamik" und „Komplexität".
REPORTERIN: Ja, immer schneller, immer mehr. Ein Leben im Hamsterrad.
KANT: Der gehetzte Mensch. Genau das meine ich. Die Gesundheit droht dabei auf der Strecke zu bleiben, wie die Krankenstatistiken eindrucksvoll belegen. Wir sollten deshalb nach einem stressfreieren, entschleunigten Leben, nach einem Ausweg suchen. Zu vermuten und zu befürchten ist allerdings, dass sich das Rad der Zeit nicht mehr zurückdrehen lässt.
REPORTERIN: Ein stressfreies Leben... um philosophieren zu können, Herr Kant?
KANT: Philosophieren, eigenes Denken, somit ein Reden mit sich selbst, verschafft durchaus Ruhe und Befriedigung. Nun, ich will nicht so weit gehen und behaupten, dass Philosophieren in jedem Fall gesund sei, das Wohlbefinden fördere und eine heilsame Wirkung hervorbringe. Es gibt schließlich nicht wenige, die dabei unglücklich gestorben sind.
REPORTERIN: Schauen wir einmal hinein, in die Philosophiegeschichte.
KANT: Steigen wir also hinab in die Niederungen der Halbwahrheiten und Wahrscheinlichkeiten, zu denen sicherlich die Anekdoten gehören mögen. Zweifellos dienen sie mehr der allgemeinen Erheiterung als einer ernsthaften, ergiebigen Wissenserweiterung. Jedoch: Am Ende, um beim Thema zu blei-

ben, steht stets der Tod – als absolute, unwiederbringliche Wahrheit.
REPORTERIN: Der Tod... gewiss. Sokrates starb beispielsweise durch den Schierlingsbecher.
KANT: Doch starb er unglücklich? Soweit ich mich erinnere, gewann er seinem Schicksal Gutes ab, indem er sich auf spannende Diskurse mit seinen längst verstorbenen Philosophiekollegen im Jenseits freute, mit Homer, Pythagoras...
REPORTERIN: Gehen wir noch ein Stück zurück. Besagter Pythagoras wurde von Feinden erschlagen.
KANT: Ja, zusammen mit Mitgliedern seines umstrittenen Geheimbundes, in einem Bohnenfeld, der Sage nach.
REPORTERIN: Empedokles soll sich in den Ätna gestürzt haben... und verschmorte.
KANT: Wahrscheinlich um seine Gottheit zu beweisen. Man hörte nie wieder etwas von ihm. Der Vulkan soll seine Sandalen ausgespieen haben.
REPORTERIN: Ein Trauerspiel...
KANT: Im wahrsten Sinne... verewigt in Hölderlins „Tod des Empedokles".
REPORTERIN: Heraklit starb aufgrund einer Selbsttherapie.
KANT: Ärztlichen Rat verschmähend, zog er ins Gebirge, ernährte sich von Gras und Kräutern und bekam die Wassersucht. Daraufhin grub er sich in Kuhmist ein...
REPORTERIN: ... weil Wärme Wasser verdunsten lässt.
KANT: Hunde fanden ihn, hielten ihn für einen Kadaver und fraßen ihn schließlich mit Haut und Haaren auf.
REPORTERIN: Sicherlich kein schöner Tod...
KANT: Zumindest kein angenehmer.
REPORTERIN: Diogenes, der aus der Tonne, soll im späten Alter Selbstmord verübt haben.
KANT: Ja, indem er, des Lebens überdrüssig, einfach die Luft anhielt.
REPORTERIN: Vielleicht war ihm die tägliche Langeweile zu anstrengend geworden *(lacht)*.
KANT: *(lacht ebenfalls)* Den Humor der gnädigen Frau weiß ich durchaus zu schätzen.
REPORTERIN: Noch kurioser starb Chrysipp, der Stoiker.
KANT: Ein ehemaliger Marathonläufer. Er lachte sich tot über einen Esel, der einen Korb Feigen fraß, Wein trank und an-

schließend herumtorkelte. Er lachte und lachte, bis er leblos zusammenbrach.

REPORTERIN: Im wahrsten Sinne des Wortes also lachte er sich tot. Herr Kant, kommen wir zur Neuzeit. Giordano Bruno starb im Feuer.

KANT: Ein bedauernswerter Verlust, obwohl seine Schriften nicht frei sind von mystischen Spekulationen.

REPORTERIN: René Descartes wurde an den Hof der schwedischen Königin gelockt und musste zu seinem Entsetzen feststellen, dass ihre Majestät, wissbegierig wie sie war, jeden Tag unterrichtet zu werden wünschte. Und die einzige Tageszeit, die dafür zur Verfügung stand, war fünf Uhr morgens. Diese Anstrengung sowie die Kälte in den unbeheizten Räumen brachten ihn schließlich um.

KANT: Ja, sie rafften ihn binnen weniger Monate dahin. Kein Wunder, er war alles andere als ein Frühaufsteher. Überhaupt dürfte die Unterrichtung von Majestäten zu den schwierigsten Aufgaben überhaupt zählen, denen sich ein Philosoph zu stellen vermag. Ich möchte erinnern an die Unterrichtung des jungen mazedonischen Königssohnes Alexander durch Aristoteles.

REPORTERIN: Die für beide Seiten sehr anstrengend gewesen sein dürfte. Sören Kierkegaard war lebensüberdrüssig...

KANT: Und Kollege Nietzsche starb im Wahn. Wobei dies kaum an der Überforderung durch philosophische Geistesarbeit gelegen haben mag, sondern an mangelnder Enthaltsamkeit.

REPORTERIN: Sie sprechen von dem Gerücht, wonach Nietzsche sich bei einem Freudenmädchen mit der Syphilis angesteckt haben soll.

KANT: Wer sich in Gefahr begibt... Menschliches - Allzumenschliches...

REPORTERIN: Daher lieber nicht philosophieren?

KANT: *(lacht)* Wenn man immer nur im stillen Kämmerchen sitzt und philosophiert, kann das unangenehme Folgen haben, so warnte einst der Komödiendichter Aristophanes in seinen „Wolken", wo er sagt: „Bleich wird dein Gesicht, gedrückt die Schultern, schmächtig die Brust, lang deine Zunge und breit das Gesäß".

REPORTERIN: Fühlten Sie sich angesprochen, Herr Kant?

KANT: *(lacht wieder)* Köstlich, köstlich... Nun, die ersten drei Aussagen mögen ja stimmen... Jedoch gab es auch andere, we-

niger gebrechliche weise Männer. Ich denke da beispielsweise an den Römer Seneca, der so sportlich war, dass er seinen Sklaven zum Lauftrainer umfunktionierte.
REPORTERIN: Auch er starb eines unnatürlichen Todes, unter Kaiser Nero.
KANT: Gleichmütig, in stoischer Gelassenheit, öffnete er sich die Pulsadern, seine gerade speisenden und im Gespräch vertieften Gäste bittend, sich keinesfalls stören zu lassen.
REPORTERIN: Respekt, das nenne ich Todesverachtung!
KANT: Gleichmütigkeit ist das Selbstgefühl der gesunden Seele. Wir erkennen: Gevatter Tod, in welcher Form auch immer, schreckt nicht einmal vor einem Philosophen zurück. Ich spreche aus Erfahrung. Gleiches gilt im Umkehrschluss.
REPORTERIN: Halten Sie Gesundheit für das höchste Gut, Herr Kant?
KANT: Natürlich ist sie erstrebenswert. Sie kann aber kein Lebenszweck sein. Das wäre so, als hielte man Atmen allein schon für eine Tugend.
REPORTERIN: Sie spielen auf das an, was man den modernen Gesundheitswahn nennen könnte.
KANT: Unerträglich. Widerwärtig. Geistlos. Mehr sage ich nicht.

Über Liebe und Heirat

KANT: Krankheit, Tod... wir sollten dieses unerfreuliche Thema verlassen und uns einem ebenso unerfreulichen zuwenden. Fragte Sie nicht nach meinen damaligen Heiratsplänen?
REPORTERIN: Ich hätte nicht mehr gewagt, danach zu fragen, Herr Kant. Vielen Dank übrigens für die Gesundheitstipps, die einigen von uns wieder auf die Beine helfen dürften, auch wenn sie vielleicht nicht mehr ganz so aktuell erscheinen. Gern jedoch zurück zum Thema Heirat.
KANT: Nun ja, ich kam aus bescheidenen Verhältnissen, da war an dergleichen zunächst nicht zu denken. Als ich mir den Ehestand dann hätte leisten und zumuten können, war es für mich schon zu spät. Zweimal erwog ich eine Heirat, befand mich tatsächlich auf Freiersfüßen. Ich war also nicht gänzlich abgeneigt, diesen unphilosophischen Schritt zu wagen.
REPORTERIN: Und warum klappte es letztlich nicht? Verzeihen Sie mir meine Neugier.
KANT: Mein Herz und meine Neigung galten zwei mir würdigen Frauenzimmern, doch ich zögerte vermutlich zu lange mit den Anträgen, den Wagemut vermissend. Später witzelte ich: „Als ich eine Frau gebrauchen konnte, habe ich keine ernähren können. Und als ich eine ernähren konnte, da habe ich keine gebrauchen können."
REPORTERIN: Klingt trostspendend. Das erinnert wiederum an den altgriechischen Philosophen Thales von Milet...
KANT: ... der vom Heiraten wenig hielt und dessen Mutter ihn immer wieder zur Heirat drängte. Sein Argument: „Beim Zeus, noch ist es Zeit dazu." Als er älter war und die Mutter ihn noch eindringlicher bestürmte, erwiderte der Sohn. „Beim Zeus, nun ist die Zeit vorüber." Und auf die Frage, warum er keine Kinder zeugen wolle, lautete seine Antwort: „Aus Liebe zu den Kindern."
REPORTERIN: Parallelen, Herr Kant?
KANT: Thales wies eine Heirat weit von sich und vertrat die Meinung, eine Frau gehöre nicht unbedingt zu den unentbehrlichen Lebensbedürfnissen, berechtigterweise.
REPORTERIN: Sie waren der gleichen Meinung?

KANT: Nun, ja... Ich tröstete mich damit, dass unverehelichte alte Männer länger ihr jugendliches Aussehen erhalten als verehelichte. Wegen des zu ertragenden Jochs.
REPORTERIN: Somit nur reiner Selbstschutz. Sie fürchteten anscheinend, als Gelehrter unter den Pantoffel einer häuslich herrschenden Frau zu geraten? Wie beispielsweise der arme Sokrates.
KANT: Offenkundig ein Opfer seiner launischen Ehefrau Xanthippe.
REPORTERIN: Wahrscheinlich war sie genau die Frau, die er benötigte... meinte später zumindest Friedrich Nietzsche, einer Ihrer schärfsten Kritiker, der Sie sogar als Moralfanatiker bezeichnete.
KANT: In diesem Punkte gebe ich diesem Kollegen Recht – auch wenn ich viele Gedanken seiner philosophischen Betrachtungen ablehne, insbesondere die Moralvorstellung betreffend. Eines dürfte klar sein: Wenn Sokrates seine Xanthippe nicht geehelicht hätte, die ihn fortwährend keifend und zeternd aus dem Haus trieb, wäre er gewiss nicht *der* Sokrates geworden, der Philosoph der öffentlichen Rede, der Debatten auf der Straße.
REPORTERIN: Vielleicht hatte sie ja allen Grund gehabt, ihn immer wieder zusammenzustauchen, weil er sich von der Hausarbeit fernhielt, kaum auf sein Äußeres achtete, überall in Athen herumlief und kluge Fragen stellte?
KANT: Nun, indem er die häuslichen Auseinandersetzungen überstand, bewies Sokrates seine Standfestigkeit – auch seine dialektischen Fähigkeiten, die er durch lautstarke Streitgespräche innerhalb der Ehe fortlaufend trainierte. Zum Thema Heirat sind mir noch zwei seiner Zitate in Erinnerung: „Heirate ruhig, entweder wirst du durch die Heirat glücklich oder Philosoph", „Heirate oder heirate nicht, du wirst beides bereuen."
REPORTERIN: Ja, zwei sehr bekannte Zitate.
KANT: Heirat hin oder her, andererseits bestand bei mir schließlich noch die Gefahr in die Verlegenheit zu kommen, mich als Hausherr aufzuspielen. Nein, stets lehnte ich Abhängigkeiten ab. Wie schon gesagt... ein Lebensprinzip. Außerdem sah ich, wie es einigen meiner Freunde innerhalb der Ehe erging. Sie wurden von ihren anvertrauten Frauenzimmern am Gängelband herumgeführt, von ihnen beherrscht und zum Nar-

ren gemacht. Das konnte mitnichten zur Nachahmung empfohlen werden.
REPORTERIN: Die Frau beherrscht den Mann?
KANT: Wie soll ich da widersprechen. Die meisten Frauen wollen herrschen, die meisten Männer beherrscht werden.
REPORTERIN: Ein selbstverschuldetes Unglück.
KANT: Voltaire sagte einst, wiederum übertreibend: Es ist ausgemacht, dass Gott die Weiber nur geschaffen hat, um die Männer zu zähmen.
REPORTERIN: So kennt man ihn... den Voltaire. Herr Kant, nahmen Ihre Freunde Ihre Ratschläge an?
KANT: Oft stockte der Ratschlag. Nun ja... Prüfe, wer sich ewig bindet...
REPORTERIN: Klingt nach Schiller... und seiner Lotte.
KANT: Ein treffliches Frauenzimmer, wie ich hörte, wie geschaffen für den hochgeschätzten Poeten.
REPORTERIN: Nachahmenswert, Herr Kant?
KANT: Nicht für mich, wie Sie sich vielleicht denken kann. Oftmals riet ich dazu, um ehelichen Missbündnissen entgegenzutreten, man möge doch bitte bei der Wahl einer zukünftigen Gattin vernünftigen Erwägungen folgen und nicht leidenschaftlichen Neigungen.
REPORTERIN: Vernünftige Erwägungen?
KANT: Eine Frau sollte vorwiegend Hausfrau sein und Mutter. Ebenso vonnöten ist eine ordentliche Mitgift. Geld hält gewöhnlich länger vor als Schönheit und Reize, trägt zum Lebensglücke bei und knüpft das Band der Ehe fester.
REPORTERIN: *(nachdenklich)* Ah, ich verstehe. Geld geht also vor Liebe und Schönheit.
KANT: Wobei man sich selbstverständlich in Gefahr begibt, sich selbst zu verkaufen, seiner Freiheit den Rücken zu kehren – zugegebenermaßen.
REPORTERIN: In der Ehe verliert man die Freiheit?
KANT: Der Mann schon. Das Weib allerdings wird durch die Ehe frei.
REPORTERIN: Aber... mit Verlaub, Herr Kant, ausgerechnet Sie als Ratgeber in Ehesachen?
KANT: Sie meint, in meiner Eigenschaft als Junggeselle.
REPORTERIN: Genau, das meine ich. Aus Mangel an Praxis womöglich.

KANT: Zweifellos fehlte sie mir in Gänze. Ich lag nicht unter jedem Ehebett, doch täglich sah ich genug Schiffbrüchige um mich herum. Andererseits gebe ich Ihr Recht: Beim Ratgeben sind wir alle weise, aber blind bei eigenen Fehlern.
REPORTERIN: Herr Kant, Sie standen nie vor der Entscheidung: Ehe oder philosophisches Werk?
KANT: Die Frage stellte sich mir nicht. Aber noch einmal zur Klarstellung: Ich hegte gegen die Ehe keine Abneigung. Im Gegenteil: Meiner Achtung war sie stets gewiss. Was mich betraf, so richtete ich mich jedoch lieber ein in einem behaglichen Zölibat.
REPORTERIN: Ihr langjähriger treuer Diener Lampe äußerte einmal den Wunsch, ein zweites Mal heiraten zu wollen. Konnten Sie ihm das ausreden?
KANT: Er sah mein entsetztes Gesicht. Außerdem sprach ich aufgrund seiner Enthüllung tagelang nicht mit ihm. Verhindern konnte ich seine zweite Heirat letztlich nicht – auch nicht seine spätere Vaterschaft.
REPORTERIN: *(leise)* Welche wohl erst recht nicht zu verhindern war. Ich habe den Eindruck gewonnen, oder täusche ich mich etwa, Herr Kant... dass Frauen auf Sie keinen besonderen Reiz ausübten?
KANT: Unter uns gesagt... und ganz im Vertrauen, Madamchen: Frauen spielten in meinem Leben, vor allem in erotischer Hinsicht (darauf will Sie doch hinaus) keine besondere Rolle. Sie schauet so irritiert, oder möchte Sie noch etwas dazu anmerken?... Hand aufs Herz, frei herausgesagt.
REPORTERIN: *(stammelnd)* Äh... ja, eigentlich schon...
KANT: *(lacht)* Ah, ich verstehe... das männliche Geschlecht übrigens auch nicht. Da kann ich Sie beruhigen. Ich befand mich nicht im alten Griechenland.
REPORTERIN: Auf eine so persönliche Frage wollte ich wirklich nicht hinaus. Sie sprechen sehr aufrichtig, vielen Dank. Darf ich trotzdem weiter fragen, Herr Kant? Auch auf die Gefahr hin, dass ich Ihnen mit meinen neugierigen, Ihre Intimsphäre berührende Fragen endgültig auf die Nerven gehe?
KANT: Nur zu, gnädige Frau, frage Sie nur. Ein Philosoph sollte in der Lage sein, auf *jede* Frage eine Antwort zu finden – insbesondere, wenn die menschliche Seele betroffen ist. In diesem Fall gar seine eigene. Im Übrigen: Ihre Hartnäckigkeit ver-

dient Respekt. Diese Eigenschaft zeichnete auch mich einst aus. Sonst hätte ich mein schwieriges Gedankengeschäft kaum betreiben können.
REPORTERIN: Danke für das Kompliment. Bleiben wir noch ein wenig bei dem so spannenden Thema... Liebe und Erotik.
KANT: Spannend? Aber, aber, meine Gnädigste. Die wirklich spannenden Themen liegen noch vor uns, sind maßgebliche Inhalte meiner „kritischen" Werke. Außerdem bin ich mir nicht sicher, ob ausgerechnet ich der geeignete Gesprächspartner bin für diese angeblich so spannenden Themen wie Liebe und Erotik.
REPORTERIN: Aus mangelnder Erfahrung, meinen Sie? Also doch. Sie übten sich ja in Abstinenz.
KANT: Die ich nicht unbedingt als Mangel empfand.
REPORTERIN: Als Tugend etwa?
KANT: Nein, nein. Tugend ist oft Mangel an Gelegenheit.
REPORTERIN: Ich erinnere an Charlotte Amalie Klingspor, der Sie in früheren Jahren ein Gedicht von Christoph Martin Wieland übersandten: „Erinnerungen an eine Freundin"...
KANT: Welches, auf platonisierende Weise, nicht Erfüllung, sondern Enthaltsamkeit preist.
REPORTERIN: Was sagt uns das?
KANT: Offenbar, dass Enthaltsamkeit eine Tugend sein kann.
REPORTERIN: Oder ein Mangel an Gelegenheit, wie ich eben von Ihnen hörte. Von Sinnesfeindlichkeit kann man da nicht sprechen?
KANT: Aber nein. Gefühlsbetonte Sinnlichkeit dürfte bei einer platonischen Liebe geradezu vordergründig sein. An eine affektgeladene Entflammung und Übermannung durch unüberwindlich scheinende Lustreize kann ich mich nicht erinnern. Mir ist ein solcher Fehltritt erspart geblieben, Gott sei Dank.
REPORTERIN: Schade eigentlich, Herr Kant. Vermutlich haben Sie etwas verpasst. Um beim Thema zu bleiben: In Ihrer *Metaphysik der Sitten,* ein späteres Werk, bezeichneten Sie die Ehe oder vielmehr Geschlechtsgemeinschaft pikanterweise als „Übereinkunft zweier Menschen zum wechselseitigen Gebrauch der Geschlechtsorgane".
KANT: Nicht ohne Genuss, ich zitiere: „Der natürliche Gebrauch, den ein Geschlecht von den Geschlechtsorganen des anderen macht, ist ein Genuss, zu dem sich ein Teil dem ande-

ren hingibt." Wobei eine Zeugung von Kindern natürlich nicht ausgeschlossen werden kann. Zugegebenermaßen eine etwas nüchterne Betrachtungsweise. Schon damals deutete ich Sexuelles, was nicht auf Fortpflanzung abzielt, als animalischen, unvernünftigen und unproduktiven Müßiggang.
REPORTERIN: Hm... nicht nur eine nüchterne, sondern auch eine äußerst interessante, wenn auch ungewöhnliche Betrachtungsweise. Nur wenige dürften Ihrer Meinung zustimmen. Und schon sind wir wieder bei den Kindern angelangt. Hielten Sie ihre Zeugung für förderungswürdig?
KANT: Ich möchte so antworten: Einmal auf die Geburt eines Kindes angesprochen, bemerkte ich, dass der Akt einer Zeugung als ein solcher anzusehen ist, durch den eine Person eigenmächtig, also ohne ihre Zustimmung, in die Welt gesetzt wird... daher ihr Geschrei.
REPORTERIN: Geschrei, Herr Kant?
KANT: Ich spreche vom Geschrei, mit dem das Neugeborene, nur eben dem mütterlichen Schoße entwunden, lautstark seine Unzufriedenheit ausdrückt. Bereits in diesem ersten Schrei, mit dem es in die Welt geworfen wird, erklingt sein Protest gegenüber dieser Willkür und Unterdrückung. Gleichwohl manifestiert sich in diesem Urschrei „Ich will" der leidenschaftliche Freiheitsdrang des Menschen. Ich weiß, wovon ich spreche, ich hatte schließlich jüngere Geschwister.
REPORTERIN: In die Welt geworfen, nicht getragen?
KANT: Geworfenheit, nicht Getragenheit – um mit den Worten des Kollegen Heideggers zu sprechen. Eigentlich geht es nur darum, bei der Erzeugung des Nachwuchses, unsere Sehnsucht nach Unsterblichkeit zu verwirklichen, zumal der Gedanke, dass nach unserem Tod alles vorbei sei, für den einen oder anderen unerträglich zu sein scheint.
REPORTERIN: Eine interessante, wenn auch spezielle Sichtweise, Herr Kant. Ein anderes Thema: 1764 schrieben Sie in Ihrer Schrift „Beobachtung über das Schöne und Erhabene" der Frau durchaus „Liebreiz", „Herzenswärme" und „Schönheit" zu, den Männern hingegen „Vernunft", „Erhabenheit", „Prinzipientreue" und „Praxisnähe". Die Schönheit der Natur jedoch hoben Sie besonders heraus.
KANT: Ja, vor allem die Natur rief in mir große Gefühle hervor. Als Kind schon führte mich meine Mutter an die schönen

Orte in dieser Natur, meist vor die Tore Königsbergs, um mich für das Schöne und Erhabene empfänglich zu machen, wie Sie weiß.
REPORTERIN: Sie sprechen von Gefühlen. Mit Verlaub, Herr Kant, Gefühle sind nicht unbedingt das erklärte Lieblingsthema des Philosophen der Vernunft, oder?
KANT: In Fällen von überborstenden Gefühlsduseleien oder ungezähmten Leidenschaften gebe ich Ihr Recht. Dennoch lässt sich ohne Gefühle (genauer: Emotion, Intuition, Wahrnehmung) unsere Gattung nicht denken. Sie betreffen das Gemüt, sind menschlich, allzu menschlich, keine Frage. Echte Gefühle haben nichts zu tun mit Seelenerregungen, Emotionen wie ausufernde, ungezügelte Leidenschaften, Triebe, Instinkte und Affekte, diesen Krebszellen der Vernunft, die uns zu lenken versuchen. Sie sind komplexer, drücken nicht selten menschliche Regungen aus, auch Achtung und Respekt vor der Würde des anderen sowie vor dem Erhabenen. Keinesfalls möchte ich sie abgewertet wissen.
REPORTERIN: Sie selbst fühlten sich mehr den Stoikern zugehörig, Herr Kant?
KANT: Ich sagte damals: Gebt euch nicht den Emotionen hin, zähmt die Affekte, beherrscht die Leidenschaften. Illusion, Verblendung! Auftrag und Pflicht, daraus besteht das Leben!
REPORTERIN: Klingt ganz schön streng. Auch klingt Verachtung durch. Sind Sie heute noch der gleichen Ansicht?
KANT: Nun, nicht immer lassen sich Gefühle erfolgreich unterdrücken, kontrollieren. Zudem besteht ein Leben vielleicht doch nicht nur aus Auftrag und Pflicht. Meine damaligen Worte waren offensichtlich der gestrengen schulischen Erziehung und den rigorosen Verhältnissen im Preußentum geschuldet. Trotzdem sollten wir bemüht sein, Emotionen weitgehend zu unterdrücken. Wir sollten sie zu steuern wissen. Ich spreche von Selbststeuerung, Selbstkontrolle im Sinne von Selbstfürsorge, um bewusst zu leben.
REPORTERIN: Auch um die Gesundheit zu erhalten?
KANT: Natürlich. Selbststeuerung heißt nicht, asketisch oder freudlos zu leben! Mit Genüssen, die wir uns bereiten, mögen wir achtsam umgehen, sonst werden sie zur Gewohnheit. Und nochmals: Übertriebene Emotionen sind kein Partner der Vernunft, hindern uns beim Denken und trüben unser moralisches

Urteil, anstatt es zu ermöglichen. Deshalb sind sie im Zaum zu halten. Nur aus Vernunftgründen handeln wir moralisch.
REPORTERIN: *(etwas ungläubig)* Ah ja, aus Vernunftgründen also handeln wir moralisch. Gefühle spielen da keine Rolle?
KANT: Eine untergeordnete. Sie reichen nicht aus. Entscheidend ist immer die Vernunft.
REPORTERIN: Die Vernunft soll Leidenschaften begrenzen?
KANT: Ohne sie letztlich gänzlich zu unterdrücken.
REPORTERIN: Herr Kant, ich möchte ein anderes Thema ansprechen: Sie schwärmten von der Schönheit der Natur. Von der Schönheit der Frau waren Sie weniger fasziniert?
KANT: *(lacht)* Ich bitte Sie, Madamchen, dann hätte Sie mich kaum zu diesem Interview überreden können!
REPORTERIN: Oh, Herr Kant macht Komplimente...
KANT: Aber ernsthaft: Schön ist das, was ohne Interesse gefällt. Ich bin mir nicht sicher, ob das unbedingt auf die holde Weiblichkeit zutrifft. Zumindest hat das Feminine ein Gefühl dafür, was schön, zierlich und geschmückt ist. Schon in der Kindheit ist es gern geputzt und gefällt sich geziert am besten. Ja, dann schon sind sich Frauenzimmer ihrer Reize durchaus bewusst.
REPORTERIN: Klingt alles wenig schmeichelhaft.
KANT: Andererseits: Frauen sind fraglos Naturwesen, deren Anteil an der Verschönerung und Vervollkommnung der Welt – durch ihre speziellen Eigenschaften – kein unbeträchtlicher zu sein scheint. Das gilt natürlich nicht für die Xanthippen dieser Welt.
REPORTERIN: Auch wenn Frauen natürlich nicht die Erhabenheit des männlichen Geschlechtes ausstrahlen?
KANT: Was besonders in der Tierwelt deutlich wird.
REPORTERIN: Wo ja bei den Damen eher die Grautöne überwiegen, das Unscheinbare, Nichtssagende, oder?
KANT: Ja, hier wird die Einschränkung des Weiblichen besonders sichtbar.
REPORTERIN: Einspruch, Herr Kant! Und so etwas sagen Sie im Brustton tiefster Überzeugung?
KANT: *(amüsiert)* Sei Sie unbesorgt... Ich sprach von der Tierwelt, wohlgemerkt, nicht von der Menschenfrau.
REPORTERIN: Das schafft mir Erleichterung.

KANT: Bei ihr, dem Weibe, scheint eher das Bunte, das Wechselhafte zu überwiegen – befand schon der römische Dichter Vergil.
REPORTERIN: Auch das klingt wenig schmeichelhaft. Über die Klugheit der Frau möchten Sie sich lieber nicht äußern, oder?
KANT: Nun, ob Sie es glaubt oder nicht. Das Feminine ist oft klüger als das Maskuline, fürwahr geheimnisvoller. Das mag Sie beruhigen, die gnädige Frau. Weiß Sie das eigentlich?
REPORTERIN: Ich bin überrascht. Ein Kompliment etwa? Und warum?
KANT: Weil es weniger weiß, aber mehr versteht. Ein Mann ist leicht zu erforschen, das Frauenzimmer jedoch verrät ihre Geheimnisse nicht.
REPORTERIN: Es, das Frauenzimmer also, bleibt unerforscht?
KANT: Richtig. Außerdem: Der Mann ist geschaffen, über die Natur zu gebieten, das Weib aber dazu, den Mann zu regieren. Zum ersten gehört viel Kraft, zum zweiten viel Geschicklichkeit..
REPORTERIN: Hm... Herr Professor Kant entlarvt sich selbst als wahrer Frauenchecker, mein Respekt. *(belustigt)*
KANT: Trotz Ermangelung abseitiger Erfahrungen, wohlgemerkt. *(ebenfalls belustigt)*
REPORTERIN: Schon erstaunlich, keine Frage. Da Sie ihr, nach eigenen Bekundungen, den notwendigen Respekt nicht verweigerten, blickten Sie auch nie auf die Frauenwelt herab, Herr Kant?
KANT: *(lacht wieder)* Selbiges dürfte schon meine körperliche Größe kaum ermöglicht haben. Doch ernsthaft: Ich trat dem Weiblichen, insbesondere den Damen, stets respektvoll entgegen, oder ist Sie gegenteiliger Ansicht?
REPORTERIN: *(irritiert)* Nein, nein, natürlich nicht... Trotzdem bin ich nach wie vor der Meinung, dass Sie damals versucht waren – ganz nach mittelalterlicher Tradition – die höfische, edle und vornehme Dame zu idealisieren und der einfachen Frau weniger Aufmerksamkeit, weniger Respekt und Achtung zu schenken.
KANT: Es gibt übrigens einen Unterschied zwischen vornehm und edel.
REPORTERIN: Welchen bitte?

KANT: Als edel lässt sich das Gemüt, als vornehm die äußere Erscheinung einer Person bezeichnen. Außerdem möchte ich Ihrer letzten Anmerkung widersprechen. Oft trugen sogenannte gelehrte, edle Damen damals ihre Bücher wie eine Uhr, um damit gesehen und bewundert zu werden. Das sagt alles.
REPORTERIN: Ach, Herr Kant, ich bin mir nicht sicher, ob ich Ihre Aussagen über das Feminine als Kompliment, Kritik an der Weiblichkeit, oder gar als Scherz auffassen sollte.
KANT: Nenne Sie es englischen Humor. Er sei mir gestattet.
REPORTERIN: Sicherlich ein wichtiger Bestandteil Ihrer legendären Tischrunden.
KANT: Er sei mir schon deshalb gestattet, zumal wir uns bald in ernstere, in Bereiche „grauer Theorien" hineinbegeben werden, in die Tiefen meiner „kritischen" Philosophie.
REPORTERIN: Auch hier werden Grautöne überwiegen?
KANT: Nicht für mich, gnädige Frau, nicht für mich! Im Gegenteil! Mir offenbart sich dann eine ungewöhnliche Farbenvielfalt, die zugegebenermaßen nicht für jedermann erkennbar ist.
REPORTERIN: Nun kann ich endlich nachvollziehen, Herr Kant, warum Ihnen, als glänzender Unterhalter, die damalige Damenwelt so zu Füßen lag.
KANT: Eine Damenwelt, die von mir durchaus als liebreizend und rührend, manchmal gar als klug wahrgenommen wurde... um das noch einmal zu betonen. Sie, meine Gnädigste, sollte sich angesprochen fühlen.
REPORTERIN: Schon klar, Herr Kant. *(zweifelnd)*
KANT: Wir sollten diesem durchaus aufschlussreichen Thema, bei allem Respekt, nicht zuviel Gewicht, nicht zuviel Bedeutung zumessen, uns deshalb anderen, für uns wichtigeren, weiterführenden Themenbereichen zuwenden.

Weitere vorkritische Schriften

REPORTERIN: Herr Kant, wir wollen Ihren Lebenslauf weiter verfolgen. In den fünfziger Jahren brachten Sie einige naturwissenschaftliche Schriften heraus: beispielsweise über die „Theorie der Winde", über „die Relativität der Bewegung" und über „Erdbeben und Kometen". Darauf will ich jetzt nicht näher eingehen. 1759 dann veröffentlichten Sie ein Buch mit dem Titel „Versuch einiger Betrachtungen über den Optimismus". Worum ging es da?
KANT: Um die Frage, ob diese Welt wirklich die beste aller Welten ist, eine Ansicht, wie sie der große Leibniz vertrat. Es handelte sich gewissermaßen um die Kardinalfrage des 18. Jahrhunderts, nicht zuletzt im Hinblick auf das große Erdbeben von Lissabon 1755.
REPORTERIN: Wie war Ihre Meinung?
KANT: Ich verteidigte Leibnizens Position und suchte zu beweisen, dass sich tatsächlich keine bessere Welt denken lässt als die unsrige.
REPORTERIN: Wie begründeten Sie das?
KANT: Damit, dass das höchste Wesen, kraft seiner Weisheit, Güte und Macht, die beste aller endlichen (und damit fehlbaren) Welten für die Gläubigen ausgesucht habe. Es hätte durchaus eine schlechtere schaffen können. Ich beendete die Schrift mit den Worten: „Heil uns, wir sind! Der Schöpfer hat an uns Wohlgefallen."
REPORTERIN: *(verwundert)* Hm... Also zweifelten Sie doch nicht an der Schöpfung.
KANT: Nun, damals war ich fest der Ansicht, dass ein höchster Weltgrund existieren musste, mit Notwendigkeit. Ich gedachte anzudeuten, dass es nicht unvernünftig sei, an eine höhere Macht zu glauben.
REPORTERIN: Dann aber änderten Sie ihre Ansicht?
KANT: Ich gelangte zu anderen, abweichenden Überlegungen. Allerdings: Ich muss gestehen, das Thema ließ mich nie los, auch im hohen Alter nicht. Anfang der sechziger Jahre brachte ich noch einige logische Schriften heraus und äußerte mich zu den sogenannten Gottesbeweisen, eine Überarbeitung früherer

Gedanken. Diesen überaus interessanten Themenbereich sollten wir allein im Rahmen meiner „Kritiken" erörtern.
REPORTERIN: 1761 dann stellte die Berliner Akademie für Wissenschaften in einem ausgeschriebenen Wettbewerb eine Preisfrage. Worum ging es da?
KANT: Es ging um die Frage, ob die Metaphysik überhaupt, die Grundsätze der Natur und Moral betreffend, ebenso deutlich und beweisfähig ist wie die Mathematik.
REPORTERIN: Den ersten Preis erhielt Ihr Kollege und Brieffreund Moses Mendelssohn, Aufklärer und Wegbereiter der Emanzipation des Judentums in Deutschland und ein Freund des Dichters Lessing. Den zweiten Preis erhielten Sie.
KANT: Wobei vielleicht bemerkt werden muss, dass meine Untersuchung als gleichermaßen verdienstvoll eingestuft wurde. Zugegebenermaßen war Mendelssohns Aufsatz geschliffener geschrieben. Beide wurden dann veröffentlicht.
REPORTERIN: Vielleicht etwas zum Inhalt, ganz grob?
KANT: Ich verglich die Methode der Erkenntnisgewinnung in der Mathematik mit derjenigen in der Philosophie und arbeitete dabei grundlegende Unterschiede heraus. Dabei konzentrierte ich mich einerseits auf die Arithmetik und Geometrie, andererseits auf die Metaphysik.
REPORTERIN: Zu welchem Ergebnis kamen Sie?
KANT: Nun, ich stellte fest, dass Erkenntnis in der Metaphysik nie auf mathematische Weise gelöst werden kann, niemals durch *Synthese*, nur durch *Analyse*. Der Metaphysiker kann sich demnach nicht auf Erfahrungen berufen, er muss analysieren. Ich mutmaßte schon, dass so etwas wie eine letzte Wahrheit niemals gefunden werden könne; vieles muss spekulativ bleiben. So zumindest dachte ich bereits zu diesem Zeitpunkt.
REPORTERIN: Die absolute Wahrheit kann nie gefunden werden?
KANT: Sie wird sich, wie einst der Historiker Livius sagte, für uns verdunkeln, doch sie verlischt nie.
REPORTERIN: Was meint er damit?
KANT: Wir sollten einfach unsere eigene Begrenzung erkennen.
REPORTERIN: Herr Kant, 1764 verfassten Sie dann die schon mehrfach erwähnte Schrift mit Titel „Beobachtungen über das Gefühl des Schönen und Erhabenen", die so anmutig, witzig, ja

poetisch geschrieben war, dass sogar Friedrich Schiller darauf aufmerksam wurde und diese in einem Brief an Goethe als „spielerisch und blumenreich" bezeichnete. Überhaupt fanden die beiden Erlauchten immer mehr Zugang zu Ihrem Denken und bezeichneten Sie als den vorzüglichsten aller neueren Philosophen. Wobei Schiller anerkennend bemerkte: „Es ist gewiss noch kein größeres Wort gesprochen als dieses Kantische..."
KANT: Nun ja, der Idealist Schiller verstand Schönheit als „Freiheit der Erscheinung", sprach von einer „schönen Seele", auch wenn sie letztlich oftmals unglücklich bleiben sollte.
REPORTERIN: Gab es da nicht unterschiedliche Auffassungen? Unser Freiheitsdichter betonte in seiner Philosophie augenscheinlich mehr die Neigung. Sie, Herr Kant, jedoch mehr die Pflicht, was wiederum etwas finsterer, asketischer klingen mag.
KANT: Da hat Sie den Schiller falsch verstanden, die gnädige Frau. Selbiger versucht in seinen Werken, Sinnlichkeit und Vernunft, also Neigung und Pflicht, sorglich miteinander zu verbinden.
REPORTERIN: Für Ihre ästhetische Schrift begeisterte sich auch Heinrich Heine.
KANT: Siehe da...
REPORTERIN: Worum ging es dabei?
KANT: Ich vertrat meine ästhetischen und literarischen Standpunkte, die ich in späteren Schriften, vorwiegend in der „Kritik der Urteilskraft", noch präziser formulierte.
REPORTERIN: Wie würden Sie diese Standpunkte zusammenfassen?
KANT: Es ging darum, die Begriffe des Schönen und Erhabenen zu untersuchen und neu zu definieren, die Frage danach neu zu beantworten. Die von Ihr genannte Schrift ist mehr vom Standpunkt eines ästhetischen Betrachters als aus der Sicht eines Philosophen geschrieben worden.
REPORTERIN: Vielleicht etwas genauer?
KANT: Ich erörterte die Möglichkeit einer Ästhetik (ergänzte sie, wie gesagt, in der späteren „Kritik der Urteilskraft"), welche die Grenze der menschlichen Vernunft überschreitet, vom Schönen, ja vom Erhabenen überwältigt. Wobei ich insbesondere die Wirkung desselbigen auf das Subjekt analysierte.

REPORTERIN: Über Geschmack lässt sich bekanntlich streiten oder auch nicht.
KANT: Schon durch seine Form löst das wahrhaft Schöne ein allgemeines interesseloses Wohlgefallen aus. Über Geschmack lässt sich nicht disputieren. Das Erhabene bezeichnete ich gar als das schlechthin Große.
REPORTERIN: Späteren Romantikern sprachen Sie sicherlich aus dem Herzen.
KANT: In diesem Werke zweifelsohne. Oftmals jedoch schlug mir viel Kritik entgegen. Rationelles Denken gehörte wahrlich nicht zu den Grundeigenschaften der Romantik.
REPORTERIN: Herr Kant, ich würde gern ein völlig anderes Thema ansprechen: Im gleichen Jahr wurden Sie vierzig Jahre alt, sie erreichten die Mitte des Lebens. Machten Sie sich darüber Gedanken?
KANT: Nun, wer tut das nicht? Wir gelangen zu einer gewissen Reife, ein endgültiger Charakter hat sich geformt.
REPORTERIN: Ist der Charakter nicht angeboren?
KANT: Nein, der Mensch besitzt ihn nicht von Natur aus, er muss ihn sich erwerben.
REPORTERIN: So formulierte auch schon Aristoteles in seiner „Nikomachischen Ethik", indem er hinzufügte, der Charakter werde durch Erziehung und Belehrungen Dritter geformt.
KANT: Das mag richtig sein: Ich jedoch war und bin der Meinung, unser Charakter ist unsere eigene Schöpfung, ein Fels, an welchem gestrandete Schiffe landen und anstürmende zerschellen. Wir gestalten ihn selbst. Ich betrachte es als eine moralische Leistung, sich selbst einen guten Charakter anzueignen. Es ist unsere Pflicht, sich oberste Maxime zu setzen. Es kann nicht jeder klug, wohl aber rechtschaffen sein. Stetes Pflichtbewusstsein ist die wahre Krone des Charakters. Selbiger letztendlich erfordert einen gereiften Verstand.
REPORTERIN: Und den erreicht man erst mit vierzig?
KANT: Davor, in jüngeren Jahren, dürfte man kaum in der Lage sein, richtig zu urteilen.
REPORTERIN: Unser Charakter beruht Ihres Erachtens auf Maximen. Was verstanden Sie darunter?
KANT: Grundsätze, für die wir uns entscheiden und nach denen wir leben wollen, die wir uns selbst schaffen. Dieses Thema möchte ich momentan nicht vertiefen, denn wir werden sicher-

lich Gelegenheit haben, uns mit ihm noch intensiver zu beschäftigen – spätestens in meiner Ethik („Kritik der praktischen Vernunft").

REPORTERIN: Ebenfalls im Jahre 1764 legten Sie eine kleine Schrift vor mit dem Titel: „Versuch über die Krankheiten des Kopfes". Worum ging es da? Welche Form hatte dieses Werk?

KANT: Es war eine kleine Plauderei, welche die Krankheiten des Kopfes zu systematisieren versuchte. Diese reichten, wie ich feststellte, offenbar von der bloßen Dummköpfigkeit über die vollendete Narrheit und den Blödsinn bis hin zur Tollheit.

REPORTERIN: Heute würden wir es als ein System der Psychopathologie bezeichnen. Was war die wichtigste Aussage?

KANT: Ich wehrte mich vehement dagegen (ganz im Sinne Rousseaus), dass moralische, naturverbundene Enthusiasten in der Öffentlichkeit verspottet werden. Letztlich kam ich zu folgenden Ergebnissen: Der stumpfe Kopf ermangelt des Witzes, der Dummkopf des Verstandes, Torheit ist der Zustand der gefesselten Vernunft, Narrheit ist derjenige der verkehrten Vernunft. Letztere beruhen auf zwei Leidenschaften: Hochmut und Geiz.

REPORTERIN: Eine originelle Analyse. Sie beschreiben dann die einzelnen „Kopfkrankheiten". Welche sind das?

KANT: Zunächst die Verrückung. Zu den Verrückten zählen die Phantasten, Melancholiker, Enthusiasten und Fanatiker. Dann der Wahnsinn. Er handelt den allgemeinen Urteilen der Erfahrung zuwider. Schließlich der Wahnwitz. Zu ihm gehören die Raserei und die Tobsucht. Wer ihnen verfällt, gehört ins Tollhaus.

REPORTERIN: Welche Therapie empfahlen Sie in Ihrem Buch?

KANT: Die Hilfe eines Nervenarztes und eines Philosophen in Anspruch zu nehmen. Ebenso sollte der Einklang mit der Natur Berücksichtigung finden. Auch daran bemerkt Sie leicht den nicht unerheblichen Einfluss Rousseaus.

REPORTERIN: Das zeigt uns auch, wie sehr Sie sich mit dem Menschen und seiner Vernunft beschäftigt haben. Herr Kant, zurück jedoch zu Ihrem Lebenslauf: 1766 zogen Sie innerhalb Königsbergs nochmals um, ins Haus des Buchhändlers und Verlegers Kanter.

KANT: Kanters Haus mit einem großen Hörsaal erlaubte, meine Studenten zu unterrichten. Darin befand sich auch ein Buchladen, der als „Kaffeehaus" zum zentralen Treffpunkt für die Lesenden wurde. Bedenke Sie: Ich war nun in die Lage versetzt, mir beliebig Bücher verschaffen zu können!
REPORTERIN: Man spricht auch von einem literarischen Zirkel, der sich dort gebildet haben soll.
KANT: Derartige Lesegesellschaften wuchsen zu jener Zeit überall in Deutschland heran, nicht zuletzt in Ermangelung öffentlicher Bibliotheken. Man tauschte sich bequem und vergnüglich aus über aktuelle Themen. Auch mein Freundeskreis fand sich bald dort ein. Die Zeit des Klosterwissens war endgültig vorbei.

Träume eines Geistersehers

REPORTERIN: Herr Kant, 1766 gaben Sie eine Schrift mit dem Titel „Träume eines Geistersehers" heraus. Sie richtete sich gegen den schwedischen Philosophen und Theosophen Emanuel Swedenborg. Was war das für ein Zeitgenosse?
KANT: Swedenborg hatte sich, ebenso wie ich, der Naturphilosophie zugewandt... mit einer, sagen wir, speziellen Sicht auf die Welt.
REPORTERIN: Inwiefern?
KANT: Nun, er war ein berühmter Naturwissenschaftler, der sogar feststellte, dass Hirnareale unterschiedliche Funktionen wahrnehmen. Swedenburg verlor sich allerdings immer mehr in Schwärmerei, indem er in seinen „Himmlischen Geheimnissen" von überirdischen Wesen und Jesu Christi berichtete, die ihn persönlich beglückt haben sollen.
REPORTERIN: Sie kritisierten ihn als irrational?
KANT: Nein, Irrationalität warf ich ihm, aus Respekt, nicht vor, nur einen übertriebenen Gebrauch der Vernunft.
REPORTERIN: Klingt irgendwie ironisch.
KANT: Findet Sie? Seine Schrift aus dem Jahre 1734 gab mir wichtige Impulse für meine späteren „Kritiken".
REPORTERIN: Wer war diese schillernde Figur wirklich, den Sie als „Geisterseher" bezeichneten, Herr Kant?
KANT: Nun, eigentlich ein hochanerkannter Wissenschaftler, wie ich schon sagte. Er hörte in London Newton, beschäftigte sich mit Kosmologie, Gehirnforschung und dem Leib-Seele-Problem, bis er schließlich an die Grenze der forschenden Naturerkenntnis stieß. Irgendwann geriet er in eine tiefe Krise zwischen Glaube und Wissenschaft. Seine Träume intensivierten sich, bis hin zur Halluzination. Nachdem er eine Christusvision erlebte, übersprang er die Grenze, an die er als Wissenschaftler gestoßen war. Eine spirituelle Wende sollte ihn der göttlichen Wahrheit näher rücken. Selbst Beweise soll er für seine Visionen vorgelegt, außerdem die „Sprache der Engel" vernommen haben.
REPORTERIN: Vielleicht verleiteten ihn ja gefühlsmäßige Empfindungen dazu. Schließlich ging es doch auch um... Gefühle.

KANT: Richtig, um Gefühle. Lässt man sich auf Spekulationen über eine eventuelle Geisterwelt ein, spielen diese eine nicht unerhebliche Rolle – zu Lasten der Vernunft.
REPORTERIN: Bis heute glauben nicht nur Kinder an Überirdisches, an hilfreiche Schutzengel, an Poltergeister und Spuk, an in Träumen auftretende nächtliche Geister, gute und böse. Obwohl man derartige Wesen weder sehen, hören, riechen, schmecken noch tasten kann. Herr Kant, wenn ich Sie richtig verstanden habe, gerieten auch Sie, zumindest in früheren Jahren, in die Nähe dieses Grenzbereiches, den auch Swedenburg erreichte.
KANT: Er überschritt ihn weitgehend. Fraglos hegte ich ein gewisses Verständnis, ja eine Sympathie für die Gedanken dieses Gelehrten.
REPORTERIN: Wie sahen Sie ihn?
KANT: Als geistesverwandten Widersacher, beileibe nicht als Schwindler, wobei ich vornehmlich herauszufinden trachtete, wie er auf seine Behauptungen gekommen war.
REPORTERIN: Geistesverwandt?
KANT: Sie sagte es schon: Auch ich wagte mich als geistiger Abenteurer zuweilen auf das schwankende Luftschiff der Metaphysik. Daher wusste ich, welch verwirrendes Spiel nicht bewusste Vorstellungen mit uns Menschen zu treiben vermögen, vor allem, wenn es um Empfindungen geht. Mir waren die beschriebenen Phänomene keineswegs unbekannt. Ich selbst... ich selbst kämpfte einst mit verschiedenen Visionen ...
REPORTERIN: Aber...?
KANT: Letztlich entlarvte ich in meinem Büchlein Swedenborgs Verbindungen mit der Geisterwelt als eine Art Selbstbetrug über Wahrnehmungen und Empfindungen. Gleichzeitig entmystifizierte ich, mittels kritischer Analyse, die Träume der Metaphysik.
REPORTERIN: Somit alles nur Blendwerk, Phantasie, Schein. Wie interpretierten Sie die Visionen dieses Herrn?
KANT: Als Einbildungen und Scheinerfahrungen einer subjektiven Wahrnehmung. Denn immer wieder wies er darauf hin, dass er ganz allein jene Offenbarungen empfangen habe, zuletzt direkt vom Herrn und aus göttlicher Gnade. Es waren also private Erscheinungen, die sich vor seinem inneren Auge gezeigt hatten.

REPORTERIN: Erfahrungsmöglichkeiten mit anderen gab es nicht?
KANT: Das ist der einschneidende Punkt. Er war sein einziger Zeuge. Nur eine gemeinsame Erkenntnisform vermag dem wissenschaftlichen Anspruch genügen, nie eine subjektive. Schließlich bewohnen wir Menschen eine gemeinsame Welt.
REPORTERIN: „Wenn wir wachen, so haben wir eine gemeinsame Welt, träumen wir aber, so hat jeder seine eigene"... bemerkte schon Heraklit.
KANT: Und er hatte Recht damit, denn wenn von verschiedenen Menschen ein jeglicher seine eigene Welt hat, so ist zu vermuten, dass er träumt. Wir müssen uns eine gemeinsame Sichtweise, eine gemeinsame Philosophie aneignen, die allgemein anerkannt wird.
REPORTERIN: Ihre Gegenschrift sorgte für allerlei Verwirrung – vor allem wegen der Elemente von Selbstironie und raffinierter Satire. Selbst Ihr Freund Mendelssohn war befremdet und verstand Sie nicht sogleich, nannte Sie später, nach Herausgabe Ihrer „Kritiken"... Alleszermalmer.
KANT: Ich gebe zu: Die Schreibweise war untypisch für mich. Für meinen Humor galt das nicht. Heute muss ich feststellen: Ein höchst undankbarer Stoff, mit dem ich mich besser gar nicht hätte befassen sollen.
REPORTERIN: Ließen Sie sich von Ihrem Freundeskreis dazu überreden?
KANT: Sagen wir es so: Ich sah mein Buch als Erläuterung, als Aufklärung. Unklare und verworrene Gedanken gedachte ich zu entwirren. Metaphysischer Unsinn sollte überwunden werden, um die Welt klar zu erkennen.
REPORTERIN: Reine Rationalität also. Ihre eigenen Schriften sind keineswegs immer nur vernunftbestimmt, Herr Kant. Ich denke da an Ihre spekulative „Theorie des Himmels".
KANT: Es ist wahr. Ich selbst befasste mich darin mit metaphysischen Themen – etwa mit erhabener Glückseligkeit, Seelenwanderung und Lebensformen auf fernen Planeten, wie Sie weiß.
REPORTERIN: Womit Sie ja auch schon in die Nähe von Phantastereien rückten.
KANT: Manchmal kennt die Phantasie keine Grenzen und wird waghalsig. Oftmals tritt noch Aberglaube hinzu. Gern erinnere

ich an die Worte unseres Königs Friedrich des Großen: „Der Aberglaube ist ein Kind der Furcht, der Schwachheit und der Unwissenheit."
REPORTERIN: Zurück zu Swedenborg. Warum bezeichneten Sie ihn eigentlich als „Geisterseher"? Was steckt dahinter?
KANT: Zu meiner Zeit gingen allerlei Geisterjäger und Geistheiler ans Werk, ohne dass sie wussten, was unter „Geist" oder „Geister" überhaupt zu verstehen ist. Diesen „Berufsstand" soll es ja auch heute noch geben.
REPORTERIN: Sicher. Herr Kant, mit den Begriffen „Geist" und „Geister", was ist damit eigentlich gemeint? Sind sie etwas Wirkliches oder nur Hirngespinste?
KANT: Nun, was wir unter Geister verstehen, brauchen wir sicher nicht erörtern.
REPORTERIN: Schon klar, übermenschliche Wesen natürlich.
KANT: Die Frage nach dem „Geist" ist nicht einfach zu beantworten. Dieser strittige Begriff ist vielfältig, empirisch nicht begründbar. Damals begriff ich ihn als immaterielle Kraft, als nicht raumausfüllend. Nur in radikaler Abtrennung von der Materie konnte dieser Begriff sinnvoll gebraucht werden.
REPORTERIN: Bestand nicht die Gefahr, dass Sie sich bei diesem Thema in Metaphysik verstrickten?
KANT: Wieder verweise ich auf Aristoteles, der ebenfalls ein Vorwärtsschreiten in dieser Frage für schwierig hielt, da hier geistvolle Begründungen und phantastische Einbildungen unauflöslich ineinander verwoben sind. Jede wissenschaftliche Erkenntnisanstrengung muss unweigerlich an eine Grenze stoßen. Der Zusammenhang von Geist und Körper, Seele und Leib dürfte kaum je ganz entschlüsselt werden. Leider.
REPORTERIN: Wie gingen Sie vor in Ihrer Schrift, Herr Kant?
KANT: Zunächst wollte ich sprachlich erklären, was der Ausdruck „Geist" überhaupt meint.
REPORTERIN: Meines Wissens ist der „Geist" (wie auch die „Seele") ein Begriff, der sowohl im alltäglichen Leben vorkommt als auch in der Philosophie, Psychologie, Theologie und Literatur.
KANT: Aber gnädige Frau, weiß man eigentlich genau, wovon man hier redet? Es herrscht nach wie vor große begriffliche Unsicherheit. Nur durch eine Klärung können dunkle Vorstellungen erhellt werden, zumal derartige Begriffe stets verschie-

den gedeutet, uneinheitlich verwendet werden, wie ich schon sagte. Die Frage nach der Natur des Geistes und der Seele war, ist und bleibt eine zentrale Frage der Metaphysik. Bis heute ist man bemüht, zufriedenstellende Antworten zu finden.
REPORTERIN: Können Sie uns helfen, etwas Licht in das Dunkel bringen?
KANT: Geist, Seele und ihr Verhältnis zum Körper. Ein überaus umfangreiches, weitläufiges Thema, dem wir uns nicht zu ausführlich widmen sollten. Ich warne vor einer heillosen Überfrachtung unserer Leser und Zuhörer.
REPORTERIN: Darf ich trotzdem an meine Frage erinnern?
KANT: Sie scheint nicht locker zu lassen. Also gut. Zunächst bezeichnet der Begriff „Geist" etwas für den Menschen Übersinnliches und daher Unfassbares, etwas, das ihn ergreift und begeistert. Man kann ihn in mehrere Existenzformen fassen: Erstens als individuellen Geist im Einzelmenschen; zweitens als überindividuellen Geist einer (sozialen) Gemeinschaft; drittens als absoluten göttlichen Geist. Von hier aus gewinnt er zwei zu unterscheidende Bedeutungen: Erstens als allgemein belebendes, beseelendes, übersinnliches Prinzip im Menschen; zweitens als besondere Schicht, als besondere Seinsstufe.
REPORTERIN: Als besondere Seinsstufe, Herr Kant?
KANT: Heutzutage wird die Seele überwiegend als Inbegriff innerer gefühlsmäßiger Zustände bestimmt, der Geist hingegen als höhere Wirklichkeit, welche die Seele gewinnt, indem sie erkennt, wertet, die Welt zum Gegenstand des Erkennens macht.
REPORTERIN: Demzufolge geht es bei der Seele, grob formuliert, um Gefühle wie Emotionen, Intuitionen, Wahrnehmung; beim Geist um Erkenntnis, also um emotionelle bzw. intellektuelle Funktionen?
KANT: Beide Bereiche dürften in Verbindung stehen, man kann sie sogar synchron sehen. Gefühl und Verstand wechseln sich ab, bekämpfen sich oft, durchkreuzen sich ständig. Eine strikte Trennung halte ich heutzutage für untunlich. Man kann die Seele als jenen Bereich fassen, der unser Gemüt, unser Bewusstsein und Selbstbewusstsein, auch das Wesen des Menschen ausdrückt – das Psychologische eben.
REPORTERIN: Unsere Gefühlswelt hilft uns auch beim Erkennen?

KANT: Das möchte ich nicht abstreiten, doch immer im Zusammenhang mit der Vernunft, unserer bedeutendsten Eigenschaft. Sie hat das letzte Wort. Beim menschlichen Geist hingegen geht es nicht nur allein um Erkenntnis, sondern auch um die „geistigen", somit kognitiven Fähigkeiten. Also um das Wahrnehmen, Lernen, Erinnern, Vorstellen und um andere Formen des Denkens.
REPORTERIN: Was auch religiöse Vorstellungen beinhalten kann?
KANT: Durchaus, Vorstellungen von der Jenseitserwartung der Seele, aber auch von einer von Gott geschaffenen transzendenten Geistigkeit, beispielsweise der „Heilige Geist" im Christentum – mit der menschlichen Vernunft durchaus vereinbarend.
REPORTERIN: Herr Kant, die Jenseitserwartung...
KANT: Alles Glaubenssache natürlich... und damit Spekulation.
REPORTERIN: Konkret gefragt: Glauben Sie persönlich an ein glückliches Jenseits?
KANT: *(ausweichend)* Gegenfrage, gnädige Frau: Erinnert Sie sich an die Zeit vor Ihrer Geburt? Hat Sie da etwa Freude empfunden?
REPORTERIN: *(irritiert)* Natürlich nicht.
KANT: Und warum sollte es nach Ihrem Tod anders sein?
REPORTERIN: Klingt wenig hoffnungsvoll. Kein Jenseits letztlich?
KANT: Nun, die Hoffnung stirbt immer zuletzt. Die Vernunft gebietet, uns mit Menschheitsthemen wie den Glauben an Gott, an die Freiheit und an ein Jenseits zu beschäftigen. Diese Fragen drängen sich uns quasi auf. Ich sprach von *regulativen* Ideen oder Vernunftbegriffen. An ihnen kann sich der Verstand orientieren.
REPORTERIN: Wir können nicht anders, als danach zu fragen?
KANT: Richtig. In meiner Ethik postulierte ich diese als unsterbliche Forderung der Vernunft, als moralische Notwendigkeit. Natürlich ist es jedem selbst überlassen, ob er letztlich glaubt oder nicht.
REPORTERIN: Herr Kant, Sie sagten einmal: „Das Schattenreich ist das Paradies der Phantasten". Das klingt ja wie eine Warnung.

KANT: Jemand, der ein Weiser sein will, darf eine gewisse Grenze nicht überschreiten. Er darf sich nie verblenden und sich etwas vorgaukeln lassen. Nochmals: Es ist jedoch nicht unvernünftig, sich diesen Dingen gedanklich zuzuwenden.
REPORTERIN: War das der Wendepunkt in Bezug auf eigene Einschätzungen, was die Metaphysik angeht?
KANT: Man kann es so sehen. Die Scheinerfahrungen, Scheinbegriffe und Scheinurteile der Metaphysik sind nicht zu verifizieren, aber auch nicht zu falsifizieren. So ungefähr lautete mein Fazit, wenn ich mich recht erinnere.
REPORTERIN: Sie sind demnach nicht zu beweisen. Man kann aber auch nicht beweisen, dass sie nicht existieren. Aus Ihnen spricht der Agnostiker. Wohin führt uns diese Erkenntnis?
KANT: Von nun ab trat ich der bisherigen Metaphysik skeptisch entgegen und gab meiner Reise durch das Schattenreich fortan eine andere Richtung.
REPORTERIN: Dieses Schattenreich...
KANT: ... in welchem sich die Phantasten paradiesisch zu Hause fühlen, ist fürwahr ein unbegrenztes Land.
REPORTERIN: Ich entnehme Ihren Worten, dass Sie sich nunmehr um Begrenzung bemühten, sich folglich einer ganz anderen Philosophie zuwandten.
KANT: „Was sich gemeinsam denken und sagen lässt, muss begrenzt sein, und was jenseits der Grenze liegt, ist einfach „Unsinn" sagte der österreichische Kollege Wittgenstein Anfang des 20. Jahrhunderts. Vielleicht zu Recht.
REPORTERIN: Wittgenstein galt als Kantianer. Er stand somit auf Ihren Schultern.
KANT: *(lacht)* Ob meine schmalen Schultern ein derartiges Gewicht aushielten? Aber schön, dass ich mit meiner Meinung nicht allein war. Doch im Ernst: Wir müssen danach trachten, auf dem Boden zu bleiben. Wir brauchen festes Land, keinen wogenden Ozean, wo Nebel vorherrscht, der uns ins Ungewisse zieht. Auf diese Weise wurden viele herumschwärmende Seefahrer mit all ihren Hoffnungen in täuschende Abenteuer gelockt.
REPORTERIN: Sie wollten endlich wieder Land sehen nach Ihren Ausflügen in die Geisterwelt, ins Schattenreich.
KANT: So ist es. Und damit brachte ich wieder Newton ins Spiel, der bekanntlich eine Theorie entwickelte, auf die wir

bauen können, die vor allen Dingen den Ansprüchen der exakten Wissenschaft entspricht.
REPORTERIN: Positives Wissen über Seele und Geist konnte und kann es demnach nicht geben?
KANT: Das habe ich nicht behauptet. Doch eine Grenze, eine Schranke war zu ziehen. Man sollte erst einmal sein kleines Inselreich sichern, ehe man sich auf den Ozean wagt und das unbegrenzte Scheinreich zu erobern trachtet.
REPORTERIN: Das klingt sehr poetisch.
KANT: Und so kann die Metaphysik, das schrieb ich später in meiner Erkenntnislehre, auch nur die Wissenschaft von den Grenzen der menschlichen Vernunft sein. Soviel möchte ich schon jetzt verraten.
REPORTERIN: Sokratisches Nichtwissen?
KANT: Statt des unbegrenzten Erkenntnisanspruchs eines Platon, wenn Sie wieder einmal, berechtigterweise natürlich, die griechische Antike ins Spiel zu bringen gedenkt.
REPORTERIN: Die Metaphysik sollte demnach eine nützliche Wissenschaft sein.
KANT: Genau das will ich deutlich machen. Sie soll nicht Irrtümer, Scheinerfahrungen und Illusionen hervorbringen, sondern sie verhindern. Es verlangt danach, unklare und verworrene Gedanken über den Geist aufzuklären, um, wie gesagt, metaphysischem Unsinn Einhalt zu gebieten.
REPORTERIN: Auf diese Weise wurden Sie, wie gesagt, zum überzeugten Agnostiker. Denn Sie zogen jeden Wissensanspruch in Zweifel, der Erfahrungswerte überschreitet.
KANT: Zumindest ein bescheidenes Misstrauen hielt ich für angebracht. Um das noch einmal zu sagen: Ich leugne nicht die Möglichkeit, dass es Geister oder ähnliche Phänomene gibt. Doch ohne Beweise halte ich alles für Spekulation.
REPORTERIN: Beweise können da kaum geliefert werden.
KANT: Das Mysterium des Geistes und der Seele ist prinzipiell unbegreifbar, wird nie zu beweisen sein. Im Gegensatz zu den Gegenständen der Natur, deren Beschaffenheit von der Wissenschaft nach und nach ergründet wurde und wird. Metaphysisches, wie es zumindest bislang betrieben wurde, lässt sich nur erträumen. Doch Träumereien führen nicht zum Wissen. Und so können sie nie einen Anspruch auf wissenschaftlichen Rang besitzen.

Vorgänger und Zeitgenossen
- von Thales bis Schopenhauer -

REPORTERIN: Herr Kant, über die Begriffe Geist, Seele und Materie wurde schon seit Anbeginn der Philosophiegeschichte heftig diskutiert und gestritten.
KANT: Das ist richtig. Diese Fundamentalbegriffe der europäischen Philosophie wurden und werden sehr uneinheitlich definiert – auch heute noch. Daher fällt eine Antwort schwer. Sie, die gnädige Frau, erwähnt die Philosophiegeschichte. Ja, wir sollten sie unbedingt hinzuziehen, in ihre Entwicklungsstationen hineinschauen, um historische Zusammenhänge besser erkennen zu können und zu erfahren, auf welche Art und Weise die großen Philosophen sich jeweils zu diesen und anderen komplizierten Themenbereichen äußerten – Gott, Welt und Mensch betreffend. Aus Zeitgründen mögen wir uns nur auf die Wichtigsten konzentrieren. Vielleicht wird dann vieles verständlicher, nach diesem Studium, oder noch unverständlicher. *(lacht)*
REPORTERIN: Gehen wir also zurück zu den Anfängen.
KANT: Erst dann wird zu erkennen sein, welche Umwälzungen die Gedanken dieser Männer letztlich verursachten. Ein jeder von ihnen leistete seinen Beitrag dazu. Vorweg möchte ich den hochgeschätzten Kollegen Goethe zitieren: „Wer nicht vor dreitausend Jahren / Sich weiß Rechenschaft zu geben / Bleibt im Dunkeln unerfahren / Mag von Tag zu Tag nur leben."
REPORTERIN: Demzufolge hielt auch Goethe den Blick in die Vergangenheit durchaus für empfehlenswert.
KANT: Begeben wir uns somit gemeinsam ins Vergangene, indem wir versuchen, es uns zu vergegenwärtigen.
REPORTERIN: Herr Kant, über die Anfänge der Philosophie sind wir uns einig. Sie dürften um 500 v. Chr. liegen... in Griechenland.
KANT: Vorsicht!
REPORTERIN: Vorsicht, wieso?
KANT: Wir sollten bedenken: In China leben zu jener Zeit Konfuzius und Laotse, in Indien entstehen die Upanischaden, wirkt Buddha, in Persien lehrt Zarathustra. Propheten treten in

Palästina auf, Griechenland sieht erst Homer und dann die Tragiker. Aber Sie hat Recht, die gnädige Frau, vorzugsweise die frühen Griechen schaffen sich eine Kultur, in der die Philosophie eine wesentliche Rolle spielt. Es handelt sich um die Anfänge des Philosophierens, im eigentlichen Sinne.

REPORTERIN: Herr Kant, die ersten griechischen Naturphilosophen, die sogenannten *Vorsokratiker*, fragen diese nicht, neugierig wie sie sind, nach Naturerkenntnissen, nach dem Wesen der Welt und der Dinge?

KANT: Richtig. Sie postulieren fast ausnahmslos einen materiellen Urgrund, aus dem einst alles hervorgegangen sei – ohne zuerst an Gott zu denken. Thales das Wasser, Heraklit das immer wieder aufflammende Feuer, Anaximander das grenzenlose *Apeiron*, Anaximedes die lebensspendende Luft, Pythagoras eine auf Schönheit und Gesetzmäßigkeiten aufgebaute Zahlenstruktur, Empedokles die Vermischung der vier Elemente: Feuer, Wasser, Luft und Erde. Die Materie sieht man erfüllt von einer göttlichen Kraft, die man *Pneuma* oder *Logos* nennt, ursprünglich als Windhauch, Atemluft oder als Feuriges verstanden. Ja, die Götter, da hat Sie Recht, benötigt man nun nicht mehr zur Erklärung von Naturzusammenhängen. Xenophanes betrachtet sie gar als menschliche Schöpfungen. Ihr Götterhimmel wird entrümpelt. Erkenntnisse gewinnen die *Vorsokratiker* überwiegend durch rationales, also vernunftgemäßes Denken, denn empirische, auf Erfahrung aufgebaute Möglichkeiten zur Erkenntnisgewinnung besitzen sie kaum oder nur im geringen und begrenzten Maße.

REPORTERIN: Die frühen *Atomisten*, wie Leukipp, Demokrit, Epikur, später der römische Dichter Lukrez, wir nannten sie schon, lehnen dann eine göttliche, in die Natur eingreifende Macht völlig ab?

KANT: Ihnen geht es ausschließlich um Materie in Form von Atomen als einzige Grundsubstanz, wobei sie, da gebe ich Ihr wiederum Recht, die Möglichkeit eines göttlichen Einflusses zurückweisen.

REPORTERIN: Als richtungsweisend sollen sich dann die Theorien des Anaxagoras erweisen?

KANT: Jener bringt die Philosophie nach Athen; er ist ein Freund des Staatsmannes Perikles. Aristoteles bezeichnet ihn

später, die bisherigen Philosophen vergleichend, als einen „Nüchternen unter Trunkenen".
REPORTERIN: Gewiss ein Kompliment.
KANT: Anaxagoras spricht erstmals von einer immateriellen, göttlichen, unpersönlichen Vernunft, die von außen auf die Materie einwirke. Für ihn ist der Geist, der *Nous*, der Ursprung der Bewegung des Alls und seiner Materie.
REPORTERIN: *(leise und nachdenklich)* Der *Nous* des Anaxagoras, eine Denk- und Himmelsmacht... schon eine klare Trennung zwischen denkendem, vernünftigem Geist und der Materie. Ich meine gelesen zu haben, dass Platon und Aristoteles späterhin auf diesen Begriff aufbauen.
KANT: Kompliment! Sie kennt sich aus in der antiken Philosophie.
REPORTERIN: Von einer Art Weltvernunft spricht vorher schon Heraklit.
KANT: Auch er sieht sie womöglich schon außerhalb der Dinge. Das zumindest glaubt man dessen übrig gebliebenen spärlichen Fragmenten zu entnehmen.
REPORTERIN: Warum erwähnt ihn Aristoteles eigentlich nicht?
KANT: Zu undeutlich, unverständlich, zu „dunkel" erscheinen ihm seine Ansichten. „Nicht lesbar", sein Urteil, „ein Verwirrspiel ohne Anfang und Ende."
REPORTERIN: Ach ja, der „Dunkle"... natürlich. Herr Kant, gibt es im alten Griechenland schon Denker, die sich bereits etwas näher mit der menschlichen Erkenntnis, eines Ihrer Spezialgebiete, und ihren Möglichkeiten beschäftigt haben?
KANT: Ich erinnere an Parmenides, einen Dichter und Denker aus dem 5. Jh. v. Chr., ein früher Rationalist, der unsere veränderliche Erscheinungswelt für wenig aussagekräftig, ja für eine Illusion hält, denn die Sinne täuschten uns. Er postuliert ein wahres, unveränderliches Sein („Ein Nichts gibt es nicht"), das nur denkend vom Menschen zu erfassen sei. Wahres Wissen könne man nur durch die Vernunft erlangen, niemals durch die Sinne, denn sie irren; im Gegensatz zu dessen Zeitgenossen Heraklit, der seinen Sinnen vertraut und Veränderung für den grundlegenden Charakterzug der Natur hält. Beide Ansichten stehen sich konträr, ja unversöhnlich gegenüber und prägen die Erkenntnistheorie bis in die Moderne hinein. Heraklit ist wahr-

scheinlich, nach heutiger Einschätzung, Rationalist und Empirist zugleich, zumal er sich auf den „göttlichen Logos" stützt.
REPORTERIN: Mit Sokrates findet dann ein Wechsel statt von der Form wissenschaftlichen Nachforschens zu ethischen Themen. Er befasst sich bekanntlich überwiegend mit den persönlichen Problemen der Menschen.
KANT: Nachhaltig beschäftigen ihn Fragen nach dem Gerechten, Wahren und Guten. Dabei betrachtet er sich als Hebamme der Wahrheit, die er seinen Gegnern, nach und nach, mit einer gewissen Portion Logik und Ironie, zu entlocken versucht – mittels Dialektik, einer Methode des Fragens und Antwortens. Stets sieht er sich als Plagegeist, der die Trägen aufscheucht. Seine Devise lautet: *ERKENNE DICH SELBST*. Dabei verweist Sokrates immer wieder auf eine „innere Stimme".
REPORTERIN: Auf sein Gewissen also. Ihm geht es um Selbsterkenntnis. Und die Ethik ist ihm wichtig, wobei wir bei seinem großen Schüler Platon angelangt sind.
KANT: Platon ist einer der tiefsinnigsten Philosophen der Geschichte. In seinen Werken scheinen einzelne Disziplinen wie Ethik, Politik, Wissenschaft, Metaphysik, Pädagogik, Kosmologie, Mathematik scheinbar systemlos, unlösbar ineinander zu verschmelzen. Sein Gedankengebäude – in einzelne Dialoge gefasst – ist nicht nur aufgrund seiner Vielschichtigkeit, Vielseitigkeit und Unerschöpflichkeit schwer zu fassen und zu deuten. Wir sollten uns deshalb nur einen kleinen Einblick in seine Philosophie verschaffen. Gleiches gilt für Aristoteles, seinen Schüler.
REPORTERIN: Zentrum ist die Ideenlehre, Herr Kant?
KANT: Richtig. Platon teilt die Welt ein in die Bereiche der „göttlichen Ideen" und der „irdischen Erscheinungen", wobei er unserer Erscheinungswelt – wie vorher Parmenides – keine größere Beachtung schenken mag. Er geht von einem vorhandenen Wissen des Menschen aus, welches in dessen Seele schlummere. Ihm gemäß vollzieht sich jede Erkenntnis als Wiedererinnerung an die ewigen „Ideen" (oder ideale Formen), welche die Seele vor der Einkehr in den Körper im Jenseits bereits gesehen hatte, mit Hilfe der Sinneswahrnehmung und philosophischer Anleitung durch einen Lehrer. Um letztendlich die richtige Erkenntnis zu erreichen, solle man im Prinzip nur seine Vernunft bemühen.

REPORTERIN: Die Sinneswahrnehmung hat bei ihm keine große Bedeutung. Die sichtbare Welt als Scheinwelt, als bloßes Abbild der wahren Welt göttlicher Ideen des Guten, Schönen und Gerechten. Das sagt doch die Ideenlehre aus.

KANT: Übrigens sieht Platon auch den Menschen zweigeteilt, beiden Welten angehörig: mit seiner unsterblichen Seele und seiner Vernunft der hellen Welt der Ideen zugewandt. Mit seinem Leib jedoch der dunkleren Körperwelt verhaftet, welche einem Gefängnis gleicht.

REPORTERIN: Die Seele, gefangen in der Körperwelt!

KANT: Aus deren Fesseln sie sich zu lösen versucht, um sehnsuchtsvoll ins Reich der Ideen zurückzukehren, in dem sie einst beheimatet war. Der Aufstieg ist nur der Philosophenseele (des Sokrates) vergönnt. Lediglich sie erfüllt die entsprechenden Voraussetzungen – auch derjenigen als Staatslenker – weil nur sie das Gute zu erkennen vermag. Anschaulich demonstriert in Platons berühmtem Höhlengleichnis...

REPORTERIN: ... das jedem an der Philosophie Interessierten bekannt sein dürfte. Herr Kant, ich möchte, in diesem Zusammenhang, auf die Sophistik hinweisen, welche Sokrates und Platon so vehement bekämpfen.

KANT: Die These des bekannten Sophisten Protagoras, dass es keinen allgemeinen Maßstab für die Wahrheit gebe und „der Mensch der Maßstab aller Dinge" sei, halten beide für falsch und verderblich, weil sie die Grundlagen der Sittlichkeit zerstören.

REPORTERIN: Der Mensch als Maß aller Dinge, was meint er damit?

KANT: Dass keine absolute Wahrheit gefunden werden kann. Sie definiert sich je nach dem, wie sie der in die Gesellschaft eingebundene Mensch auffasst.

REPORTERIN: Die Wahrheit also liegt im Ermessen des Einzelnen, je nach Tradition, Sitte, Gewohnheit und Gebräuchen. Klingt irgendwie modern. Sokrates und Platon zumindest wollen zeigen, dass es doch ein allgemeines, für jedermann geltendes Richtmaß gibt?

KANT: Und wie man zu ihm gelangt.

REPORTERIN: Welche Meinung vertritt eigentlich Platons großer Schüler und Empiriker Aristoteles? Er ist ja Philosoph, Forscher und Wissenschaftler.

KANT: Ein Universalgenie! Nun, man könnte den berühmten Aristoteles als ersten ernsthaften Empiristen bezeichnen, der seine Philosophie, neben dem Vernunftdenken, überwiegend auf Erfahrung aufbaut.
REPORTERIN: Aristoteles ist mehr ein nüchterner Denker und Wissenschaftler?
KANT: Ja, er vollzieht nicht die geistigen Höhenflüge eines Platon, lehnt sie sogar als ideelle Gedankenbildung ab. Platon seinerseits hält sich meist fern von wissenschaftlicher Forschung – die Einzeldinge betreffend –, räumt aber der Mathematik einen großen Stellenwert ein, stark beeinflusst von der Zahlenmystik des Pythagoras. Natürlich darf nicht vergessen werden, dass Aristoteles unter dem Einfluss seines Lehrers steht, seinen Schatten niemals ganz abwerfen kann. Trotzdem wendet er sich gegen die „Ideenlehre", die seines Erachtens nicht mit der Erfahrung in Einklang zu bringen sei. Für Platon ist das Allgemeine, die „Idee", das Wirkliche, die Einzeldinge nur unvollkommene Nachbildungen, wie wir wissen. Aristoteles hingegen vertraut mehr den Wahrnehmungen durch unsere Sinne, geht von den Einzeldingen aus, wenn er auf das Allgemeine schließt. Platons „ewige Ideen" sieht er nicht außerhalb der Welt, sondern in den Einzeldingen, in der Materie – als prägende Form.
REPORTERIN: Somit weist er die Trennung von Wesen und Erscheinung zurück?
KANT: So ungefähr. Er sieht die Welt nicht mehr in der Idee (Platon), sondern die Idee in der Welt. Genauer: „Sein" im Ursinne ist für ihn nicht die Idee, sondern das sinnliche Einzelding. Man muss sich nicht, wie bei Platon, die Ideen irgendwo in einer himmlischen Schublade vorstellen, sondern in den wahrnehmbaren Dingen enthalten, als „Gottesideen" quasi in ihnen eingepflanzt.
REPORTERIN: Die Ideen finden sich bei Aristoteles in den Dingen wieder.
KANT: Sagte ich das nicht gerade? Jedes Einzelding besteht aus passivem Stoff, der Materie, und der aktiven Form. Die lebendig sich entwickelnde Form ist es letztlich, die das Wesen der Dinge ausmacht, ihnen reale, individuelle Gestalt verleiht – Substanz.
REPORTERIN: Die Welt besteht bei ihm also aus Substanzen?

KANT: Die sich wiederum zusammensetzen aus den vier bekannten Elementen des Altertums, ineinander vermischt. Lediglich den Äther fügt er hinzu.
REPORTERIN: Die Materie wird gegenüber Platon aufgewertet?
KANT: Alles strebt, in verschiedenen Seinsstufen eingeteilt, zur geistigen Form, weg vom Stoff. Der gesamte Organismus trachtet danach, sich zweckbestimmt zu entwickeln. Ein dynamisches Streben vom Möglichen zum Wirklichen, zur Vervollkommnung und Selbstverwirklichung – zum Göttlichen, sichtbar auch in der großartigen Ethik des Aristoteles. Potenz und Akt. Aristoteles nennt es *Entelechie*. Auch bei Platon strebt der Mensch, wie Sie weiß, die gnädige Frau, zum Guten, Schönen und Gerechten.
REPORTERIN: Herr Kant, Sie nannten soeben das Göttliche?
KANT: Beide Denker sehen es als reinen Geist... zeitlos, abstrakt, sich selbst denkend, als „Erste Ursache oder Erstes Bewegendes". Selbst ein so nüchterner Denker wie Aristoteles schätzt es ein als etwas Seelisches, vom Körperlichen Abgetrenntes. Das erste Prinzip, Gott als „Erstes Bewegendes" und zugleich Ausgangspunkt der Ursachenkette, versucht er durch Schlussfolgerung zu gewinnen, ausgehend vom Einzelnen, durch *Induktion*. Im Gegensatz zur *Deduktion*, die das Besondere aus dem Allgemeinen ableitet, um letztlich neue Aussagen zu gewinnen.
REPORTERIN: Was ist mit dem *menschlichen* Geist? Wie deutet man ihn?
KANT: Der menschliche Geist wird dann zum Inbegriff des Denkens und Urteilens, gleichzusetzen mit Verstand und Vernunft – als Anteil des *Nous*, der göttlichen Weltvernunft. Aristoteles begreift die Seele als universelle Lebenskraft aller Lebewesen, als Kraft, welche die Körper formt.
REPORTERIN: Demnach sieht er sie an als Teil des Leibes – nicht losgelöst von Körper oder Materie, wie sein Lehrer Platon prognostiziert?
KANT: Ja, sie befindet sich innerhalb der sich stetig entwickelnden beweglichen Dinge, der Körper, der Leiber – als ihre Form, als formendes Element.
REPORTERIN: Hält Aristoteles die Seele ebenfalls für unsterblich, wie Platon meine ich?

KANT: Er postuliert eine relative Unsterblichkeit, bei der nach dem Tod lediglich unsere Geisteskraft, die höhere Vernunft, erhalten bleibt, nicht jedoch unsere Seele als individuelle Persönlichkeit. Allein die *Intelligenz* gehe wieder auf im göttlichen *Nous,* der sie einst hervorbrachte.
REPORTERIN: Das Individuum samt Seele vergeht, die geistige Kraft bleibt erhalten. Somit keine Auferstehung. Das ist später innerhalb der katholischen Kirche, auf ihre Dogmen bedacht, als die Lehren des Aristoteles in unserem Abendland auftauchen, schwer vermittelbar, oder?
KANT: Wen wundert es, da ein solcher Gedanke selbstverständlich gegen die Offenbarung verstößt.
REPORTERIN: Herr Kant, gehen wir weiter, zu den verschiedenen Schulen, die sich nach dem Ableben der drei überragenden Geistesgrößen Sokrates, Platon und Aristoteles im alten Griechenland bilden.
KANT: In diesen unruhigen Zeiten des Hellenismus...
REPORTERIN: Nach dem frühen Tode Alexanders des Großen...
KANT: ... entsteht ein Hexenkessel religiöser, philosophischer Vorstellungen, der sogenannte *Synkretismus,* eine Verschmelzung griechischen, orientalischen und jüdischen Gedankenguts. Staatsgrenzen fallen weg. Zweifel, Pessimismus und Unsicherheit prägen diese Zeitepoche. Neben Platons *Akademie* (im Jahre 529 geschlossen), mit ihrer Weltanschauungsphilosophie, und dem *Lyzeum* des Aristoteles, die sinnliche Erfahrung bevorzugend – beide verlieren nach und nach ihren einstigen Glanz – bilden sich nun andere, stark von Sokrates beeinflusste Schulen: *Stoiker, Skeptiker, Kyniker, Kynaitiker* und *Epikureer.*
REPORTERIN: Gern zunächst zu den Stoikern, Herr Kant.
KANT: Ihr Begründer heißt Zenon von Kition, ein strenger, asketischer Mann, der damals in Athen in der „Stoa" lehrt, einer Wandelhalle am Marktplatz.
REPORTERIN: Daher der Name dieser Schule.
KANT: Die Stoiker betrachten vernunftgemäßes, stoisches Denken und Handeln als naturgemäß und meinen, der Mensch habe teil am „Logos", an eine Art Weltvernunft, einer geistigen Substanz, welche die Materie als „Pneuma" durchflute. Gott, Welt und Vernunft sind für sie dasselbe.
REPORTERIN: Reiner *Pantheismus* also.

KANT: In Sachen Erkenntnis teilen sie die Ansicht des Aristoteles, dass von wahrgenommenen Einzelobjekten, somit von der Erfahrung, auszugehen ist. Heraklit betrachten sie als Vordenker. Crysippos, einer ihrer wichtigsten Vertreter – er gilt als Neugestalter der Stoa – wendet sich dann mehr der Logik, Rhetorik und Dialektik zu.
REPORTERIN: Die Gemütsruhe der Stoiker ist legendär.
KANT: Ja, ein unerschütterliches Gemüt, Seelenruhe und Ausgeglichenheit gegenüber Schicksalsschlägen sind für diese äußerst pflichtbewussten Willensmenschen höchst erstrebenswert.
REPORTERIN: Herr Kant, was ist mit den Skeptikern, einer weiteren Schule in jener Zeit?
KANT: Sie wird gegründet von Pyrrhon v. Elis.
REPORTERIN: Bezweifelt wird doch, dass wir überhaupt zu sicheren Erkenntnissen gelangen können.
KANT: Deshalb sollen wir uns möglichst fernhalten von neugierigen Fragen. Pyrrhon lehrt, dass die Dinge völlig unerkennbar sind und man auf jedes Wissen, auf jedes Urteilen tunlichst verzichten, es zumindest aufschieben möge, bis man sich ganz sicher sei. Nur so erhalte man sich den oft gepriesenen Seelenfrieden, den sich all diese Schulen zu eigen machen.
REPORTERIN: Aber Herr Kant, damit wäre gewiss das Ende der Philosophie erreicht. Sagt Sokrates nicht auch schon: „Ich weiß, dass ich nichts weiß"? Scheint da nicht ebenfalls ein Skeptizismus durch?
KANT: Eine rühmliche Aussage. Nein, Sokrates ist beileibe kein Skeptiker. Er benutzt die Worte lediglich als Durchgangsstation auf der Suche nach der Wahrheit. Gnädige Frau, die Skepsis – im weiteren Sinne – sollte Bestandteil jeglicher Philosophie sein. Eine gewisse Skepsis sollte sich somit jeder ernsthaft arbeitende Philosoph bewahren. Und das gilt natürlich auch für die Aufklärer des 18. Jahrhunderts, denen ich mich zurechne.
REPORTERIN: Eine Skepsis, ich höre doch richtig, Herr Kant, die sich gegen den Anspruch richtet, die absolute Wahrheit zu erkennen? Wie ist das eigentlich... mit der absoluten Wahrheit? Was sagt unsere heutige Wissenschaft dazu?
KANT: Nochmals: Ein gesunder Skeptizismus, ein Hinauszögern von Urteilen, kann durchaus dazu beitragen, als selbstverständlich angesehene Standpunkte oder sogenannte Wahrheiten

zu überprüfen. Nun ist das mit der Wahrheit so eine Sache, denn das Problem der Suche nach ihr scheint folgendes sein: Das Gehirn des Menschen ist bestimmt nicht dazu gemacht, absolute Wahrheiten zu erkennen. Erkennbar sind nur diejenigen, die uns die Sinne vermitteln, was wir also hören, sehen, schmecken, riechen, fühlen, auffassen. Schon Leibniz spricht von Tatsachenwahrheiten. Alles zu begreifen ist nicht möglich, schon gar nicht, wenn die Metaphysik ins Spiel kommt. Deshalb fragen Philosophen und Wissenschaftler heutzutage nicht nach der Wahrheit, sondern sie vermitteln uns allenfalls einen Zugewinn an Plausibilität.
REPORTERIN: An Eindeutigkeit, Verständlichkeit...
KANT: Sie sprechen nicht von ewigen Wahrheiten, sondern von der Bestätigung möglichst wahrscheinlicher, hypothetischer Aussagen, von Wahrscheinlichkeitsvermehrung.
REPORTERIN: Herr Kant, wie ich weiß, lasen Sie mit Begeisterung die Werke des Michel de Montaigne aus dem 16. Jahrhundert, auch so ein Skeptiker.
KANT: Ein äußerst kritischer und skeptischer Geist... weltlich, aufgeklärt, ohne Vorurteile, der sich immer mehr dem eigenen Ich und seiner Natur zuwendet, um Einblick in sein Innerstes zu erlangen. Ein Freund der „Goldenen Mitte", der alle Standpunkte zu betrachten vermag – ein Vorbild sicherlich.
REPORTERIN: Er betrachtet und durchdenkt *alle* derzeitigen Standpunkte?
KANT: Ja, in den schwierigen Zeiten der Glaubenskämpfe des 16. Jahrhunderts in Europa mit ihren Widersprüchen eine große denkerische Leistung. Insbesondere, wenn es um Gewissheit oder Ungewissheit geht. Ferner wendet sich Montaigne gegen grenzenlose Anmaßungen unserer Vernunft...
REPORTERIN: ... und wurde zum Skeptiker. Sie selbst sahen sich ebenfalls als Skeptiker, Herr Kant?
KANT: Ich war skeptisch, nicht nur gegenüber anderen, sondern auch gegenüber meiner eigenen Meinung, doch längst kein Skeptiker im engeren Sinne. Diese bezeichnete ich stets „als Nomaden, die einen beständigen Anbau des Bodens verabscheuen." Zugeben muss ich freilich, dass der Skeptizismus eine starke Anziehungskraft besaß... und besitzt – bis heute.
REPORTERIN: Kommen wir nun zu den Kynikern. Welche Meinungen vertreten sie im alten Griechenland?

KANT: Fast alle diese Denkrichtungen wenden sich der praktischen Philosophie zu, wobei sie zu jener Erkenntnis gelangen, dass nur ein bescheidenes, unabhängiges, tugendhaftes Leben zum höchsten Glücke, zum sogenannten Seelenfrieden führen könne. Meines Erachtens sind die sogenannten Kyniker nichts weiter als – mit Verlaub – heimatlose, stinkende, arbeitsscheue, allerdings, das muss man ihnen zugestehen, geistreiche Landstreicher, Bürgerschrecks, die wie Hunde herrenlos, respektlos auf Straßen und Plätzen herumstreunen. *(verzieht verächtlich die Miene)*
REPORTERIN: Man nennt sie deshalb auch Hundephilosophen (griech. kyrus = Hund).
KANT: Richtig. Extremisten des Denkens, völlig überspannt, ständig neigend zu Provokationen. Der berühmteste heißt bekanntlich Diogenes von Sinope, der in einer Tonne haust, um vermutlich seiner Bedürfnislosigkeit Nachdruck zu verleihen. Doch gereicht er zum Vorbilde? Mitnichten. Heutzutage besteht, unberechtigterweise, die Neigung, ihn aufgrund seiner abnormen Lebensweise zur Legende zu erklären. Völlig unverständlich, geradezu abwegig!
REPORTERIN: Herr Kant, nicht unbedingt Ihre Sache, ein solches Leben, meine ich.
KANT: Ein nutzloses Dasein, geprägt von Faulheit, Trägheit, Unfleiß... für mich unvorstellbar *(schüttelt sich)*.
REPORTERIN: Gibt es damals im alten Griechenland nicht noch andere philosophische Strömungen, die sich mehr einem lustbetonteren Leben zuneigen, die Epikureer beispielsweise?
KANT: Dieses trifft eher auf Aristippos, dem Begründer der Kyrenäischen Schule zu, der ein äußerst lustbetontes, sinnliches Dasein lehrt.
REPORTERIN: Nicht unbedingt zutreffend auf Epikur, im Mittelalter aufgrund seiner Lustethik oftmals verdammt?
KANT: Unberechtigterweise! Er lebt recht bescheiden, verficht eine eher gemäßigte, kluge Lebenskunst, sieht das Ziel des menschlichen Handelns in der heiteren Seelenruhe verwirklicht – einem inneren Frieden gleich. Fürwahr ein Vorbild!
REPORTERIN: Durchaus empfehlenswert.
KANT: Der Mensch soll von Unwissenheit und Aberglaube befreit werden, auch von der Angst vor Göttern, dem Tod... und vor dem Leben. Epikur lehrt ein Leben unter Freunden, im Ver-

borgenen, in völliger Freiheit. Die berühmten Worte des Horaz „Carpe diem" scheinen hier eine besondere Bedeutung gehabt zu haben.
REPORTERIN: Herr Kant, sagen Sie, spätere Stoiker, ich meine die römischen Philosophen (Cicero, Seneca, Epiktet, Mark Aurel...), was können sie zur Philosophie beitragen?
KANT: Eigentlich nichts Wesentliches, nichts Unbekanntes. Sie sind *Eklektiker*, außerdem Moralisten, Staatsmänner, Rhetoriker, aber vor allem Stoiker, der Pflichterfüllung zugewandt. Es sind aufrichtige, arbeitsame, genügsame Männer von hoher Gesinnung. Ihnen geht es um praktische, lebensnahe Philosophie. Sie schaffen durchaus lesenswerte Lebensweisheiten! Karl Marx sagte einmal, nicht ganz unberechtigt: „Die Gestalt, in der Griechenland nach Rom wanderte, war der Stoizismus".
REPORTERIN: Sie nannten die Eklektiker?
KANT: Männer, welche aus verschiedenen Lehren auswählen, sich aus mehreren philosophischen Gedanken und Positionen die für sie vernünftigsten und passendsten heraussuchen. Zweifellos ein Sonderweg. So schöpft der Römer Cicero um die Jahrtausendwende aus Werken griechischer Denker. In der Neuzeit können beispielsweise die französischen Aufklärer als Eklektiker bezeichnet werden.
REPORTERIN: Kommt dabei nicht das Selbstdenken zu kurz?
KANT: Im Gegenteil. Diderot preist in seiner „Enzyklopädie" die Eklektiker als völlig unabhängige Selbstdenker im Dienste der Wissenschaft und der Menschlichkeit.
REPORTERIN: Sie erwähnten auch Marc Aurel, neben Preußenkönig Friedrich ein weiterer Philosoph auf dem Thron.
KANT: Eine solche Kombination zwischen Weisheit und Staatsführung hätte bei Platon, nicht gerade bekannt für überborstende Gefühlsausbrüche, womöglich Freudensprünge ausgelöst. *(lacht)*
REPORTERIN: Ja, ich sehe ihn direkt vor mir. *(lacht auch)* Herr Kant, wir sollten den Neuplatonismus des 2. und 3. Jahrhunderts nicht vergessen.
KANT: Er lehrt die Entstehung und Beseelung der Welt aus einer *Emanation,* einer Ausfließung aus dem göttlichen *Einen* und konkurriert mit dem neugegründeten Christentum.
REPORTERIN: *(leise)* Die Beseelung der Welt... Klingt recht mystisch.

KANT: Mit Recht kann gesagt werden: Ohne den Neuplatonismus des Plotin ist das Christentum nicht denkbar.
REPORTERIN: Wie ich einmal las, soll dieser Plotin zwar kein besonders reinlicher, aber dafür ein ausgesprochen beliebter, herzlicher Mann gewesen sein.
KANT: Er schämt sich einen Leib zu haben, verachtet ihn. Deshalb wäscht er sich nicht und nimmt keine Arzneien zu sich, sodass sein Körper von bösartigen Eiterbeulen übersät ist. Seine Schüler pflegt er jedoch jeden Morgen mit einer herzlichen, ja innigen Umarmung zu begrüßen.
REPORTERIN: *(schüttelt sich)* Äußerst gewöhnungsbedürftig, wie mir scheint.
KANT: Zugegeben.
REPORTERIN: Herr Kant, wenden wir uns dem christlichen Mittelalter zu.
KANT: Ihren Philosophen geht es vornehmlich um Gotteserkenntnis und um Gottesbeweise. Sie sind fast ausnahmslos christliche Denker. Freies Denken ist nur als christlich gebundenes Denken möglich. Wissenschaften werden weitgehend zurückgedrängt, machen einem religiösen Dogmatismus Platz.
REPORTERIN: Bis die Schriften des Aristoteles im Abendland auftauchen.
KANT: Ja, zumindest bis sein großartiges Gedankengut im abendländischen Europa Einzug hält.
REPORTERIN: Darüber sollten wir gleich sprechen. Die wichtigsten christlichen Denker heißen Augustinus und Thomas von Aquin?
KANT: Zweifelsohne die bekanntesten, einflussreichsten unter ihnen. Sie ersetzen u.a. die abstrakte Gottheit der griechischen Antike durch eine persönliche – den dreifaltigen Christengott.
REPORTERIN: Wobei sie das antike Denken mit der christlichen Lehre zu verbinden suchen?
KANT: Augustinus gelingt es, an der Schwelle zum Mittelalter, das Erdachte des Platon, Thomas, in der Hochscholastik, das des Aristoteles mit der christlichen Offenbarung in Einklang zu bringen. Ja, wir sollten uns mit ihnen beschäftigen, unbedingt.
REPORTERIN: Gut, kommen wir gleich zu Augustinus. Recht spät erst gelangt er, auf Umwegen, zum Christentum.
KANT: Augustin ist vielleicht der einzige Kirchenvater, der sich als echten Philosophen bezeichnen kann, schon seiner klas-

sischen Bildung wegen. Leidenschaftlich bemüht er sich, in seinen berühmten, zur Weltliteratur gehörenden „Bekenntnissen", in tiefster innerer Zerrissenheit, um Gottes- und Selbsterkenntnis und vor allem darum, die Tiefen seiner Seele auszuloten, mit all ihren Abgründen.
REPORTERIN: Welche Abgründe meint er?
KANT: Er erhebt schwere Vorwürfe gegen sich selbst ob seines früheren Lebenswandels und seiner Eskapaden, von denen er sich nur schwerlich trennen mag. Rechenschaft gedenkt er abzulegen mit den Worten: „Oh Herr, gib mir Keuschheit und Enthaltsamkeit. Aber bitte nicht sofort."
REPORTERIN: Durchaus verständlich. *(murmelnd)*
KANT: Aber gnädige Frau... Was sagt Sie da?
REPORTERIN: Keuschheit und Enthaltsamkeit. Tugenden, die man auch Ihnen zuordnet, Herr Kant.
KANT: Gewiss gibt es auch Wege, zu ihnen zu gelangen, ohne den Schöpfer unbedingt konfrontieren zu müssen. Ich spreche aus Erfahrung. *(lacht)*
REPORTERIN: Sie sagten, Augustinus sei Kirchenvater *und* Philosoph gewesen.
KANT: Ja, sein Problem ist es, sein altes Wissen – er beschäftigt sich eingehend mit der antiken Philosophie, insbesondere mit dem Neuplatonismus – mit dem neuen Glauben in Einklang zu bringen und zu zeigen, dass sie abhängen voneinander.
REPORTERIN: Was heißt das konkret? Können Sie Beispiele nennen?
KANT: Als ehemaliger Neuplatoniker – wie die meisten frühen Kirchenväter – gewinnt er aus den platonischen Ideen das ewige Wort Gottes. Unter anderem beschäftigt er sich mit dem Problem der Zeit und der Schöpfung.
REPORTERIN: Der Schöpfungsgeschichte nach schuf Gott bekanntlich die Welt aus dem Nichts.
KANT: In der alten griechischen Philosophie jedoch gibt es starke Einwände gegenüber der Vorstellung, dass etwas aus dem Nichts geschaffen werden könne. Für Platon ist Gott der Weltbildner, der das Chaos ordnete und gestaltete. Auch Aristoteles spricht von einer ewigen Welt.
REPORTERIN: Und für Augustinus ...?
KANT: ...muss die Schöpfung wahrlich aus dem Nichts erfolgt sein – womit er Platon widerspricht.

REPORTERIN: Da hält er sich natürlich an die Offenbarung. Wird Augustinus nicht mit der Frage konfrontiert: „Was hat Gott gemacht, bevor er Himmel und Erde erschuf?"
KANT: *(lacht)* Seine entwaffnende Antwort: „Die Hölle heiß gemacht für diejenigen, welche ihre Nase allzu sehr in göttliche Geheimnisse stecken." Eine Anekdote natürlich.
REPORTERIN: Ein wahrer Philosoph, unser Augustin.
KANT: Nicht wahr.
REPORTERIN: Herr Kant, in Europa brechen nach dem Zusammenbruch des römischen Westreiches im Jahre 476 und der anschließenden Völkerwanderung die sogenannten dunklen Jahrhunderte herein. Europas Kultur und somit philosophisches Gedankengut kommen dann völlig zum Erliegen. Eigentlich gibt es in unserem Abendland, bis ins 11. Jahrhundert hinein, keinen außergewöhnlichen Denker mehr, oder?
KANT: Außergewöhnlich ist sicherlich Boethius, der am Anfang des 6. Jahrhunderts am Hofe des Ostgotenkönig Theoderich in Oberitalien zu hohen Ämtern gelangt. Er ist Christ, Stoiker und Neuplatoniker zugleich. Intrigen seiner Feinde führen jedoch zu seiner Inhaftierung und Hinrichtung. Während er im Gefängnis auf den Tod wartet, schreibt der zutiefst Bedauernswerte ein auch heute noch gern gelesenes Buch mit dem Titel...
REPORTERIN: ... „Trost der Philosophie".
KANT: Sie kennt es? Eine großartige Schrift. Sie sollte sie zur Hand nehmen, in der Not, in schweren Stunden, denn der Trost der Philosophie ist Ihr gewiss. Die Seele wird gestärkt.
REPORTERIN: Klingt irgendwie beruhigend. Gilt nicht Boethius als Aristoteles-Übersetzer?
KANT: Ja, er überträgt dessen logische Schriften ins Lateinische, macht sie somit unserem Abendland zugänglich.
REPORTERIN: Das war es aber schon, ich meine mit den großen Denkern des Frühmittelalters?
KANT: Langsam, langsam. Wir sollten die Verdienste der *Karolingischen Renaissance* des 8. und 9. Jahrhunderts nicht vergessen. Karl dem Großen sei Dank. Er umgibt sich an seinem Hofe mit klugen, kultivierten Männern. Irische Gelehrte werden schon mit einer gewissen Kenntnis der antiken Philosophie betraut, im Zusammenhang mit Einrichtung von Klosterschulen...

REPORTERIN: ... die vorher bereits in die Missionierung Mitteleuropas eingebunden sind...
KANT: ... und ihr Wissen an die Scholastik, der mittelalterlichen Philosophie, weitergeben. Einen von ihnen sollten wir unbedingt nennen. Es handelt sich um den britischen Denker Johannes Scotus Eriugena aus dem 9. Jahrhundert, welcher die Vernunft und die Offenbarung als die beiden Quellen der Wahrheit bezeichnet, wobei er die Vernunft als die höherstehende ansieht.
REPORTERIN: Ihn kennt heute kaum noch jemand. Bekommt er aufgrund dieser Ansichten nicht Ärger mit der Kirche?
KANT: Aber ja, zumal er behauptet, Universum und Gottheit seien miteinander identisch und die Schöpfung zeitlos. Außerdem glaubt er – im Gegensatz zu Augustinus – dass der Mensch frei sei von der Erbsünde.
REPORTERIN: Das alles grenzt doch an *Pantheismus*, sogar an *Atheismus*.
KANT: Sicherlich, John the Scot, wie man ihn nennt, ist ein außergewöhnlicher, vom Neuplatonismus beeinflusster Freigeist, ragt weit heraus aus seiner Zeit, spricht sogar griechisch. Nicht zu verwechseln mit seinem ebenso scharfsinnigen Landsmann, dem Scholastiker Duns Scotus, der im 14. Jahrhundert lebt und in seiner Philosophie dem Willen, nicht dem Intellekt, den Vorrang einräumt.
REPORTERIN: Rom ist weit entfernt, für damalige Zeiten. Wird dieser Eriugena nicht ermordet, zu allem Überfluss?
KANT: Ja, wie so mancher brave Mann. Die Täter bleiben unbekannt. Einige behaupten, er habe seine Schüler zu lange mit seinen Theorien von den verschiedenen Naturen gequält. Andere wiederum sind der Meinung, König Karl der Kahle selbst, der ihm in Paris Gastfreundschaft gewährt, gäbe den Auftrag zu seiner Ermordung aufgrund einer unglücklichen Äußerung bei Tische.
REPORTERIN: Welchen Inhalts?
KANT: Eine Anekdote besagt: Beide haben am Ende eines langen Tisches Platz genommen und der König den Philosophen gefragt: „Welcher Unterschied besteht zwischen Ihnen und einem Dummkopf?". „Die Länge des Tisches", lautet die Antwort.

REPORTERIN: Eindeutig eine gute, aber, in diesem Moment vermutlich die falsche Antwort. Sagen Sie, wie geht es weiter mit der christlichen Philosophie, Herr Kant?
KANT: Nachdem in Europa 400 Jahre lang Chaos herrschte, setzt im 11. Jahrhundert eine gewisse Ordnung ein. Ausgelöst durch neue Entwicklungen und Reformen in den Klöstern, versucht man nun in Europa das allgemeine Bildungsniveau anzuheben.
REPORTERIN: Beim Thema Scholastik fällt mir sofort der Name Anselm, Erzbischof von Canterbury, ein.
KANT: Auf dessen berühmten Gottesbeweis werde ich später noch genauer eingehen.
REPORTERIN: Herr Kant, ich möchte nun, wenn Sie erlauben, auf den französischen Scholastiker Peter Abélard hinweisen, der im 12. Jahrhundert lebt.
KANT: Ein hervorragender Dialektiker übrigens.
REPORTERIN: Wohl auch ein hervorragender, dennoch unglücklicher Liebhaber.
KANT: Das zu beurteilen, sollten wir anderen überlassen. Nun, Sie, die gnädige Frau, will sicherlich hinaus auf die berühmte, zur Weltliteratur zählende Liebesgeschichte mit seiner minderjährigen Schülerin *Héloise*.
REPORTERIN: Als diese Affäre auffliegt, kastriert man den unglücklichen Pierre, auf Anordnung ihres Onkels.
KANT: Glücklicherweise wird der Zügellose, nun entmannt, in die Lage versetzt, in klösterlicher Abgeschiedenheit gänzlich seinen tiefen philosophischen Gedanken nachzugehen.
REPORTERIN: Glücklicherweise?
KANT: Die Nachwelt sollte ihm dankbar sein, schon aufgrund seiner klugen Analysen.
REPORTERIN: Kein Mitleid Ihrerseits, Herr Kant?
KANT: Mein Mitleid hält sich in Grenzen. Es zeigt sich wieder einmal, deutlich erkennbar, zu welchen Risiken und Ergebnissen leidenschaftliche Triebe und Affekte führen können. Selbst schuld! Wohl dem, der selbige zu zügeln versteht, von ihnen verschont bleibt. Auch ich gehörte einst zu den Glücklichen.
REPORTERIN: Hm... sicherlich Ansichtssache.. wenn ich mir die Bemerkung erlauben darf. Romantische Liebesgefühle sind risikobehaftet, Herr Kant?

KANT: Grundsätzlich werden sie von ausgeschütteten Hormonen und Botenstoffen herbeigeführt, sind somit reine chemische und physikalische Vorgänge, zweifellos ausgelöst durch das Licht der Sonne. Die Stimmung wird aufgehellt.
REPORTERIN: Frühlingsgefühle also. Aber lassen sie sich allein auf Chemie und Physik reduzieren? Ist das Gefühl der Liebe wirklich nur eine Illusion?
KANT: Aber gnädige Frau, auch wenn ich sicherlich nicht der richtige Ratgeber in Liebesdingen bin: Es mag ja durchaus Phasen eines blinden Verliebtseins geben, doch halten sie lange an? Wenig später, oft schon nach einigen Wochen, schrumpft der oder die Vergötterte auf Normalmaß zusammen. Soll die Beziehung trotzdem weitergeführt werden, dann muss mit Sicherheit die Ratio ran.
REPORTERIN: Die Romantik bleibt auf der Strecke, zugunsten von Vernunftentscheidungen?
KANT: Romantik hin, Romantik her. Für die Evolution ist allein die Fortpflanzung wichtig. Wenn es gelingen sollte, Leidenschaften und Geborgensein in Einklang zu bringen, kann eine Liebe durchaus lange halten, denn sie vermag die Unvollkommenheit der menschlichen Natur zu ergänzen. Ich sagte bereits: Ich habe auch nichts gegen die Ehe, halte sie für notwendig, schon im Hinblick auf die Erzeugung des Nachwuchses. Kinder brauchen eine heile Elternwelt.
REPORTERIN: Doch noch versöhnliche Worte. Herr Kant, Themenwechsel...
KANT: Den ich dringend für angebracht halte. Wir kommen vom Weg ab, wir sollten dieses schon reichlich ausdiskutierte Thema schnellstens verlassen – aus Vernunftgründen natürlich.
REPORTERIN: Gern möchte ich zurückkommen auf Thomas von Aquin, in dieser Hinsicht auch ein äußerst Maßvoller – wie Sie. Eine Dirne, die danach trachtet, ihm zu Diensten zu sein, besser gesagt, hinsichtlich seiner Männlichkeit auf sein körperliches Wohl bedacht ist, soll der Grafensohn mit einem Holzscheit vertrieben haben.
KANT: Zweifellos ein rigoroses, kompromissloses Vorgehen. Seine Leidenschaft gedenkt er sich aufzusparen, um sie dann auf andere, viel wichtigere Ziele zu richten, recht so. Auch er hat so seine Probleme, ist schon von Jugend an ziemlich schweigsam und verfügt außerdem über eine imposante Leibes-

fülle. Auf die Spöttelei der Mitstudenten soll ihnen ihr Lehrer, kein Geringerer als der große Gelehrte Albertus Magnus selbst, zugerufen haben: „Ihr nennt ihn den stillen Ochsen. Ich aber sage Euch, das Brüllen dieses stillen Ochsen wird so laut sein, dass es die ganze Welt erfüllt!" Und so geschieht es.

REPORTERIN: Es ist sogar überliefert, dass aufgrund seines erheblichen Bauchumfangs an seinem Pult ein rundes Stück ausgesägt werden muss, damit er daran sitzen und arbeiten kann.

KANT: Ein Privileg, das er sich verdient. Denn in einer überragenden Synthese schafft Thomas später ein universelles Weltbild, indem er die damals bedeutendsten Gedankensysteme zu einem harmonischen Ganzen zusammenfügt.

REPORTERIN: Bekannt ist sein Werk „Summe der Theologie".

KANT: „Summa Theologica". Thomas versucht in diesem berühmten Werk eine Synthese zwischen Vernunft und Glauben. So gewährt er – ganz im Sinne seines Lehrers Albert und des Aristoteles – den Sinneswahrnehmungen einen größeren Raum. Das sollte Auswirkungen auf die nachfolgenden Wissenschaften haben. Der vernunftbegabte Mensch könne aus eigener Kraft die Welt erkennen, er habe einen freien Willen. Jedoch sei unser Wissen begrenzt, nur auf die sinnliche Erfahrungswelt gerichtet, wobei der menschliche Intellekt zwischen Subjekt und Objekt vermittle, quasi eine „Angleichung" zwischen Erkennendem und Erkenntnisgegenstand erfolge. Nochmals, so deutlich wie möglich: Thomas ist darauf bedacht, antikes Gedankliches sowie Wissen, insbesondere dasjenige des Aristoteles, mit den Lehren des Christentums in Einklang zu bringen.

REPORTERIN: Aristoteles! Und dann führt kein Weg mehr an *dem* Philosophen vorbei.

KANT: Richtig, nach vielen Schwierigkeiten, dessen philosophische Ansichten und die christliche Lehre unter einen Hut zu bringen – salopp gesagt. Zwar gilt Aristoteles, seit seiner Wiederentdeckung im späten 12. Jahrhundert, bis in die Neuzeit hinein als *der* Philosoph, doch einige seiner Ansichten sind nicht vereinbar mit der christlichen Lehre. So glaubt er nicht an die Unsterblichkeit der menschlichen Einzelseele, von der Pythagoras, Platon, der Neuplatonismus des Plotin, Augustinus und später Thomas von Aquin ausgehen.

REPORTERIN: Hinzu kommt natürlich seine These von der Ewigkeit der Welt.
KANT: Auch sie kann von der Kirche nicht akzeptiert werden.
REPORTERIN: Natürlich nicht. Vermittelt wird sein großartiges, umfangreiches Gedankengebäude durch arabische (und auch jüdische) Philosophen und Gelehrte, zumal im Morgenland antikes Wissen jahrhundertelang sorgfältig bewahrt wird.
KANT: Hervorzuheben sind Avicenna, Averroes und Maimonides. Vor allem Albertus Magnus, Dominikaner wie Thomas, beschäftigt sich eingehend mit dieser „neuen Philosophie". Lange ist sie aus unserem Blickfeld verschwunden. Durch die Kreuzzüge und christliche Rückeroberung Spaniens taucht sie am Ende des 12. Jahrhunderts in Toledo wieder auf und findet auf wunderbare Art und Weise Zugang zu unseren Schulen. Spätestens Anfang des 13. Jahrhunderts erlangt Aristoteles im Abendland großes Ansehen. Auch die Kirche kann sich ihm nicht länger verschließen. Seine Philosophie sollte dann, durch Vermittlung – Albert und Thomas tun sich hier besonders hervor – und nach heftigem Sträuben, von der Kirche offiziell anerkannt werden, natürlich mit den nötigen Einschränkungen. Der große Einfluss der beiden Vorgenannten reicht sogar hinein bis ins 16. und 17. Jahrhundert.
REPORTERIN: Herr Kant, lassen Sie uns ein wenig über die Scholastik reden, der Schulphilosophie und Wissenschaft des Mittelalters, welche in unseren Klosterschulen und Universitäten seit dem 9. Jahrhundert Einzug hält. Ihre Hauptaufgabe besteht anscheinend darin, die Vernunft mit dem christlichen Glauben zu verbinden. Gelingt ihr das wirklich?
KANT: Nein, nicht wirklich. Man versucht zwar, die Vernunft zu betonen, ordnet sie letztendlich dem Glauben unter.
REPORTERIN: Die Wissenschaft als Magd der Theologie, also doch.
KANT: Ja, für lange Zeit, bis ins Spätmittelalter hinein. Was nicht heißen soll, dass es im Mittelalter keine ernsthafte philosophische Denktätigkeit gegeben hätte. Durchaus ein lang anhaltender, aber ernst zu nehmender Versuch, Platon, Aristoteles und das Christentum in einer harmonischen Weltsicht zu vereinigen. Man sucht nach rationalen Erklärungen (Abélard und andere Scholastiker), erstellt darüber hinaus Gottesbeweise (Anselm von Canterbury, Thomas). Auch die Wissenschaft

beginnt sich zu regen. Insbesondere bei Albertus Magnus und Roger Bacon in England, letzterer ein außergewöhnlicher Freigeist in seiner Zeitepoche.
REPORTERIN: Die Existenz Gottes jedoch wird nie in Zweifel gezogen, oder?
KANT: Niemals zweifelt man sie an. Das gilt auch für die Offenbarung. Im Spätmittelalter, wie gesagt, erkennt man endlich, dass Wissen und Glauben nicht miteinander vereinbar sind. Spätestens in der Renaissance, einhergehend mit der allmählichen Entmachtung der Kirche, geht man getrennte Wege.
REPORTERIN: Man trennt Wissenschaft und Religion. Herr Kant, vielleicht ein abschließendes Wort zur Geschichte des Christentums im Mittelalter?
KANT: Es stabilisiert sich immer mehr, einhergehend mit den Machtansprüchen der Päpste, und wird in Europa, nach dem Zerfall des Römischen Reiches und der einsetzenden Völkerwanderung – während alles andere in Europa auseinander bricht – eigentlich das ganze Mittelalter hindurch bis in die Neuzeit hinein, zur alles dominierenden, kulturerhaltenden Institution.
REPORTERIN: Ein erstaunlicher Aufstieg, oder?
KANT: Mitnichten, wenn man sich die Hauptgründe vor Augen führt: Glaubenseifer der Christen, Gottvertrauen, moralische Werte, die Einheit und geradezu römische Disziplin, geschicktes Verhandeln mit politischen Mächten, dadurch Stärkung des Papsttums. All das ist wichtig, als ringsherum alles zusammenbricht – der großen Völkerwanderung geschuldet. Hinzu kommt der Inhalt der christlichen Lehre: Die Welt und der Mensch als Gottes Schöpfung, Gottes Geist, der die menschliche Seele erfüllt und erleuchtet, die unsterbliche Seele, der Mensch als Ganzes mit Geist, Leib und Seele, am Jüngsten Tage vor seinen Schöpfer tretend... für wahr ein einziges Mysterium. Lange Zeit wird es als anmaßend, ja als eitel und wenig heilsbringend empfunden, sich über Gegenstände der Metaphysik zu äußern. Selbst im Kreise der Gelehrten.
REPORTERIN: Weil derlei als Ketzerei gilt?
KANT: Die Gefahr, als Ketzer angeklagt zu werden, besteht durchaus noch zu Beginn der Neuzeit, verringert sich allerdings zunehmend – spätestens mit Beginn der Aufklärung. Doch es gibt immer noch großen, unterwürfigen Respekt vor den sogenannten „Letzten Dingen". Schon zuvor, während der Renais-

sance, als Wiederaufleben früherer Kulturerscheinungen, insbesondere als Erneuerung antiken Geistes, wird mit der Entdeckung der Welt auch der Mensch neu entdeckt.
REPORTERIN: Man orientiert sich vorwiegend an der Antike?
KANT: Ja, da ihre Werke und Gedanken dem Abendland nun fast vollständig vorliegen. Auch Platon kommt wieder stark in Mode, zumindest in Italien, dem Ursprungsland der Renaissance, dank Philosophen wie Marsilio Ficino und Giovanni Pico della Mirandola. Jene versuchen vorwiegend, dessen Gedanken mit denen des Christentums zu verbinden.
REPORTERIN: Wendet man sich der Wirklichkeit der menschlichen Welt zu?
KANT: Ja, guten Mutes. Eine Abkehr von der als sündhaft empfundenen Welt des Mittelalters mit seiner Askese, seiner Frömmigkeit und seiner Hinwendung zum Leben nach dem Tode. Das Diesseits wird nun sinnenfroh bejaht.
REPORTERIN: Ein völlig neues Lebensgefühl also?
KANT: Die Würde und Besonderheit des einzelnen Menschen wird hervorgehoben, sie sind erstes Ziel der Wissenschaft. Gewaltfreiheit und Gewissensfreiheit stellen wichtige Prinzipien menschlichen Zusammenlebens dar. Das sind für mir persönlich besonders wichtige Aspekte. Dieses äußert sich in großartiger Weise im Humanismus, einer geistigen Bewegung der Renaissance.
REPORTERIN: Die auch von Italien ausgeht, schon am Ende des 14. Jahrhunderts.
KANT: Zu den bekanntesten und wichtigsten Humanisten zählen der Dichter Francesco Petrarca im 14. Jahrhundert und der scharfe Zeitkritiker Erasmus von Rotterdam („Lob der Torheit") im 15. und 16. Jahrhundert. Letzterer ist stets auf der Suche nach einem toleranten Christentum und steht in enger Freundschaft zum englischen Politiker Thomas Morus, dem Verfasser der satirischen, allseits bekannten Schrift „Utopia".
REPORTERIN: Beide genannten Schriften sind auch heute noch einem breiteren Publikum bekannt.
KANT: Erasmus schlüpft in pädagogischer Absicht in die Rolle der Frau Torheit, um den Menschen seiner Zeit bittere, unangenehme Wahrheiten in scherzhafter Form zu vermitteln. Thomas Morus beschreibt in seinem Roman das Ideal des vollkommenen Staates. Ja, beide Werke sind durchaus lesenswert.

REPORTERIN: Der Mensch wird selbstbewusster, Herr Kant?
KANT: Auch ein Bruch mit dem Mittelalter, das vorzugsweise die Idee einer Glaubensgemeinschaft betont. Der Einzelne war nicht viel wert bislang. Die Forschung durchbricht nun das alte Lehrgebäude der Scholastik. Die Macht der Kirche wird begrenzt, der Glaube vom Wissen getrennt. Eigentlich schon seit dem Spätmittelalter, wo sich die sogenannten *Nominalisten*, siegreich aus dem lang anhaltenden *Universalienstreit* des Mittelalters hervorgegangen, endgültig durchsetzen.
REPORTERIN: Deshalb noch ein kurzer Blick zurück, Herr Kant: Nominalisten, Universalienstreit?
KANT: Sie sollte es nachlesen. Die uns mangelnde Zeit erlaubt keine genauere Erklärung. Nur soviel: Es geht um eine alte Streitfrage, mit der sich schon Platon und Aristoteles auseinandersetzen, nämlich um diejenige: Wem kommt eine höhere Wirklichkeit zu, den Allgemeinbegriffen („Universalien") oder den greifbaren Einzeldingen? *Realisten* und *Nominalisten* standen sich oft unversöhnlich gegenüber. Letztere setzen sich schließlich durch, bezeichnen Allgemeinbegriffe nur als Worte, die man bildet.
REPORTERIN: Zu den Nominalisten gehört, als wichtigster Vertreter, der englische Franziskaner Wilhelm von Ockham, oder?
KANT: Ein Spätscholastiker. Er fordert bereits, berechtigterweise natürlich, dass man Religion und Philosophie, Glauben und Wissen, aber auch kirchliche und weltliche Macht, strikt trennen müsse. Was wiederum die Kirche auf den Plan ruft.
REPORTERIN: Durchaus verständlich. Inwieweit genau?
KANT: William ist Verfolgungen ausgesetzt. Er muss aus England fliehen und findet Unterkunft und Obhut am Hofe König Ludwigs des Bayern, ebenfalls ein Kritiker des Papsttums. Bekannt ist Ockham's Zitat: „Du verteidigst mich mit dem Schwerte, ich verteidige dich mit meinen Worten".
REPORTERIN: Hat er mit seiner Kritik Erfolg?
KANT: Ja, so langsam, nach und nach, gelingt es der Philosophie, bislang als „Magd der Theologie" verstanden, sich aus den Fängen der Religion zu befreien, was fraglos als Erfolg zu bewerten ist.
REPORTERIN: Verstehe, darum geht es im Grunde.

KANT: Vielleicht noch ergänzend: Besagter *Universalienstreit* wird auf dem Schlachtfeld der Logik ausgetragen. Ockham ist der Ansicht, man solle sich auf so wenig Erklärungsprinzipien wie nötig stützen, ohne überflüssige theologische Hilfestellungen auskommen. Damit möchte er der scholastischen Pedanterie ein Ende bereiten, ihre Wortklauberei verhindern, denn die Scholastik neigt leider zur Tendenz, alles bis aufs Kleinste zu erörtern. Vor allem meint er, dass die einfachste Form, etwas auszusagen, der endlosen Hypothesenbildung überlegen sei.
REPORTERIN: Sein berühmtes „Rasiermesser" also.
KANT: Alle Achtung, gnädige Frau. Ich sagte bereits, auch Sie versteht Ihr Handwerk!
REPORTERIN: Die deutsche Mystik, Herr Kant...
KANT: ... wird auch verursacht durch den aufkommenden Nominalismus, der dem Glauben, durch Abtrennung von der Wissenschaft, einen breiteren Raum hinterlässt.
REPORTERIN: Das kommt mir bekannt vor, denn irgendein kluger Mann sagte einmal den klugen Satz: „ Ich musste das Wissen aufheben, um für den Glauben Platz zu bekommen."
KANT: Hat er das wirklich gesagt? *(lacht)*
REPORTERIN: Ja, das hat er. *(lacht auch)* Erinnern Sie sich, Herr Kant? Gern jedoch zurück zur deutschen Mystik.
KANT: Sie sieht ihren Hauptvertreter im Dominikanermönch Meister Eckhardt, der bedeutendste Mystiker des Mittelalters. Er versucht auf seine Art, ob vergeblich oder nicht, mit seiner Lehre vom „Seelengrund" und „Seelenfünkchen" die Vereinigung mit dem Erlöser zu erlangen. Nichts weiter als Phantastereien und Hirngespinste... wenn ich das so sagen darf.
REPORTERIN: Herr Kant, wir sollten das Mittelalter endgültig verlassen...
KANT: Nicht ohne Cusanus...
REPORTERIN: Also Nikolaus von Kues...
KANT: ... erwähnt zu haben, der am Anfang des 15. Jahrhunderts an der Mosel zur Welt kommt und sich, als christlicher Denker, zugleich der Mathematik und Naturwissenschaft, insbesondere der Sternkunde, zuwendet.
REPORTERIN: Dessen Gedanken Sie natürlich besonders interessierten, weil Sie ja seine Leidenschaft teilten?
KANT: Ja, ich fühlte mich ihm aufs tiefste verbunden. Nikolaus behauptet, Gott hätte die Welt, welcher Ordnung und Harmonie

zugrunde läge, nach mathematischen Prinzipien geschaffen. Seine astronomischen Studien bringen ihn, lange vor Kopernikus und Kepler, zu der Annahme, dass die Erde nicht der Mittelpunkt des Weltalls, sondern ein Stern wie jeder andere sei und sich außerdem bewege. Nikolaus hält unseren Erschaffer für unerkennbar und das Universum für unendlich.

REPORTERIN: Für eine ähnliche Aussage muss im Jahre 1600 der arme Giordano Bruno den Ketzertod erleiden.

KANT: Leider. Dieser stellt bedauerlicherweise seine pantheistische Weltanschauung etwas zu offen zur Schau. Außerdem unterhält er nicht so gute Beziehungen zum Papst wie sein großes Vorbild Cusanus, denn schon früh tritt dieser in den Dienst der Kirche ein, wird sogar Kardinal und päpstlicher Gesandter.

REPORTERIN: Die Renaissance-Päpste sind sicherlich auch in dieser Hinsicht großzügiger, nicht nur in sinnlichen Dingen.

KANT: Nun ja. Nikolaus spricht, das möchte ich noch erwähnen, von einer gelehrten Unwissenheit über unseren Weltenlenker und legt sie wiederum mathematisch dar. Damit beabsichtigt er den unendlichen Abstand zwischen Gott und der Menschheit zu demonstrieren.

REPORTERIN: Gelehrte Unwissenheit?

KANT: Verdeutlicht wird seine Aussage mittels einer schwerbegreiflichen mathematischen Betrachtung zum Unendlichkeitsbegriff. So in etwa: Im unendlich Großen fallen Kreis und Gerade zusammen, im Kleinsten Kugeloberfläche und Punkt.

REPORTERIN: Mathematik, Forschung... Kann man Cusanus als Vorläufer der Renaissance bezeichnen?

KANT: Er ist Scholastiker und Renaissance-Mensch zugleich.

REPORTERIN: Herr Kant, im 16. Jahrhundert, dem Übergang zwischen Renaissance und Neuzeit.....

KANT: ... schlagen Wissenschaft und Kunst auf der Suche nach Erkenntnis neue Wege ein, weg von irgendwelchen Dogmen, hin zur Beobachtung, zum Experiment und zu methodischen Verfahren. Die praktische Seite des Wissens wird betont, viele neue Denkansätze werden entwickelt, neue Wissenschaftszweige eröffnet, ferne Länder entdeckt. Die Menschen sollen in die Natur eingreifen und sie beherrschen, sie nach ihren Bedürfnissen formen. Das Subjekt als nicht hintergehbares Prinzip allen Forschens und Philosophierens.

REPORTERIN: Um 1500 lebt auch der so berüchtigte und verruchte Schriftsteller Niccolo Machiavelli, der in seinem Hauptwerk „Der Fürst" die rücksichtslose Machtpolitik seiner Zeit verherrlicht.
KANT: Ich las diese Schrift. Man soll sie nicht verteufeln. Sie beschreibt lediglich jene tatsächlich ausgeübten politischen Praktiken der Herrschenden auf treffliche Weise.
REPORTERIN: Luthers Revolution lassen wir beiseite. Endlich sind wir in der Neuzeit angelangt, Herr Kant... *(erleichtert)*
KANT: Ich höre Sie aufatmen, die gnädige Frau. Mit ihr, der Neuzeit, eröffnen sich weitere Horizonte. Die neue Wissenschaft ist weiter auf dem Vormarsch, unaufhaltsam. Das klassische Weltbild des Aristoteles ist Vergangenheit.
REPORTERIN: Die großen Astronomen haben wir genannt. Ebenso Montaigne, welcher der Wissenschaft durch seinen Skeptizismus gegenüber großartigen Vernunftgebäuden einen zusätzlichen Schub verleiht. Ich möchte nun an den Engländer Francis Bacon erinnern („Wissen ist Macht").
KANT: Zweifelsohne ein überragender Denker, kein Forscher und kein Entdecker dagegen.
REPORTERIN: Somit mehr Wissenschaftstheoretiker?
KANT: Und Politiker, genauer gesagt Lordkanzler, der sich zum Ziel setzt, der aufstrebenden Wissenschaft den entsprechenden Schwung zu verleihen, der Menschheit den rechten Weg zu weisen, um wissenschaftliche Erkenntnisse von anderen Arten von Erkenntnissen zu unterscheiden. Außerdem beabsichtigt er, den Menschen unabhängig zu machen von der Natur, ihn herauszuführen aus dem Dogmatismus der Scholastik. Dabei sollen die immer noch herrschenden aristotelischen und platonischen Traditionen ersetzt werden.
REPORTERIN: Was dann vermutlich gelingt. Es ist auch die Zeit des Thomas Hobbes, den Sie uns bereits vorstellten, als materialistischen Naturphilosophen und Mathematiker.
KANT: Ja, Hobbes ist der Mathematik und Mechanik zugeneigt, erklärt die ganze Welt durch die neue Wissenschaft von der Bewegung – nachdem er Bekanntschaft macht mit Descartes und Bacon. Außerdem besucht er Galilei in Italien. Er betrachtet alle Lebewesen als stofflich, sogar ihre Seelen, die er für nutzlos hält. Unter seinem Einfluss gelangt er zur Überzeugung, dass der menschliche Körper nur als dynamisches System

erklärt werden könne. Darüber hinaus ließen sich die Funktion des Geistes und die Emotionen ähnlich erklären wie die Bewegungen des Blutes vom und zum Herzen.
REPORTERIN: Womöglich auch seiner Freundschaft zu William Harvey geschuldet, dem Entdecker des Blutkreislaufs. Hobbes, der erste echte Empiriker vielleicht?
KANT: Durchaus, ja durchaus. Unseren Herrgott hält Hobbes für unerkennbar, schließt die Theologie völlig aus. Man möge sich nur den Gegenständen zuwenden, die der verstandesgemäßen Berechnung zugänglich sind. Was ihm anschließend die Kritik der katholischen Kirche einbringt. Daraufhin soll er diese als „Reich der Finsternis" bezeichnet haben.
REPORTERIN: Ohne Zweifel ein gestörtes Verhältnis.
KANT: Für Hobbes nicht ganz ungefährlich sicherlich. Berühmtheit erlangt er indes durch sein großes staatstheoretisches Werk „Leviathan", in welchem er die Übertragung aller Gewalt, mittels Gesellschaftsvertrag, auf einen souveränen Herrscher fordert. Nur dadurch könne der „Krieg aller gegen alle" – für ihn ein Naturzustand – verhindert werden. Homo homini lupus...
REPORTERIN: „Der Mensch ist des Menschen Wolf."
KANT: Wobei er das Zitat des antiken Lustspieldichters Plautus verwendet, bekannt für seine derbe und witzige Ausdrucksweise.
REPORTERIN: Das Leben im Naturzustand...
KANT: ... ist einsam, armselig, abstoßend, tierisch und kurz... so zumindest Hobbes. Rousseau wird sich später anders äußern.
REPORTERIN: Das Werk des Hobbes ist vermutlich als Antwort auf den damaligen ziemlich unrühmlichen englischen Bürgerkrieg zwischen Parlament und Krone zu verstehen, oder?
KANT: Hobbes sucht einen Ausweg aufzuzeigen. Keine Frage, er zählt neben Platon, Locke, Rousseau und Marx zu den einflussreichen Staatstheoretikern in der Philosophie.
REPORTERIN: Herr Kant, wie geht es weiter? Endlich sind wir, so hoffe ich, bei Réne Descartes angelangt, dem großen französischen Philosophen, Mathematiker und Naturwissenschaftler, welcher, auch der Wissenserweiterung wegen, als Soldat das Europa des schrecklichen Dreißigjährigen Krieges bereist...

KANT: Wenn er sich nicht gerade, des ungestörten Denkens willen, in völlige Einsamkeit, ins Verborgene zurückzieht, beispielsweise nach Holland. Fürwahr eine rätselhafte Erscheinung! Ja, ich beschäftigte mich eingehend mit seinen „Abhandlungen über die Methode" und den „Meditationen" – aufgrund eines bewundernswert klaren Stils zweifellos ein Lesevergnügen, welchem sich die gnädige Frau nicht entziehen sollte.

REPORTERIN: Versprochen, Herr Kant.

KANT: Mit Descartes wird die Philosophie zur Erkenntnistheorie. Ihm schwebt vor, die bisherige, vom Altertum und Mittelalter geprägte dogmatische Philosophie auf ein völlig neues Fundament zu stellen, nach mathematischem Vorbild. In seinem eigenen Vernunftvermögen sucht er nach Gewissheit, wie sie nur in der Mathematik vorhanden ist. Mathematik, der Stolz der Vernunft! Zuerst fragt er nach der Sicherheit von Erkenntnis. Dabei soll nur das als wahr anerkannt werden, was sich als *klar* und *deutlich* erweist. Die sinnlichen Impulse seien dunkel, so meint er, und würden erst klar und unterscheidbar durch den Verstand. Alles andere ist anzuzweifeln. Alle bisherige Erkenntnis stellt Descartes somit radikal infrage, insbesondere die alles beherrschende Lehre des Aristoteles.

REPORTERIN: Und was erweist sich letztlich für ihn als klar und deutlich?

KANT: Seinen unerschütterlichen Ausgangspunkt findet Descartes nach einer Intuition – angeblich als Soldat in Süddeutschland an einem kalten Wintertag im Jahre 1619 vor einem Kachelofen seiner Unterkunft – und anschließendem Nachdenken in seinem „eigenen denkenden Ich", besser gesagt, in der Gewissheit, dass er zweifelt. Somit stellt er das eigene Ich ins Zentrum der Philosophie.

REPORTERIN: Ein großer, nachhaltiger Schritt sicherlich. Kälte verträgt er anscheinend nicht so gut, ich meine, wegen des warmen Ofens? In behaglicher Atmosphäre lassen sich wohl die besten Gedanken spinnen.

KANT: Nun, das raue Klima später in Schweden, Descartes weilt am dortigen Königshof, bekommt ihm wirklich nicht gut. Schlimmer noch: Er stirbt 1650 an einer Lungenentzündung, im Alter von erst 54 Jahren, die er sich dort holt. Wir sprachen bereits über sein plötzliches, schicksalhaftes Ableben.

REPORTERIN: Dieser Zweifel, Herr Kant...
KANT: Schon Aristoteles sagte einst: „Wer recht erkennen will, muss zuvor gezweifelt haben." Descartes macht deutlich: Derjenige, der zweifelt, denkt... und existiert zugleich.
REPORTERIN: Daher die berühmten Worte „je pence, donc je suis" oder „cogito ergo sum" – „Ich denke, also bin ich."
KANT: Nur in der Selbsterforschung des Geistes, der Vernunft, gelangen wir zu sicherer Erkenntnis. Und was sich als klar und deutlich herausstellt, muss wahr sein. Somit hat Descartes die Grundlage gefunden, auf welcher er seine Philosophie aufbaut. Immer schon versuchte die Philosophie herauszufinden, wie sich die Welt „an sich" darstellt. Der Zugang dazu gelingt aber nur über das eigene, klare, deutliche Denken, so Descartes.
REPORTERIN: Klar und deutlich, sagen Sie?
KANT: Sie sollte bedenken: Ruhe, Ordnung und Klarheit werden während des Dreißigjährigen Krieges, der ganz Mitteleuropa in Schutt und Asche legt, dringend benötigt.
REPORTERIN: Und wie versucht Descartes seine Philosophie dann aufzubauen?
KANT: Methodisch, indem er, von der Gewissheit des eigenen Ich ausgehend – als archimedischer Punkt sozusagen – jedes Problem durch Analyse in Einzelprobleme zerlegt, von einfachen Erkenntnissen zu komplexeren fortschreitet und sie letztendlich klassifiziert. Noch einmal, weil es wichtig ist: Zur Erkenntnis gelangt Descartes durch klare und deutliche Vorstellungen, die nicht der Wahrnehmung entspringen, sondern angeboren sind. Somit stellt er die menschliche Vernunft in den Vordergrund. Zu diesen angeborenen Ideen gehören für ihn beispielsweise die Vorstellungen einer unsterblichen Seele und die Existenz Gottes.
REPORTERIN: Für Descartes eine unbedingte Gewissheit?
KANT: Ja, er benötigt oder missbraucht Gott zugleich als Garant für die Wahrheit klarer und deutlicher Ideen und dafür, dass er nicht von einem bösen Dämon betrogen wird.
REPORTERIN: Unverständlich... und das als Wissenschaftler. Lehrt Descartes nicht diesen strengen Dualismus zwischen Geist und Körper?
KANT: Ja, er unterscheidet zwischen unräumlichem, unkörperlichem Geist (res cogitans) und ausgedehntem Körper (res extensa).

REPORTERIN: Wie die Wechselwirkung zwischen beiden Bereichen stattfinden soll, kann er nicht zur allgemeinen Zufriedenheit erklären?
KANT. Er findet keine befriedigende Antwort, macht fälschlicherweise die Zirbeldrüse im menschlichen Gehirn dafür verantwortlich.
REPORTERIN: Die Zirbeldrüse also.
KANT: Und vor allem unseren Schöpfer und Erhalter, der für die Übereinstimmung von Denkexistenz und Realexistenz zuständig sein soll.
REPORTERIN: Auch das noch! Eine recht vage, unbefriedigende Antwort, oder?
KANT: Sie hat ja Recht, die gnädige Frau. Im Falle einer Überforderung der menschlichen Vernunft wird immer wieder versucht, eine überirdische Substanz als Verursacher für etwas Unerklärliches zu postulieren. Allerdings möchte ich wiederholt deutlich machen, dass das Problem des Zusammenhangs zwischen Seele, Geist und Körper noch immer nicht ausreichend erklärt ist, nach wie vor ein große Herausforderung darstellt, nicht nur für die Philosophie, auch für die Wissenschaft – bis heute wohlgemerkt.
REPORTERIN: Herr Kant, die Seele vom Körper losgelöst. Das wiederum erinnert an Platon mit seiner strikten Trennung zwischen Geist und Körper.
KANT: Nochmals: Descartes setzt dem Geist, als immaterielle, denkende Substanz – mit Sicherheit von Platon beeinflusst – die ausgedehnte Substanz der Materie (der Natur) entgegen. Er hält die Natur für geist- und seelenlos und nimmt für ihre Veränderungen mechanistische Ursachen an.
REPORTERIN: Wirft man ihm nicht später vor, den menschlichen Körper als eine Art komplizierte Maschine betrachtet zu haben?
KANT: Nun, er vertritt eine allzu konsequente mechanistische Weltauffassung, die seiner Zeit geschuldet sein mag. So sieht er Tiere als Automaten an, die er als völlig seelenlos bezeichnet. Ich kann mir nun lebhaft unter den Lesern und Zuhörern die entsetzten Gesichter der Tierfreunde vorstellen. *(belustigt)* Descartes aber steht, das muss man ihm zugute halten, unter dem Eindruck des wissenschaftlichen Fortschritts und dem Siegeszug des Mechanismus und Materialismus, der im 17. und 18. Jh.

einen breiten gesellschaftlichen Raum einnimmt. Die Philosophen dieser Zeit, und Descartes im Besonderen, tragen wesentlich dazu bei, die bis dahin vorherrschende Scholastik mit ihrem Dogmatismus zu überwinden. Das muss man erkennen. Damit bringt Descartes das Selbstverständnis des neuen mechanistischen Weltbildes zum Ausdruck, demnach die Natur eine Ansammlung von Elementarteilchen ist, den Gesetzen der Mechanik gehorchend. Sie wird, seiner Ansicht nach, in Bewegung gehalten und verbunden durch Druck und Stoß. Dieses betrifft auch den menschlichen Körper, dessen physiologische Vorgänge durch das Verhalten kleinster Materialteilchen erklärt wird.
REPORTERIN: Descartes gilt heute als Begründer der modernen Philosophie, zu Recht?
KANT: Sicherlich, denn seit der Antike ist er der erste neuzeitliche Rationalist, der versucht, für die Naturwissenschaft ein solides, völlig neues erkenntnistheoretisches Gebäude zu errichten, trotz aller Schwächen.
REPORTERIN: Schwächen?
KANT: Wie gesagt: Ihm gelingt es nicht, das Verhältnis zwischen Geist und Körper zu aller Zufriedenheit zu erklären. Er ergründet zwar das Denken, zur Bedeutung des Seins dagegen kann er nur wenig beitragen.
REPORTERIN: Der Lehre vom Dualismus von Geist und Körper, wird ihr damals widersprochen?
KANT: Natürlich. Es gibt im 17. Jahrhundert auch gegenteilige Ansichten. Benedictus (Baruch) Spinoza etwa...
REPORTERIN: Spinoza? Ist das nicht jener in Amsterdam lebende philosophierende Glasschleifer jüdischer Herkunft, der von seiner Gemeinde wegen seiner Bibelkritik und „Irrlehren" beschimpft, ausgeschlossen und verbannt wird?
KANT: Ja, jedoch sollte man diesen überaus redlichen, liebenswerten Mann besser bezeichnen als einen glasschleifenden Philosophen, denn er gehört zu den bekanntesten der Frühaufklärung. Um 1800 herum wird er aufgrund seiner dem Pantheismus nahestehenden Philosophie, einer Vergötterung der Natur gleichend, glühend verehrt, vor allem von Lessing, Goethe, Schleiermacher, Fichte, Schelling, Hegel und den Romantikern, einschließlich Hölderlin und Novalis – mit ihren oftmals übertriebenen Phantastereien und Gefühlsduseleien.
REPORTERIN: Aber Herr Kant, ich bitte Sie...

KANT: Auch auf die Gefahr, dass ich mich wiederhole. Ich sagte immer wieder: Gebt euch nicht den Gefühlen hin, dieser Illusion von Frieden und Liebe unter den Menschen – ein allzu fernes Ziel...
REPORTERIN: ... das man nicht aus den Augen verlieren sollte.
KANT: Ein langer, dornenreicher Weg, der vor uns liegt. Wir sollten ihn jedoch begehen.
REPORTERIN: Nochmals: Gefühle, Herr Kant?
KANT: Gefühle! Die gnädige Frau, immer wieder ist Sie versucht, sie in den Vordergrund zu stellen, ihnen eine besondere Bedeutung zu verleihen. Ich aber möchte deutlich machen: Übertrieben angewandt führen sie zu Verblendung und Phantasterei. Außerdem sind sie kein zuverlässiger Partner der Vernunft.
REPORTERIN: Damals schwärmten Sie noch vom Erhabenen.
KANT: Also gut: Ich bin beileibe kein Romantiker, aber ich schließe nicht aus, dass es Situationen im Leben geben mag, in denen sich der Mensch völlig eins fühlt mit der Natur. Hegel nennt es das „Baden der Seele im Äther der einen Substanz", Spinozas Philosophie kommentierend.
REPORTERIN: *(schwärmerisch)* Wunderschön ausgedrückt! Oh ja, das kann ich nachempfinden... als Romantikerin. Der Anblick eines prachtvollen nächtlichen Sternenhimmels beispielsweise, der auch Sie, Herr Kant, dass müssen Sie zugeben, zumindest in jungen Jahren, immer wieder ins Staunen und in Verzückung versetzte.
KANT: *(nachdenklich)* Nun, ich nannte es tatsächlich das Erhabene. Konfrontiert mit der Weite der Natur und dem gestirnten Himmel fühlte ich mich zweifellos dem Schöpfer nahe, blickte ihm quasi über die Schulter. Ein metaphysisches, aufs Gemüt gehendes Bedürfnis, zugegebermaßen. Ein Übersinnliches im Sinnlichen. Man ist geneigt, an Gott zu glauben, in dieser Situation. Die Erfahrung der Einsamkeit im Angesicht der Schöpfung kann durchaus zu einer ganzheitlichen Betrachtung des Universums führen. Keineswegs gedenke ich das abzustreiten.
REPORTERIN: Auch Einstein sagt ja, die Struktur des gesamten Weltalls könne nicht aus einem Zufall entstanden sein.
KANT: Vielleicht hat er Recht. Ich kritisierte, als... ja als Agnostiker, die uns damals angebotenen Gottesbeweise, muss aber zugeben, dass die vermeintliche Ordnung des Universums ein

starkes, eindrückliches Argument für die Existenz eines Schöpfers sein mag.
REPORTERIN: Auf die heutige Zeit bezogen, Herr Kant: Kann es sein, dass wir Menschen den übertriebenen Rationalismus, der sich verbreitet hat, als erstickend empfinden?
KANT: Es mag sein, dass sich der Zyklus der Aufklärung allmählich dem Ende zuneigt.
REPORTERIN: Eine Rückkehr zum Religiösen etwa?
KANT: Rationalismus und Atheismus mögen zurückweichen. Womöglich kann eine Gesellschaft nicht fortbestehen ganz ohne Religion. Religiöse Werte und Normen stärken die soziale Ordnung, wirken angstlindernd, entlastend, fördern das Sicherheitsbedürfnis, zweifellos.
REPORTERIN: Ist Religion deshalb vernünftig?
KANT: Ein Produkt der Vernunft, das sich, so behaupten zumindest einige Experten, im Laufe der Evolution in unserem sich stets vergrößernden Gehirn bildete. Dieser Meinung schließe ich mich an. Andererseits droht die Entmündigung des Einzelnen, eine gefährliche Entwicklung – die Kehrseite.
REPORTERIN: Herr Kant, kann es sein, dass Ihr langjähriger Diener Lampe einen gewissen Einfluss auf ihre Religionsphilosophie hatte?
KANT: *(erstaunt)* Wie sollte er?
REPORTERIN: Jedenfalls schrieb ihm Heinrich Heine...
KANT: Bitte nicht. *(etwas ungehalten)*
REPORTERIN: ... dieses zu. Sie sollten sich etwa so geäußert haben: „Der alte Lampe muss einen Gott haben, sonst kann der arme Mensch nicht glücklich sein – meinetwegen – so mag auch die praktische Vernunft die Existenz Gottes verbürgen." Und so unterschieden Sie dann zwischen theoretischer und praktischer Vernunft.
KANT: Der Einfluss meines Dieners auf mein philosophisches Gedankengut sollte demnach nicht unterschätzt werden. *(höchst amüsiert)*
REPORTERIN: Herr Kant, zurück zu Spinoza. Er ist Pantheist. Erklären Sie uns seine Philosophie genauer?
KANT: Benedictus Spinoza, im Grunde sehr religiös, glaubt in seinem *Pantheismus* an eine einzige Substanz, mit der er die Gottheit meint, die Ursache alles Seienden.
REPORTERIN: Gedenkt er die Position Gottes zu verteidigen?

KANT: Ja, schließlich befindet er sich in einer Zeitepoche, in der man annimmt, nur mit Hilfe von wissenschaftlichen Gesetzen und mathematischen Gleichungen das Universum erklären zu können.
REPORTERIN: Diese einzige Substanz, Herr Kant...
KANT: ...zeigt sich in zwei Formen: in der ausgedehnten Materie und im Denken.
REPORTERIN: Gott und die Welt sind eins.
KANT: Gott ist in der Welt, die Welt ist in Gott. In seiner Substanz ist alles enthalten. Die Differenz zwischen Geist und Körper, ein großes, bisher ungeklärtes Problem, glaubt Spinoza damit zu überwinden, die Trennung aufzuheben, den cartesianischen Dualismus umzubilden. Ähnliches versucht Leibniz in seiner Monadenlehre, die gnädige Frau möge sich bitte erinnern.
REPORTERIN: Cartesianisch?
KANT: Descartes lateinischer Name lautet Renatus Cartesius.
REPORTERIN: Ich erinnere mich an ein Gedicht, das uns Goethe vermittelt: „Was wär' ein Gott, der nur von außen stieße / Im Kreise das All am Finger laufen ließe / Ihm ziemt's, die Welt im Innern zu bewegen / Natur in sich, sich in Natur zu hegen / So dass, was in ihm lebt und webt und ist / Nie seine Kraft, nie seinen Geist vermisst.
KANT: Es ist mir nicht unbekannt. Aus ihm spricht ein stoischer Pantheismus, fürwahr.
REPORTERIN: Für Sie nachvollziehbar, Herr Kant?
KANT: Nein, es gelang mir nicht, mir die Natur weder als eine Art Körper, noch als eine Art Wesen vorstellen.
REPORTERIN: Ich las einmal, dass Spinoza seine „Ethik" mit geometrischen Methoden begründet. Ethik, vereint mit Mathematik, das klingt ziemlich seltsam. Wie passt denn das zusammen?
KANT: Nun, in diesem Meisterwerk behandelt er die gesamte Philosophie. Auch unser glasschleifender Philosoph ist beeinflusst von der stark aufkommenden Naturwissenschaft dieser Zeit, welche auch seinem Arbeitsbereich entspricht. Er möchte einfach durch seine Hinwendung zur Mathematik (insbesondere der Geometrie), mit ihrer Logik und wahren Sätzen, die von Gott gelenkten und verbürgten Naturgesetze mit ins Spiel bringen, welche unser Leben bestimmen. Dadurch will er die ratio-

nale, determinierte, harmonische Ordnung der Welt nachweisen.
REPORTERIN: Durch ein System von Definitionen und Axiomen, Herr Kant? Schwer begreiflich.
KANT: Zugegeben, für den Laien ist es kaum nachvollziehbar, wie Spinoza auf diese Art und Weise zu demonstrieren gedenkt, wie man ein ordnungsgemäßes, gutes und moralisches Leben führen könne. Womöglich versucht er eine Art Geometrie der Philosophie zu konstruieren.
REPORTERIN: Wer sich mit Linsenschleifen beschäftigt, hat vielleicht den besten Blickwinkel auf all diese Dinge.
KANT: Nett formuliert, keine Frage.
REPORTERIN: Spinozas Zeitgenosse, der leider sehr früh verstorbene französische Mathematiker, Naturforscher und Philosoph Blaise Pascal, mögen Sie über ihn einige Worte sagen, Herr Kant?
KANT: Pascal empfindet die bestehende Weltordnung als alles andere als harmonisch. Der berühmte Mathematiker (er gilt als mathematisches Wunderkind), geprägt von den neuesten naturwissenschaftlichen Erkenntnissen, betrachtet den Menschen als verloren und unorientiert, angesichts der unendlichen Größe des Universums.
REPORTERIN: Wie ich las, wird er später sehr gläubig.
KANT: Ja, nach einem Erlösungserlebnis bekennt er sich zur „Logik des Herzens", zu einer intuitiven Annäherung an den Herrgott und kritisiert den Rationalismus seines Kollegen René Descartes. Versuche, das Wesen der Welt erkennen zu wollen, hält er für vergeblich. Die Philosophie gerate an ihre Grenzen, das Denken stürze in höchste Verlegenheit. Der Mensch gleiche, aufgrund seiner Ohnmacht, einem „denkenden Schilfrohr", welches jederzeit umknicken könne.
REPORTERIN: Pascal versucht, sich Gott intuitiv zu nähern, nicht rationell?
KANT: Ähnlich wie Cusanus befürchtet er, dass sich das Denken „im Unendlichen verliert". Dabei spricht er von einer doppelten Unendlichkeit.
REPORTERIN: Erklären Sie das bitte?
KANT: Wir könnten das Wesen der Welt weder im unendlich Großen noch im unendlich Kleinen begreifen, wobei Pascal bemerkt, dass auch ein Atom noch nicht der letzte Baustein der

Wirklichkeit sei. Es könne folglich weiter geteilt werden. Klingt höchst modern, oder?
REPORTERIN: Ja, sicherlich ist er seiner Zeit ein gutes Stück voraus. Herr Kant, nun fehlt noch Gottfried Wilhelm Leibniz, über den wir schon einiges hörten, und dessen Ansichten zunächst auch Ihre philosophische Richtung bestimmen. Ein Universalgenie?
KANT: Es dürfte kaum ein Thema gegeben haben, zu welchem er sich nicht äußert. Zudem hinterlässt er Tausende von Notizen – als überragender Kopf seiner Zeit.
REPORTERIN: Auf diese Weise soll er eine große Unordnung hinterlassen haben, innerhalb seiner Aufzeichnungen.
KANT: Fraglos sind Zeitgründe dabei ausschlaggebend.
REPORTERIN: Seine Monadenlehre haben wir besprochen. Reine Metaphysik, reine Spekulation, wie ich finde.
KANT: Wer das behauptet, hat die Monadenlehre, wohl auch Leibniz, nicht recht verstanden.
REPORTERIN: Wie auch immer... Herr Kant, ich frage mich schon wieder, warum räumen so große Wissenschaftler wie Leibniz (und vorher Descartes) Gott einen derart großen Raum ein.
KANT: Einerseits will Leibniz die mechanische Weltsicht Descartes, andererseits auch die religiösen Vorstellungen seiner Zeit berücksichtigen. Er geht, wie Descartes, von eingeborenen Ideen und Wahrheiten aus, die durch Vernunftgebrauch aktiviert werden. Damit widerspricht er John Locke und seinem „tabula rasa"...
REPORTERIN: Mit dem wir uns nachstehend befassen sollten.
KANT: Leibniz vergleicht den Verstand mit einer Marmorplatte, die strukturell von Adern durchzogen ist und in der die Denkgesetze eingraviert sind. Neben den „Vernunftwahrheiten", Gott und die unsterbliche Seele, haben wir es auch mit „Tatsachenwahrheiten" zu tun, die durch Erfahrung zu gewinnen sind. Zur Wahrheitsfindung beabsichtigt er durch eine Begriffslogik zu gelangen. So befindet er, dass unsere logischen Schlüsse auf zwei Prinzipien beruhen: Auf dem Satz vom Widerspruch („Ein Satz ist entweder wahr oder falsch") und dem Satz vom zureichenden Grunde („Nichts geschieht und keine Aussage ist wahr ohne zureichenden Grund"). Zweifelsfrei

grundlegende und richtungsweisende Beiträge zur Logik, welche eine vernunftgemäße Argumentation ermöglichen soll.

REPORTERIN: Herr Kant, kommen wir zu den britischen Empiristen, mit deren Gedanken Sie sich, von ihnen inspiriert, intensiv auseinander setzten.

KANT: Nicht unerwähnt sollte bleiben, dass sie verschiedene, höchst interessante und ernst zu nehmende Versionen von Erkenntnistheorien entwickeln – mit all ihren Problemen.

REPORTERIN: Sie alle suchen eine Antwort auf die Frage: „Was kann ich wissen?"

KANT: Diesen äußerst komplizierten philosophischen Themenbereich mögen wir uns aufsparen, ihn später im Rahmen meiner Erkenntnislehre eingehend erörtern.

REPORTERIN: Erklären Sie uns die schon oftmals erwähnte Erkenntnistheorie etwas genauer? Sicherlich ein wichtiger Begriff in der Philosophie.

KANT: Sie ist die Untersuchung über die Fähigkeit der Sinne, des Verstandes und der Vernunft, zu wahren Erkenntnissen zu gelangen. Man fragt also nach dem Ursprung, Wesen, der Möglichkeit, Art und Wahrheit von Erkenntnis. Die Ontologie, die Seinslehre, hingegen ist bemüht, eine Antwort zu geben auf die große Frage, was wirklich existiert.

REPORTERIN: Rationalismus, Empirismus, Herr Kant?

KANT: Nun, im 17. und 18. Jahrhundert, im Zeitalter der Aufklärung, stehen sich in Europa die Theorien des Rationalismus einerseits und diejenigen des Empirismus andererseits oft ziemlich unversöhnlich gegenüber. Beide Seiten fragen sich: Können wir zu gesicherten Erkenntnissen über die Welt gelangen, ohne unsere Sinne einzusetzen?

REPORTERIN: Es handelt sich um zwei sich widerstrebende philosophische Strömungen?

KANT: Die Vertreter des Rationalismus, die bekanntesten, tonangebenden sind Descartes, Spinoza, Leibniz, halten die Vernunft für befähigt, aus sich selbst heraus, ohne unbedingt aus der Erfahrung schöpfen zu müssen, sichere Erkenntnis hervorzubringen. Kurz: Sie erachten rationales Denken beim Wissenserwerb für vorrangig oder sogar für allein hinreichend.

REPORTERIN: Ich hoffe, ich verstehe das richtig. Die Rationalisten sagen also: Alles, was meine Vernunft über die Welt aussagt, ist wahr. Man braucht dazu keine Erfahrung. Andere

Erkenntnisquellen wie Sinneserfahrungen werden im Rationalismus somit abgewertet?

KANT: Sie sind nicht so relevant. Noch einmal: Die meisten ihrer Vertreter glauben ausschließlich aufgrund angeborener, allgemein feststehender Begriffe – ich nannte es in meinen Kritiken „Erkenntnisse a priori", unabhängig von Erfahrung gültig – zur Erkenntnis des Weltzusammenhangs gelangen zu können. Das betrifft vor allem das Übersinnliche, das ja jenseits aller Erfahrung liegt.

REPORTERIN: Die Metaphysik also. Aber Herr Kant, entschuldigen Sie bitte, die Vorgenannten sind auch Mathematiker und Wissenschaftler. Eine Forschung ohne Erfahrungswerte ist kaum möglich.

KANT: Sie betrachten die Mathematik als sichere Denkmethode, dessen Licht sie in die Philosophie zu tragen gedenken. Und Mathematik hat mit Vernunftdenken zu tun, wie Platon bereits lehrt. Doch Sie hat nicht ganz Unrecht, die gnädige Frau. Eigentlich versuchen sie einen Mittelweg zu finden zwischen Vernunftdenken und Erfahrung, wobei sie, wie ich schon betonte, zwischen Verstandeswahrheiten und Tatsachenwahrheiten unterscheiden. Es gibt Übereinstimmung darin, dass man sich loslösen möchte von Bibelwissen und Offenbarung. Nein, eigentlich gibt es keinen wirklichen Konflikt zwischen empirischer Erkenntnis und vernünftigem Denken.

REPORTERIN: Tatsachenwahrheiten, Herr Kant...

KANT: ... beziehen sich nur auf die Erfahrungswelt, den erkennbaren Gegenstand betreffend.

REPORTERIN: Welchen Sie, Herr Kant, später als Phänomen bezeichneten, im Gegensatz zu Ihrem Ding...

KANT: Was meint Sie konkret, die gnädige Frau? *(lacht)*

REPORTERIN: *(errötet)* ... Ihrem berühmten, geradezu mysteriösen... „Ding an sich", dass Ihren Nachfolgern so große Rätsel aufgibt.

KANT: Ja, die unerkennbare Wirklichkeit hinter der dem menschlichen Bewusstsein sich darbietenden Erscheinung („Phainomenon") nannte ich das „Noumenon" – das „Ding an sich". Es existiert unabhängig von aller Erfahrung. Es ist das eigentliche Wesen der Wirklichkeit.

REPORTERIN: Sie glauben wirklich daran?

KANT: Natürlich, was soll die Frage. Im Gegensatz zu einigen naiven Realisten, welche die Auffassung vertreten, dass die Wirklichkeit tatsächlich so ist, wie sie uns täglich erscheint. Ein Fehlschluss, einfach lachhaft. *(verächtlich)*
REPORTERIN: Sie, Herr Kant, sprachen von einer anderen Welt, zu der wir keinen Zugang haben, durch den Schleier der Maya verdeckt gewissermaßen.
KANT: Schleier der Maya! Womit Sie Ähnlichkeiten mit den *Upanischaden* andeutet, die gnädige Frau.
REPORTERIN: Eine uralte indische Geheimlehre...
KANT: ... welche dem Hinduismus eine ähnliche Sichtweise vermittelt wie einige westliche Philosophen dem Abendland – meine Wenigkeit eingeschlossen.
REPORTERIN: Erstaunlich, oder?
KANT: Was meint Sie?
REPORTERIN: Ich meine diese weitgehenden Übereinstimmungen zwischen Ost und West, ohne direkten Erfahrungsaustausch, aufgrund der großen Entfernungen beispielsweise.
KANT: Nun ja, im Osten können sich philosophische Gedanken Jahrhunderte lang freier entfalten als damals im Westen, wo sie bekanntlich, das ganze Mittelalter hindurch, zur Magd der Theologie degradiert werden. Ein beständiger Austausch des Denkens erfolgt erst innerhalb der letzten 200 Jahre. Schopenhauers Philosophie übrigens hat daran einen gewissen Anteil.
REPORTERIN: Trotzdem, ich bleibe dabei: Es überrascht doch, finde ich, dass man in Bezug auf dieselben Probleme zu nahezu übereinstimmenden Schlussfolgerungen gelangt.
KANT: Auf beiden Seiten gab und gibt es eben intelligente und nachdenkliche Menschen *(lacht)*. Von völliger Übereinstimmungen allerdings kann keine Rede sein – auch zwischen Hinduismus und Buddhismus nicht. Von einer gewissen Ähnlichkeit schon. Kein westlicher Philosoph, auch Schopenhauer nicht, glaubt an Seelenwanderung – abgesehen von Pythagoras und Platon im alten Griechenland. Überein stimmen Schopenhauer und ich in der Annahme einer uns verborgenen „wirklichen Wirklichkeit" hinter der Erfahrungswelt.
REPORTERIN: Die Welt als Vorstellung.
KANT: Auch dass das Erfahrungssubjekt aktiv an der Bildung der empirischen Welt beteiligt ist, Raum und Zeit als nicht real vorhanden, sondern lediglich subjektiv zu betrachten sind.

REPORTERIN: Wir selbst also bilden uns die Welt?
KANT: Richtig. Auch wenn ich schon vorgreife – aufgrund gewisser Formen, die ich *Kategorien* nannte, welche sich im menschlichen Gehirn befinden und uns in die Lage versetzen, die unserige Welt abzubilden.
REPORTERIN: Demnach handelt es sich um Bedingungen in uns selber, welche unsere Auffassung von der Welt bestimmen?
KANT: Ja, es gibt Voraussetzungen in der menschlichen Vernunft, die alle unsere Erfahrungen prägen.
REPORTERIN: Die berühmte „Kopernikanische Wende" im Denken des Menschen, die Sie einleiteten, Herr Kant!
KANT: Ein Hauptthema der „Kritik der reinen Vernunft", welches wir uns für einen späteren Zeitpunkt aufsparen sollten.
REPORTERIN: Gut, lassen wir das. Sie erwähnten gerade Schopenhauer, dessen Philosophie, so muss ich gestehen, mich persönlich besonders fasziniert.
KANT: Er ist der erste neuzeitliche Philosoph, der sich ernsthaft mit fernöstlichen Lehren, insbesondere dem Hinduismus und Buddhismus, auseinandersetzt und sie in sein Gedankengebäude mit einbezieht, wie schon erwähnt. Ich selbst hatte noch keinen direkten Zugang zu jener Art von Philosophie, zugegebenermaßen.
REPORTERIN: Herr Kant, noch einmal zurück zum Thema Rationalismus/Empirismus.
KANT: Es ist schwierig, die einzelnen neuzeitlichen Denker durchgängig der einen oder anderen Richtung zuzuordnen, zumal sie sich nicht unbedingt der Metaphysik verpflichtet sehen, wie die antiken Philosophen vom Schlage eines Platon.
REPORTERIN: Der englische Empirismus...
KANT: ... geht zurück auf die oftmals erwähnten Francis Bacon, Thomas Hobbes und Isaak Newton. Bestritten wird, dass gesichertes Wissen allein der Vernunft entspringt. Die Empiristen betonen, dass wir Informationen über die Außenwelt nur über die Sinne erhalten können. Die Arbeit des Geistes besteht wesentlich darin, die Informationen zu bewerten, Schlüsse zu ziehen.
REPORTERIN: Die eigentliche Quelle ist demzufolge die Sinneserfahrung.
KANT: Richtig. Ich sprach von „Erkenntnissen a posteriori".
REPORTERIN: Nur durch Erfahrung gültig beweisbar.

KANT: Nun aber sollten wir uns über den Philosophen und politischen Theoretiker John Locke unterhalten, ohne näher auf seine viel beachteten Ansichten über die Erkenntnismöglichkeit des Menschen einzugehen.
REPORTERIN: Gern, Herr Kant. Locke gilt ja als Vater des Liberalismus.
KANT: Sehr gut. Er begründet in seinem großen Werk „Zwei Abhandlungen über die Regierung" die Theorien vom Menschenrecht, Toleranz und Gewaltenteilung, indem er für die Gleichheit und Freiheit aller eintritt... mit großer Nachwirkung, insbesondere in Frankreich und Amerika.
REPORTERIN: Legislative, Exekutive... und Judikative.
KANT: Letztere sollte erst der Franzose Montesquieu aus der Wiege heben. Im Gegensatz zu Hobbes sieht Locke den Menschen nicht als eine Art Urwaldbestie. Er spricht sich aus für einen Zusammenschluss freier, unabhängiger Bürger, schafft letztendlich die Grundlage für den neuen Kapitalismus.
REPORTERIN. Vielleicht doch noch einige Worte zu seiner Erkenntnistheorie, Herr Kant.
KANT: Also gut. Kurz und knapp: John Locke ist der Erste, der sich systematisch damit befasst, den Ursprung, die Gewissheit und den Umfang der menschlichen Erkenntnis zu untersuchen, und zwar in seinem Werk „Essay über den menschlichen Verstand". Seine Ziele sind bescheiden, denn er sieht sich, nach eigenem Bekunden, als „Hilfsarbeiter, der den Weg ein wenig frei räumt und etwas Schutt beseitigt, welcher der Erkenntnis im Wege liegt".
REPORTERIN: Klingt wirklich bescheiden.
KANT: Bekannt ist seine Feststellung, vor der Erfahrung, also ehe wir etwas empfinden, sei das Bewusstsein leer wie ein „unbeschriebenes Blatt, wie eine unbeschriebene Tafel (tabula rasa)", dem Geist eines neugeborenen Kindes gleichend. Unsere Gedanken und Vorstellungen sind demnach nur Reflexe von Sinneseindrücken und Empfindungen, die auf uns einströmen und entsprechend verarbeitet werden.
REPORTERIN: Das leuchtet ein. Alle Menschen kommen somit zu gleichen Bedingungen auf die Welt, niemand ist durch seine Geburt überlegen.
KANT: Gemäß Locke hängt alles davon ab, wie der Einzelne erzogen wird. Seine Gedanken fallen gerade in Frankreich auf

fruchtbaren Boden, im Hinblick auf die Französische Revolution.

REPORTERIN: Sinneseindrücke und Empfindungen, von der die Erkenntnis abhängig ist, können jedoch trügerisch sein, oder?

KANT: Auch das berücksichtigt Locke und spricht vom „gesunden Menschenverstand", den jeder Mensch anwenden kann, wenn er sich seiner Sache sicher ist.

REPORTERIN: Hm... Er traut den Menschen einiges zu. Herr Kant, eine andere Frage: Hat Locke eine Abneigung gegen die Metaphysik und ihre Vertreter, den rationalen Denkern?

KANT: Er befindet, bevor man zu philosophieren beginnt, müsse man sich darüber klar werden, was unser Verstand überhaupt zu leisten vermag, zu welchen Leistungen er fähig ist. Locke stellt sich folgende Fragen: Wie gelangen Vorstellungen und Begriffe in unser Bewusstsein hinein? Von außen? Haben wir sie in unserem Denken gebildet? Oder waren sie schon immer in uns vorhanden?

REPORTERIN: Seine Antwort, Herr Kant...?

KANT: Wie schon gesagt: Locke behauptet, dass unsere Ideen und sittlichen Grundsätze nicht angeboren sind, nur aus äußeren und inneren Erfahrungen stammen können. An dieser Stelle grenzt er sich vor allem stark ab von Descartes.

KANT: Auch von dessen Lehre verschiedener Substanzen, Geist und Körper?

KANT: Da stimmen beide überein, gehen von einer von unseren Sinnen unabhängigen Welt aus.

REPORTERIN: Zweifellos ist John Locke ein großer Erkenntnistheoretiker. Wer sind seine Nachfolger?

KANT: David Hume und meine Wenigkeit im 18. Jahrhundert, Arthur Schopenhauer im 19. und Bertrand Russell und Karl Popper im 20. Jahrhundert.

REPORTERIN: Herr Kant, sagen Sie. Es gibt da jemanden, unter den britischen Empiristen wohlgemerkt, der tatsächlich die Existenz einer materialistischen Welt außerhalb des menschlichen Bewusstseins bestreitet. Eine, wie ich finde, geradezu abenteuerlich anmutende These, oder? Da erhebt sich doch gleich die Frage, sind wir wirklich Menschen aus Fleisch und Blut? Besteht unsere Welt aus wirklichen Dingen oder sind wir nur von Bewusstsein umgeben?

KANT: Nun mal langsam. Gemach, gemach. Sie will sicherlich hinaus auf den englischen Philosophen und Bischof Georg Berkeley.
REPORTERIN: Genau den meine ich.
KANT: Richtig bekannt wird Berkeley, als er vergeblich versucht, auf den Bermudas eine Missionsschule zu gründen. Wenden wir uns jedoch seiner Philosophie zu, die wir aufgrund ihrer Ungewöhnlichkeit ein wenig näher beleuchten sollten. Dabei ist Voreingenommenheit fehl am Platz. Wir sollten versuchen, Berkeley richtig zu verstehen. Er glaubt nämlich, dass die Wissenschaft und die Philosophie seiner Zeit, mit ihrem übertriebenen Materialismus, die christliche Weltanschauung bedrohe und Gott seinen notwendigen Platz streitig mache.
REPORTERIN: Er gedenkt den christlichen Glauben zu stärken und nicht irgendwelche radikalen Thesen in die Welt zu setzen?
KANT: Ja, sein Hauptanliegen ist die Widerlegung des Materialbegriffs, um dem Atheismus den Boden zu entziehen. Natürlich gehört es zur selbstverständlichen Erkenntnis unserer Alltagserfahrung, eine von uns unabhängige Außenwelt anzunehmen.
REPORTERIN: Berkeley allerdings streitet gerade das ab. Für ihn ist das nichts Selbstverständliches? Locke, selbst Rationalisten wie Descartes, Leibniz und Spinoza halten die physikalische Welt doch sicherlich für eine Realität?
KANT: Ja, die Berkeley konsequent bezweifelt. Und somit widerspricht er deren Meinung, versucht in einen Idealismus hineinzuführen. Ein kurzer Blick zurück: Nach Locke gibt es nur Einzeldinge in der Welt, die nach mehrstufigem Abstraktionsprozess verallgemeinert, in Begriffe umzuwandeln sind. Er bezeichnet die Materie als Anker zur Außenwelt, die als Ideen abgebildet werden.
REPORTERIN: Berkeley hingegen wendet sich gegen Lockes Ansicht von einer realen, von uns wahrgenommenen Außenwelt...
KANT: ... und behauptet, wir hätten einfach keinen anderen Zugang zu ihr als über die sinnliche Wahrnehmung.
REPORTERIN: Da scheint er Recht zu haben.
KANT: Berkeley sagt: Das Einzige, was existiert, ist das, was wir empfinden. Was wir daher Stoff und Materie nennen, *empfinden* wir nur als solches, es existiert nur in unseren Vorstel-

lungen. Für ihn gibt es nur eine Substanz: den Geist oder das Denken. Die Existenz einer dahinterliegenden Substanz können wir letztlich nicht beweisen. Der Materialbegriff fällt damit fort.
REPORTERIN: Aber Herr Kant, da muss ich einmal vehement widersprechen! Ich empfinde doch Schmerz, wenn ich mit der Hand auf den Tisch, einer Substanz, schlage. Das sollte doch Beweis genug sein. *(schlägt auf die Tischkante)*
KANT: *(besorgt)* Nicht so heftig, Sie verletzen sich sonst, die gnädige Frau. Ich bin überrascht von Ihrer Dynamik. Doch ich frage Sie: Ist das wirklich ein Beweis? Egal, was wir tun, betroffen sind lediglich unsere Empfindungen, in diesem Fall das Fühlen, eines unserer Sinnesqualitäten. Auch ich werde später noch zeigen, dass wir durch unsere Sinne allein niemals zur Erkenntnis gelangen werden, immer den Verstand hinzuziehen müssen.
REPORTERIN: Die Sinnesqualitäten sind demnach nicht verlässlich...
KANT: ... und von Mensch zu Mensch verschieden. Sie seien keine Indizien für eine Existenz außerhalb unseres Bewusstseins, so Berkeley. Daher sein berühmter Satz: „Esse est percipi" (Das Sein der Dinge besteht nur in ihrem Vorgestellten).
REPORTERIN: Egal, was wir anschauen, riechen, hören, fühlen... Wenn wir das unterlassen, hören die Dinge auf zu existieren? Wenn ich also dieses Zimmer verlasse, in welchem dieser Stuhl steht, dann gehört der Stuhl auf zu existieren? Welch ein Blödsinn, pardon!
KANT: Nun, Berkeley hält das zumindest für möglich. Das, was wir Außenwelt nennen, liegt für ihn nur in unserer Innenwelt. Die Existenz der Dinge ist untrennbar verbunden mit den Subjekten, die sie wahrnehmen, also uns selbst. Und so meint er, dass der Beweis, dass sie tatsächlich existieren, nicht erbracht werden kann mittels unserer Sinnlichkeit.
REPORTERIN: Du meine Güte! Ich bin verblüfft. Wir könnten tatsächlich über die Dinge selbst überhaupt nichts wissen. Das hat gewiss nichts mit einem Empirismus und *Materialismus* zu tun. Für mich ist das purer *Idealismus.*
KANT: Ja, die Natur stammt, so Berkeley, lediglich aus einer höheren, unbewussten Vorstellungstätigkeit, die Welt existiert nur in unserem eigenen Ich.
REPORTERIN: Und die Ursache unserer Vorstellungen...

KANT: ... begründet sich in einer äußeren Macht, nämlich Gott... als einzige Quelle unserer Empfindungen und Ideen. Er allein verbürgt unsere Wahrnehmung von der Welt.
REPORTERIN: Oh nein, nicht Gott schon wieder.
KANT: Aber tröste Sie sich, Berkeleys Ansichten, dass keine Außenwelt existiere, wird zu keiner Zeit für richtig ernst genommen. Seine These allerdings, die wahrgenommene Welt sei eine Vorstellung, hat deutliche Spuren in der Philosophie hinterlassen, vor allem bei David Hume, Arthur Schopenhauer und später bei Ludwig Wittgenstein.
REPORTERIN: Auch bei Ihnen, Herr Kant?
KANT: Ja, auch bei mir.
REPORTERIN: Die Welt nur als Erscheinung, nur als Wahrgenommenes.
KANT: Eine äußerst interessante, außergewöhnliche These, die keine andere Wirklichkeit zulässt als die vom Verstand wahrgenommenen Ideen. Etwas existiert nur, insofern es wahrgenommen wird.
REPORTERIN: Aber Herr Kant, die Existenz einer Außenwelt wollen doch auch Sie nicht ernsthaft infrage stellen, oder?
KANT: Natürlich nicht. Sie ist jedoch nicht beweisbar. Berkeley hielt deshalb das Gerede von einer Außenwelt für überflüssig.
REPORTERIN: Ich möchte nochmals fragen. Wie reagierten Sie damals auf eine solch abwegige Aussage?
KANT: Ich gebe zu, dass mich Berkeleys Sichtweise, die Welt als Erscheinung, beeinflusste, ja zum tiefsten Nachdenken veranlasste. Ebenso wie die Ansichten seiner Kollegen Locke und Hume.
REPORTERIN: Herr Kant, auf letzteren, dem im schottischen Edinburgh geborenen Philosophen und Historiker David Hume, sollten wir unbedingt zu sprechen kommen, der Sie, nach eigenen Aussagen, erst ins Grübeln und schließlich zum langen Nachdenken brachte, als Sie ihn studierten.
KANT: Ja, schon allein im Hinblick auf meine „kritischen" Werke. Hume gab mir wichtige Impulse und meinen Gedanken einen neuen Schwung. Sein großes Werk „Untersuchung über den menschlichen Verstand" war mir schon seit Mitte der 1750er Jahre weitgehend bekannt. Dessen Schlussabschnitt „Nachtgedanken eines Skeptikers" (übersetzt von meinem

Freund Hamann) las ich mit höchstem Interesse und Genuss. Wir sollten deshalb an seinen Überlegungen teilhaben und uns vor allem intensiv mit seiner nicht leicht verständlichen kritischen Erkenntnistheorie befassen, die noch über Locke und Berkeley hinausgeht. Allerdings zu einem späteren Zeitpunkt.
REPORTERIN: Vielleicht einige Worte zu seiner Person, Herr Kant?
KANT: David Hume ist Empirist und skeptischer Aufklärer zugleich, der sein berühmtes Buch 1748 schreibt. Anders als die meisten seiner Kollegen interessiert er sich für die Alltagswelt, die Belange und Verhaltensweisen der Menschen, welche er auf seinen Reisen kennen lernt und nimmt die menschliche Natur zum Ausgangspunkt seiner Philosophie. Er gedenkt auf diese Weise die bisherige aufgestaute Dogmatik des Mittelalters und den Rationalismus des 17. Jahrhunderts zu überwinden.
REPORTERIN: Er schreibt ein großes Werk: „Die Geschichte Großbritanniens"...
KANT: ... das in viele Sprachen übersetzt wird und ihn endgültig zum reichen Manne macht.
REPORTERIN: Dem immer freundlich und heiter gestimmten David Hume, so las ich, machen einige seiner französischen Kollegen gern ihre Aufwartung. So auch Jean-Jacques Rousseau, mit dem er sich angefreundet haben soll.
KANT: Welches sich, angesichts dessen sprunghaften Charakters, als äußerst schwierig gestaltet haben dürfte.
REPORTERIN: Humes Leibesfülle soll ja, ähnlich wie bei Thomas von Aquin, beträchtlich gewesen sein. Sicherlich seinem großen Appetit geschuldet.
KANT: Nun, Sie spricht sein Privates an. Die Tugend des Maßhaltens scheint ihm fremd gewesen zu sein. Ja, diesbezüglich muss er tatsächlich einige spöttische Bemerkungen über sich ergehen lassen. Beispielsweise spottet man, die Weisheit habe sich vermutlich noch nie in eine so sonderbare Gestalt verkleidet. Außerdem wird der so Gescholtene als „der mit Abstand dickste Keiler in Epikurs Stall" bezeichnet.
REPORTERIN: Verstehe, Hume ist Epikureer... wie Sie, Herr Kant. Alles andere als Komplimente, die man da über ihn ausschüttet.

KANT: Die Weisheit scheint sich tatsächlich in den sonderbarsten Gestalten zu verbergen. Ich weiß wovon ich spreche. *(lacht)*
REPORTERIN: Kein Kommentar, Herr Kant. *(lacht ebenfalls)* Klingt stark nach englischem Humor, wie ich finde.
KANT: Den ich übrigens sehr schätze.
REPORTERIN: Ich weiß, ich weiß, Ihr bester Freund war schließlich Brite.
KANT: Humes Gedanken erweckten mich tatsächlich aus meinem dogmatischen Schlummer. Meine Antwort möchte ich Ihr nicht vorenthalten, doch alles zu seiner Zeit. Soviel vorweg: Hume seinerseits sucht sie im menschlichen Empfinden mit den täglichen Erfahrungen und zeigt dabei Grundprinzipien unseres Denkens auf. Er stellt Überlegungen zur Assoziation an, somit zur Frage, wie wir von der Beobachtung von Einzeldingen und deren Zusammenhängen zu allgemeinen Urteilen gelangen, wobei er sich insbesondere mit dem Thema der Kausalität beschäftigt.
REPORTERIN: Also mit der Verbindung von Ursache und Wirkung.
KANT: Dabei leugnet er, nach Tradition der englischen Empiristen, die Existenz reiner Vernunftwahrheiten und hält an deren Ansichten fest, dass alle Erkenntnis ihren Ursprung in der Erfahrung habe – die bisherige Metaphysik und ihre dogmatische Denkweise somit verwerfend. Nur die Mathematik gilt für ihn als sicher.
REPORTERIN: Endet sein Empirismus nicht im Skeptizismus?
KANT: Ja, je intensiver er sich mit der Thematik beschäftigt. Er meint, dass wir Substanz und Kausalität nicht wahrnehmen können und lediglich ein innerer, gewohnheitsbedingter Zwang dazu führe, an deren Existenz zu glauben. Gemäß eigener Aussagen kommt er sich vor wie ein Seemann, der mit seinem Schiff auf viele Sandbänke aufläuft, anstatt, als Aufklärer, Licht und Helligkeit in die Vernunft zu bringen. Die ganze Welt kommt ihm vor wie ein großes Rätsel. Mein Kommentar dazu (im Rahmen meiner Erkenntnislehre) lautete damals: Sein Schiff setzt er, um es in Sicherheit zu bringen, auf den Strand (des Skeptizismus), wo es dann liegen bleibt und verfaulen mag.

REPORTERIN: Hm... den gewohnheitsmäßigen Zwang betreffend in der Kausalität. Können Sie uns ein Beispiel nennen?
KANT: Ich nenne ein klassisches Beispiel: Über Tausende von Jahren beobachtet man, dass alle Schwäne weiß sind.
REPORTERIN: Das gilt dann als Tatsache, als Wahrheit.
KANT: Richtig, als verifiziertes Naturgesetz. Man geht durch *Induktion*, durch Ableitung des Allgemeinen vom Besonderen, von der Erwartung aus, dass auch zukünftig alle Schwäne weiß seien, gewohnheitsmäßig also. Überraschenderweise aber findet man in Australien plötzlich schwarze Schwäne.
REPORTERIN: Was nun?
KANT: Das Naturgesetz, dass alle Schwäne weiß sind, hat somit seine Gültigkeit verloren, wird falsifiziert, als falsch erkannt.
REPORTERIN: Fazit, Herr Kant?
KANT: Die Wissenschaft hat infolgedessen ein großes Problem, ein Induktionsproblem, welches insbesondere Karl Popper im 20. Jahrhundert eingehend behandelt. Alle Beobachtungen und damit abgeleitete Hypothesen besitzen nur solange Gültigkeit, bis...
REPORTERIN: ... das Gegenteil nicht bewiesen werden kann.
KANT: Ganz genau.
REPORTERIN: Aber zerstört Hume (und auch Popper) damit nicht die Induktion als wissenschaftliche Methode?
KANT: Mit folgenschweren Auswirkungen. David Hume nimmt sich vor, die Fundamente für eine rein empirische Wissenschaft der menschlichen Natur zu legen und hat sie am Ende untergraben, letztendlich den Empirismus zerstört.
REPORTERIN: Für immer?
KANT: Ja, für immer. Seit Descartes steht das Streben nach Gewissheit im Zentrum der abendländischen Philosophie. Ebenso glaubt man seit Newton, ein riesiges zuverlässiges Wissen für alle Zeit erworben zu haben, ein Wissen von grundlegender Bedeutung...
REPORTERIN: Bis Einstein kommt?
KANT: Richtig. Dieser legt seine Relativitätstheorie vor. Unser Weltverständnis ändert sich nun nachhaltig.
REPORTERIN: Es geht um Gewissheit?
KANT: Welche bis da hin als unumstößlich gilt. In der ersten Hälfte des 20. Jahrhunderts erkennt Karl Popper (vorher David

Hume), dass man niemals die Wahrheit von wissenschaftlichen Theorien und Erkenntnissen beweisen kann. Sie sind lediglich Erzeugnisse des menschlichen Geistes, beruhen auf Vermutungen und müssen im Lichte neuer Erfahrungen – das Beispiel mit den Schwänen nannte ich – ständig revidiert werden. Dass heißt im Klartext: Vorhandene Theorien werden ständig durch bessere ersetzt.

REPORTERIN: Gilt das nur für die Wissenschaft?

KANT: Nein, auch für alle anderen Betätigungsfelder, einschließlich denjenigen des täglichen Lebens. Ich sage es noch einmal: Wir stellen lediglich Vermutungen auf und *nähern* uns nur der Wahrheit. Wir sprechen von der Plausibilität des Wissens.

REPORTERIN: Du meine Güte, wie schwerlich doch die Wahrheit zu ergründen ist! Herr Kant, bleiben wir bei David Hume. Glaubt er wenigstens an die Existenz einer Außenwelt, im Gegensatz zu Berkeley?

KANT: Hume ist der Meinung, dass sie sich nicht durch rationale Begründung stützen lässt. Trotzdem kämen wir nicht umhin, an ihre Existenz zu glauben, die Natur ließe uns keine andere Wahl.

REPORTERIN: Hm... Klingt wenig aussagekräftig. Herr Kant, Geist, Bewusstsein und Seele werden, wenn ich Sie richtig verstanden habe, eigentlich überwiegend, zumindest von den Rationalisten, als idealistisch, als immateriell betrachtet und im Laufe der Religions- und Philosophiegeschichte verschiedenartig gedeutet. Gern würde ich die beiden gegensätzlichen Extrempositionen, eben *Materialismus* und *Idealismus,* mit Ihrer Hilfe ein wenig näher beleuchten.

KANT: Sehr gern, ein äußerst interessanter Themenbereich.

REPORTERIN: Zunächst zum Materialismus, der Lehre von der Alleinwirklichkeit des Stofflichen. Wo liegen seine Ursprünge, die Quellen? Auf wen geht er zurück?

KANT: Auf die Bemühungen der altgriechischen Naturphilosophen, insbesondere auf diejenigen des Heraklit und der frühen Atomisten.

REPORTERIN: Wie geht es dann weiter?

KANT: Während in der mittelalterlichen Scholastik die Materie als rein passiv betrachtet wird, spricht man ihr in der Neuzeit aktive Fähigkeiten zu. In der Zeit der Aufklärung – die wir in einem gesonderten Themenabschnitt näher erläutern sollten – sind es die französischen Materialisten Gassendi, La Mettrie (ihm gewährte Friedrich der Große Asyl), d'Holbach, Helvétius, Diderot, die für ein mechanistisches Weltbild plädieren. In ihm wirkt die Natur aus sich selbst heraus, und alle ihre Prozesse vollziehen sich deterministisch, sind vorherbestimmt. Wobei man ausdrücklich von einem Atheismus ausgeht. Der Mensch als Maschine *(seufzt tief)*! Die Metaphysik wird zurückgedrängt. Descartes Gedanke trägt Früchte, man ist inspiriert.

REPORTERIN: Und die Gegenposition, der Idealismus?

KANT: In ihm ist allein der Geist wirklich, die Materie lediglich eine von ihm abgeleitete Erscheinungsform.

REPORTERIN: Der Geist also, das Nichtmaterielle, ist die absolute Realität?

KANT: Die sinnliche Wirklichkeit wird als Erscheinung eines Übersinnlichen gedeutet, das dem wahren Wirklichen entspricht, kurz und knapp definiert. Dieser Gedanke geht, wie Sie weiß, auf Platons Ideenlehre zurück.

REPORTERIN: Vertraten Sie damals die gleiche Auffassung, Herr Kant?

KANT: Nun, halbwegs wandte ich mich Platon zu, zugegebenermaßen. Dennoch ein kritisches Wort zu ihm: Meines Erachtens nach hat er sich auf den kühnen Flügeln seiner Ideen am Ende in einen leeren Raum hineingewagt, wo er schließlich keine Stütze mehr findet. Ich jedenfalls, um Ihre Frage zu beantworten, gedachte mich nicht in die Gefahr zu begeben, schwankenden Boden zu betreten, sondern trachtete vielmehr danach, mir festen Untergrund zu verschaffen.

REPORTERIN: Ja, das betonten Sie schon. Auf Platon, besonders auf den Neuplatonismus, baut doch dann, zu Beginn des 19. Jahrhunderts, der *Deutsche Idealismus* auf, den Sie, Herr Kant, durch Ihre „Kritiken" erst ermöglichten und eine entscheidende Richtung gaben.

KANT: Meine halbe Rückwendung zu Platon wird nun leider zu einer ganzen. Man glaubt wieder *alles* zu erkennen. Welch ein Irrtum! Übrigens bezeichnete ich meine Position als „kritischen Idealismus".

REPORTERIN: Kommen wir zum Deutschen Idealismus...

KANT: ... der mir nachfolgte. Auch er sieht das Wesen, welches der Erscheinung zugrunde liegt, als geistige Wirklichkeit.

Für Georg Wilhelm Friedrich Hegel beispielsweise ist der Geist das wahrhaft Wirkliche, das sich in der Natur objektiviert, sich eine äußere Gestalt gibt. Als *subjektiver* Geist stellt er das menschliche Denk- und Reflexionsvermögen dar, das Bewusstsein. Als *objektiver* Geist findet er sich in Sprache, Wissenschaft, Staat und Gesellschaft wieder. Heutzutage würden wir es wohl Zeitgeist nennen. Im *absoluten* Geist schließlich gelangt er als Kunst, Religion und letztlich Philosophie zum Begreifen seiner selbst, seiner eigene Wirklichkeit. Der Weltgeist also begegnet sich selbst, reflektiert über seine Rolle in der Welt. Dieses macht Hegel u.a. in seinem Werk „Die Phänomenologie des Geistes" deutlich, mehr oder weniger. *(lacht)*
REPORTERIN: Bedient er sich nicht der dialektische Methode, im Anschluss an Heraklit?
KANT: Nun, Hegels praktizierende Methode der *Dialektik* als Selbstbewegung der Wirklichkeit erwähnten wir bereits. Den Weg zur Wahrheit sieht er als geschichtlichen Prozess, die Vernunft entwickelt sich, die menschliche Erkenntnis schreitet voran.
REPORTERIN: Die Sache mit dem absoluten Geist...
KANT: Ich sage es noch einmal (um endgültig alle Klarheiten zu beseitigen): Kein anderer als Gott entlässt sich als absoluter Geist in die Natur, in die Welt, wird so zum objektiven Geist – nicht zu verwechseln mit dem subjektiven Geist des Menschen. Ein in sich reflektierendes Werden, ein Anwachsen des Weltgeistes, sich später selbst begreifend – als Absolutes, als Wirklichkeit in höchster Vollkommenheit, als letzte Synthese sozusagen. Diese Selbstentfaltung führt letztlich zum Selbstbewusstsein, zur Selbsterkenntnis desselbigen.
REPORTERIN: *(amüsiert)* Aha! So ist das also mit dem Geist. Wo aber bleibt dabei die kantische Klarheit?
KANT: Auf der Strecke, sicherlich... sich auflösend in Nebelschwaden überreichlicher Spekulation. Für mich ist Hegel seit jeher ein Mystiker, setzt dem Erkennbaren keine Grenzen – bedauerlicherweise.
REPORTERIN: Aber ernsthaft, Herr Kant: Hegels spekulative Philosophie erscheint wirklich schwer zugänglich, klingt außerdem ziemlich verwirrend, wie beispielsweise sein Ausspruch, den womöglich bis heute niemand richtig verstanden hat. „Was

vernünftig ist, das ist wirklich; und was wirklich ist, das ist vernünftig".
KANT: Da stimme ich Ihr nur bedingt zu. Der Kollege Hegel begreift (ein wenig von mir inspiriert, wenn ich das sagen darf) das abendländische Denken historisch, quasi als geschichtliche Selbstentfaltung des Geistes.
REPORTERIN: Gilt Hegel nicht als *der* preußische Staatsphilosoph schlechthin?
KANT: Er ist der Meinung, der Weltgeist habe im Preußentum sein Ziel erreicht – die Entfaltung der absoluten Wahrheit. Der preußische Staat als Musterstaat *(lacht)*. Einfach lächerlich! Damit schafft Hegel nicht nur gute Voraussetzungen für sein eigenes Staatsbegräbnis, sondern fördert auch die Staatsgläubigkeit der Deutschen, mit entsprechenden Auswirkungen. Sich selbst und seine Philosophie betrachtet er, überflüssigerweise, als die eigentliche Inkarnation unserer Erleuchtung.
REPORTERIN: Sicherlich ein gutes Beispiel für Selbstüberschätzung.
KANT: Maßlos, einfach maßlos.
REPORTERIN: Als wichtige Vertreter des Deutschen Idealismus erweisen sich außerdem Johann Gottlieb Fichte und Friedrich Wilhelm Schelling.
KANT: Nun ja. Fichte studiert meine Philosophie sehr fleißig, besucht mich in Königsberg und legt mir dann seine Schrift vor, die er später zu einer Art „Wissenschaftslehre" auszubauen trachtet. Zunächst unterstützte ich ihn, war dann nicht mehr so geschmeichelt, als er, seiner tatkräftigen Art entsprechend, meine Philosophie zu „vollenden" gedachte. Mit gebieterisch schneidiger Stimme, einem Befehl gleich, soll er später in seinen Vorlesungen immer wieder versucht haben, sein berühmtes „ absolutes Ich" zu erklären.
REPORTERIN: Hat ihn jemand verstanden?
KANT: Ob Fichtes Bemühungen erfolgreich sind, das schöpferische Ich, das Ich also als Handlungsobjekt – gleichwohl Ausgangspunkt allen Seins („Das Ich setzt sich selbst, erzeugt das Nicht-Ich") – genau zu erklären, ist mir nicht bekannt. Die Beifallsnicker, schweigende Schmeichler allemal, hat er mutmaßlich auf seiner Seite, insbesondere nach seiner berühmten nationalromantischen „Rede an die Deutsche Nation."
REPORTERIN: Das Ich erzeugt das Nicht-Ich?

KANT: Ja, letzteres ist gleichsetzbar mit der Außenwelt. Falls Es, das gnädige Nicht-Ich, zu diesem Thema noch Fragen hat, bin ich gern bereit.... *(lacht)*
REPORTERIN: Nein Danke, Herr Kant. Das Nicht-Ich hat dazu keine Fragen mehr, es ist kurzweilig verstummt. *(lacht auch)* Sprechen wir lieber über Schelling.
KANT: Für Schelling ist nicht die Natur das Produkt des menschlichen Geistes (wie Fichte lehrt), sondern umgekehrt der Geist das Produkt einer nach Gesetzen der Intelligenz schaffenden, sich stetig entwickelnden Natur.
REPORTERIN: Die Einheit des Ichs mit der Natur...
KANT: ... nennt er das Absolute. Alles ist in ihm aufgehoben, Subjekt, Objekt, Geist, Materie.... Die Natur als sichtbarer Geist, der Geist als unsichtbare Natur...
REPORTERIN: Klingt stark nach Spinoza.
KANT: Dessen Einfluss ist unverkennbar. So spricht Schelling, im Gegensatz zu Fichte, nicht mehr vom subjektiven, vielmehr von einem objektiven Idealismus. Dabei greift er zurück auf den Neuplatonismus, verliert sich später immer mehr in religiöse, mystische, kaum noch nachvollziehbare Gedankengänge.
REPORTERIN: Ja, Schellings Philosophie gilt als verworren und dunkel.
KANT: Insbesondere nach seiner pure Verzweiflung ausdrückenden ultimativen Frage: „Warum ist überhaupt etwas? Warum ist nicht nichts?" Aber ich weiß, worauf Sie hinaus will, die gnädige Frau. *(lacht)* Gestattet sei mir deshalb folgende Anekdote...
REPORTERIN: Ihre geliebten Anekdoten, Herr Kant.
KANT: Nach Schellings langer Antrittsrede in Berlin – im Greisenalter wird er dorthin berufen – herrscht im überfüllten Hörsaal atemlose Stille. Niemand hat auch nur das Geringste verstanden. Jemand, der nicht dabei sein kann, fragt später einen Kommilitonen: „Hat er wieder überzogen, der Magister Dunkelhut?" „Ja, er sprach mehr als zwei Stunden." „Und worüber hat er denn gesprochen?" Die Antwort: „Das hat er nicht gesagt." Köstlich, nicht wahr? Einfach köstlich. *(lacht)*
REPORTERIN: Fürwahr ein Unverstandener, der Schelling.
KANT: Dem ich mich, wenigstens zeitweise, sehr nahe fühlte – freilich nur hinsichtlich des Unverständnisses, welche meine späteren „kritischen" Schriften bei ihrer Herausgabe auslösten.

REPORTERIN: Ja wirklich, sie sind zu bedauern, die Unverstandenen dieser Welt.
KANT: Ihr Mitgefühl berührt mich, ich fühle mich angesprochen. *(lacht)*
REPORTERIN: Herr Kant, Schellings Philosophiebemühungen beflügeln bekanntlich die Romantik, wenn ich das erwähnen darf...
KANT: Ah, die Romantikerin... schon wieder.
REPORTERIN: Die allumfassende Bedeutung der Natur, die Einheit der Menschen mit ihr, die in der Kunst erfahrbare Identität von Geist und Materie, die Hochschätzung großer Künstler...
KANT: Ja, Schellings Naturphilosophie wird von diesen Phantasten mit geradezu überschäumender Begeisterung aufgenommen. Er ist schließlich ihr Hausphilosoph.
REPORTERIN: Verständlich, sehr verständlich. Die Verbundenheit mit dem Universum, mit dem Absoluten, der Wunsch nach Stille, Einsamkeit, Harmonie, Mystik, dem Unaussprechlichen, Erlösung. Das Überschreiten von Grenzen, die Sehnsucht nach der „blauen Blume"... *(überschwänglich, schwärmerisch)*
KANT: Jetzt kommt Sie mir noch mit Novalis und seinen Empfindeleien.
REPORTERIN: Treuebeteuerungen, Liebesgedichte... *(leicht provokant)*
KANT: Genug, genug, das sollte wirklich reichen. *(lacht)* Zweifellos mag ein gutes Gedicht das Gemüt beleben. Nun ja, möglicherweise, das sollten wir ihnen zugute halten, sind die Romantiker auf der Suche nach einer heileren Welt, welche ihnen die Aufklärer, mich eingeschlossen, anscheinend nicht zu bieten vermögen. Die Autorität der Wissenschaft tut ihr Übriges.
REPORTERIN: Wenn das nicht versöhnlich klingt, Herr Kant. Um nochmals auf Hegel zurückzukommen. Lässt sich seine Philosophie als Verschmelzung der Systeme Fichtes und Schellings verstehen?
KANT: In gewisser Weise vielleicht. Wie Schelling betrachtet er die Wirklichkeit als organische Einheit, sich in einem fortschreitenden Entwicklungsprozess befindend. Alles hängt miteinander zusammen. Menschliches und die Natur werden mit dem absoluten Geist verbunden („Das Ganze ist das Wahre").

Dabei identifiziert er sie nicht mit der materiellen Natur, sondern mit einer geistig-sittlichen Sphäre.
REPORTERIN: Wie Fichte etwa?
KANT: Insofern vergleichbar. Bei Hegel geht der „Weltgeist" – als Summe menschlicher Äußerungen – durch die Geschichte. Hegel sieht sein eigenes Werk als Synthese, betrachtet die philosophischen Beiträge seiner beiden Kollegen kritisch, wohl mehr als These beziehungsweise als Antithese. Der Geist gilt als innerstes Wesen des Seienden, als tiefster Grund, wobei Hegel, ebenso wie Fichte, zwar die Veränderungen, genauer gesagt, den Anstieg des Geistes erwähnt, leider jedoch nicht die stetigen Veränderungen in der Natur. Ein Manko, zweifelsohne, bei allem Respekt vor seiner großen Leistung.
REPORTERIN: Aber auch Sie, Herr Kant, maßen Naturveränderungen, einschließlich des einzelnen Menschen, keine allzu große Bedeutung zu, wenn ich mir die Bemerkung erlauben darf – zugunsten eines zweifellos philosophisch großartigen, gleichwohl auch ziemlich abstrakt wirkenden Systems.
KANT: Einspruch, gnädige Frau. Besinne Sie sich auf meine zahlreichen vorkritischen Werke, in denen ich mich vorwiegend der Naturphilosophie zuwandte. Ich gebe allerdings zu: Ich interessierte mich nicht für eine physiologische Anthropologie. Ich wollte nicht wissen, was die Natur aus dem Menschen macht, sondern was der Mensch als freihandelndes Wesen aus sich selbst macht, machen kann und soll.
REPORTERIN: Eine mehr pragmatische Anthropologie also, die Sie vertraten.
KANT: Als Entschuldigung für die Philosophie vor Darwin lasse ich gelten, dass sich dessen Evolutionslehre erst ab 1870 vollständig zu entfalten beginnt. Doch wir sollten das Thema Idealismus allmählich abschließen, mit all seinen schwärmerisch romantischen Ausuferungen... oft Hirngespinsten gleich.
REPORTERIN: Schade eigentlich, Herr Kant.
KANT: Später wird der Geist metaphysisch sozusagen abgewertet, da inzwischen Darwins Evolutionstheorie ihren Siegeszug angetreten hat. Dieser Niedergang verbindet sich mit Namen wie Arthur Schopenhauer und Friedrich Nietzsche – zweifelsohne geniale Denker, jeder auf seine Art.
REPORTERIN: Das Ende des Idealismus, Herr Kant?

KANT: *(seufzt)* Ja, der Zusammenbruch des idealistischen Systemdenkens, um 1850 herum. Im Grunde, so viel wissen wir heute, ist es auch nichts anderes als Metaphysik. Heute glaubt niemand mehr an Systeme.
REPORTERIN: Offenkundig ist kein Raum mehr da für übernatürliche geistige Kräfte.
KANT: Der Materialismus nimmt wieder Fahrt auf. Die Materie ist das Primäre, das Bewusstsein (Denken, Fühlen, Wahrnehmen) das Sekundäre. Alles Geistige und Seelische sind Funktionen des Materiellen, an das Gehirn gebunden, dessen Produkt sie sind. So die Meinung ihrer Vertreter – erst recht nach Darwins großartigen Entdeckungen.
REPORTERIN: Herr Kant, kommen wir zuletzt zu meinem Lieblingsphilosophen, Anwesende natürlich ausgeklammert. Ich meine Arthur Schopenhauer, Sie nannten ihn gerade, der ja eine besondere Weltanschauung in der Philosophie vertritt. Er zählt noch zu Ihren Zeitgenossen.
KANT: Für kurze Zeit, wohlgemerkt. Ja, es erscheint lohnenswert, auf ihn einzugehen. Sein Hauptwerk „Die Welt als Wille und Vorstellung" erscheint 1819. Ein eigenwilliges Werk zweifellos, das zunächst keine Leser findet. Erst im Greisenalter des Autors wird es gebührlich gewürdigt. Dessen Gedanken beginnen mächtig zu wirken – und Schopenhauer erlangt Weltruhm. Auch aufgrund seiner außerordentlichen schriftstellerischen Fähigkeiten und tiefsinnigen Deutungen.
REPORTERIN: Wie nach ihm vielleicht Friedrich Nietzsche, der über ähnliche Anlagen verfügt. Ist Schopenhauer von Ihnen beeinflusst, Herr Kant? Er soll sich in der ersten Hälfte des 19. Jahrhunderts als Einziger mit Ihrer Erkenntnistheorie beschäftigt haben, spricht vom „erstaunlichen Kant". Noch heute wird, in gewissen philosophischen Kreisen, von der Kantisch-Schopenhauerischen Philosophie gesprochen.
KANT: Nun ja, auch Schopenhauer beabsichtigt, sich ebenfalls überschätzend wie vorher Fichte und Hegel, mein Werk zu vervollständigen, sich nicht mit dem Gedanken abzufinden, dass das „Ding an sich" gänzlich unerkannt bleiben muss.
REPORTERIN: Welche Sichtweise verfolgt er?
KANT: Schopenhauer betrachtet die Welt, sicherlich meinem Einfluss geschuldet, als bloße Vorstellung des Subjekts, das Leben allerdings als eingepflanzten, triebhaften, dumpfen Ur-

drang – gleichsetzbar mit dem „Ding an Sich". Er nennt ihn den „Willen", dessen Wirken allem Seienden zugrunde liegt, eine Vorherrschaft ausübend – sogar gegenüber dem Verstande.
REPORTERIN: Eine Art Selbsterhaltungstrieb?
KANT: Ja, ein Selbsterhaltungstrieb der Natur, der letztlich nur Leid zu erzeugen vermag. Das tägliche Leben hätte nur die Wahl zwischen Angst und Sorge. Schopenhauers Metaphysik lehrt die menschliche Vorbestimmtheit. Die Welt ist für ihn ein einziges Jammertal.
REPORTERIN: Ein Skeptiker und Pessimist also?
KANT: Ein verbitterter Eigenbrötler, Weltverächter und Getriebener.
REPORTERIN: Das überrascht. Zumal er doch ein sorgenfreies Leben hätte führen können, denn er ist wirtschaftlich unabhängig.
KANT: Ein Widerspruch sicherlich. Offenbar sieht Schopenhauer in jungen Jahren viel Leid auf seinen ausgedehnten Reisen durch Europa. Nur allein Mitleid – er rückt damit dem menschlichen Egoismus zu Leibe – mache ein Zusammenleben der Menschen halbwegs möglich. Es ist fester Bestandteil seiner Ethiklehre.
REPORTERIN: Das Gefühl des Mitleids, nicht die Vernunft, ist für Schopenhauer das wahre Fundament der Moral. Kein schlechter Gedanke, finde ich.
KANT: Ja, die Menschlichkeit muss uns heilig sein.
REPORTERIN: Schopenhauer gilt als Kunst- und Musikliebhaber.
KANT: Die Kunst, insbesondere die Musik, soll das Leben erleichtern – als befreiende Macht sozusagen: was für mich nicht nachvollziehbar ist.
REPORTERIN: Weil Sie Kunst und Musik ablehnten, wie wir bereits wissen. Unverständlich, da Sie sich doch in Ihrer Ästhetik ernsthaft mit ihr auseinander setzten.
KANT: Theoretisch, gnädige Frau, theoretisch... Lassen Sie uns weitergehen: Die völlige Entsagung aller Wünsche wäre der einzige Weg, der in die Erlösung führt, so Schopenhauer.
REPORTERIN: Hm... klingt stark nach Buddha, nach dem Nirwana?
KANT: Die indische Religion – wir sollten sie Philosophie nennen – beeinflusst ihn nachhaltig, keine Frage.

REPORTERIN: Demnach muss Schopenhauer eigentlich ein sehr angenehmer, mildtätiger, den Menschen zugewandter Zeitgenosse gewesen sein, oder?
KANT: *(lacht)* Das meint Sie doch nicht im Ernst, die gnädige Frau.
REPORTERIN: *(lacht ebenfalls)* Natürlich nicht, Herr Kant. Seine verbale, geradezu ausfallende Kritik an Zeitgenossen, beispielsweise an Hegel, ist legendär.
KANT: Auch dessen optimistischer Idealismus entzündet in Schopenhauer einen unbändigen Zorn. Er spricht von sinnleeren, rasenden Wortgeflechten.
REPORTERIN: Demnach liegt ihm Hegel im Magen.
KANT: Sie sind sich allzeit spinnefeind. Schopenhauer setzt seine Vorlesungen demonstrativ zur gleichen Zeit an wie jener, anscheinend in der Hoffnung, es werde sich schon beweisen, wer der hellere Kopf sei, demzufolge mehr Studenten anlocke.
REPORTERIN: Fazit?
KANT: Hegels Vorlesungen auf der Berliner Hochschule sind stark besucht, Schopenhauers dagegen bleiben ohne Hörer.
REPORTERIN: Selbst schuld. Das muss ihn ja verdrießen.
KANT: Schopenhauer ist sicherlich kein angenehmer Mensch, ausgestattet mit Ecken und Kanten, im Gegensatz zu den philosophischen Ansichten, die er ausschließlich in seiner recht ansprechenden Ethik vertritt.
REPORTERIN: Gar ein Einsiedler und Menschenfeind, wie wir nun wissen, sehr ungesellig. Deshalb ist er später, trotz finanzieller Unabhängigkeit, auf den Hund gekommen.
KANT: *(lacht)* Auf den Pudel, genauer gesagt. Dieser hört auf den schönen Namen Atma („die Weltseele"). Seinen anscheinend einzigen Gesellschafter, menschlichen Kontakt untersagt er sich, ernennt Schopenhauer später zum Universalerben.
REPORTERIN: Ein großer Tierfreund also.
KANT: Mehr ein Hinweis auf seine Vereinsamung, ein Miteinander wird von ihm ja strengstens vermieden. Es ist auch nicht überliefert, ob sich der Pudel nicht doch noch, natürlich bei einem Osterspaziergang, als Mephisto zu erkennen gibt, um einmal Goethes „Faust" ins Spiel zu bringen. *(lacht)*
REPORTERIN: Um problemlos die Erbschaft antreten zu können, meinen Sie. Das also ist des Pudels Kern!

KANT: Irren und Wirren infolge einer Tierliebe. Keineswegs möchte ich jedoch, auch in diesem Falle, die Liebe zu Tieren ernsthaft infrage stellen. Allerdings: Tiere widersprechen jedoch nicht (eine ihrer herausragenden Eigenschaften), zumal Schopenhauer keinen Widerspruch zu dulden scheint.
REPORTERIN: Was auch während des für beide Seiten unerfreulichen Zusammentreffens mit Goethe in Weimar deutlich wird.
KANT: Ja, als es um die Farbenlehre geht und sich keine Einigung erzielen lässt.
REPORTERIN: Auch mit der Weiblichkeit soll Schopenhauer nicht viel am Hut gehabt haben.
KANT: Am Hut und im Sinn. Nur allzu verständlich, meine ich.
REPORTERIN: Eine Parallele zu Ihnen, Herr Kant?
KANT: *(amüsiert)* Soweit reichte mein Einfluss auf Schopenhauer nicht.
REPORTERIN: Man wirft ihm immerhin Weiberfeindschaft vor.
KANT: Ich möchte mich nicht weiter äußern zu privaten Angelegenheiten meiner Berufskollegen. Nur noch soviel, wobei ich Schopenhauer und anderen Hagestolzen dieser Welt, denen das Ehejoch, Gott sei Dank, erspart geblieben ist, beizupflichten gedenke: Ein Eheleben, mit seinen besonderen Herausforderungen, schlimmstenfalls mit einem ständig zeternden Weibe, dürfte mit einem anstrengenden Philosophenleben kaum vereinbar sein. Das Gedankengeschäft wird beeinträchtigt, der Verstand in Ketten gelegt, in solchem auf gespannten Fuße. Außerdem sollten Rechte nicht halbiert und Pflichten nicht verdoppelt werden. Schopenhauers bemerkenswertem Zitat schließe ich mich ausnahmslos an. Ebenso seinen Worten, dass alles Übel daher komme, dass wir nicht allein sein können.
REPORTERIN: Aber Herr Kant, ist es denn so gut, allein zu sein?
KANT: Allein gewiss, nicht einsam! Jetzt kommt Sie mir noch mit Bibelsprüchen. Nur wer allein ist, lernt gut denken.
REPORTERIN: Trotzdem ist Alleinsein nicht gut, nicht mal im Paradies.
KANT: Noch so ein Sprichwort, dazu noch ein italienisches. Über das Thema Ehe jedoch, welches von besonderem Interesse

zu sein scheint, habe ich mich bereits in ausreichendem Maße geäußert, soweit ich mich erinnere.
REPORTERIN: Gut, soweit unser kleiner Rückblick in die Philosophiegeschichte.
KANT: Noch ein abschließender Satz zu Schopenhauer: Unabhängig von seiner umstrittenen Persönlichkeit ist sein Wirken auf die nachfolgende Kunst, Literatur und Philosophie äußerst einflussreich, keine Frage. Ihm gelingt es – was ich neidlos anerkenne – eine unvergleichlich tiefe Einsicht in die menschliche Situation mit einem großartigen literarischen Stil zu verbinden.
REPORTERIN: Lobende Worte, zweifellos.
KANT: Ich verspreche Ihr: Mit einigen der soeben genannten Philosophiekollegen und ihren tiefgreifenden Gedanken werden wir uns noch intensiver beschäftigen, im Rahmen meiner „Kritiken" wohlgemerkt. Ebenfalls mit den kritischen Geistern, die mir nachfolgten und meinen Ansichten ihre Zustimmung verweigerten. Keineswegs Haberechte, wie ich hörte.

Die Aufklärung

REPORTERIN: Herr Kant, Sie gehörten ja geistesgeschichtlich in die Zeitepoche der europäischen Aufklärung des 17. und 18. Jahrhunderts. Mögen Sie uns über diese bis heute für die gesamte Menschheit wegweisende Epoche etwas erzählen?
KANT: Sie sollte in unserem Gespräch einen ausreichenden Raum einnehmen. Historisch gesehen umfasste sie alle politischen und wissenschaftlichen Errungenschaften in Europa und Nordamerika seit dem Ende der Religionskriege. Man sprach auch vom „Zeitalter der Aufklärung", das sich in etwa von 1680 bis ca. 1800 erstreckte. Ihren Ausgang nahm die Aufklärung von England über Frankreich, ging dann, zeitverzögert, auf das zersplitterte Deutschland über, wobei sie in den einzelnen Ländern eine unterschiedliche Ausprägung erfuhr.
REPORTERIN: Welche Wünsche äußerte man in dieser Zeit, welche Weltanschauungen verfolgte man?
KANT: Nun, es festigte sich der Glaube an die menschliche Kraft der Vernunft. Die Angelegenheiten des Menschen sollten vom Licht der Vernunft geleitet werden, anstatt sich auf Religion, Offenbarung und Aberglaube zu stützen. Das Individuum sollte aus den Fesseln der Tradition und der Autorität befreit werden. Man verlangte nach persönlicher Handlungsfreiheit, welche wir heute eher als Emanzipation des Menschen bezeichnen.
REPORTERIN: Können Sie das noch mehr präzisieren?
KANT: Die Gelehrten dieser Epoche setzten sich beispielsweise für die Schaffung von Pressefreiheit, Denkfreiheit, Pädagogik und Garantie von Bürgerrechten, unter Zugrundelegung allgemeiner Menschenrechte, ein. Sie sahen sich dem Gemeinwohl verpflichtet. Freiheit, Gleichheit, Toleranz, Erfahrung und Erkennen hießen die Schlagworte. Der Maßstab aller Dinge ist der menschliche Verstand. Überaus wichtig für sie war die Erziehung des Einzelnen. Der Mensch sei von Natur aus gut, so die Meinung, man müsse ihm nur den richtigen Weg aufzeigen.
REPORTERIN: Gab es damals so viel Handlungsbedarf? Waren die Zeiten so schlecht?
KANT: Natürlich, längst nicht vergleichbar mit der heutigen demokratischen westlichen Welt. Europa war geprägt durch den

Absolutismus, der Staat herrschte über die Gesellschaft. Denke Sie nur an die Macht- und Prachtfülle Ludwig XIV. in Frankreich, welche die Kräfte des Landes aushöhlte. Zwischen Herrscher und Bürgertum stand der entmachtete Adel. Die Wirtschaft wurde als sogenannter Merkantilismus vom Staat gelenkt. Am schlechtesten erging es der ländlichen Bevölkerung, in welcher Ergebenheit, Unwissenheit, Aberglaube (Hexenwahn) und tiefer Pessimismus vorherrschte. Hinzu kam, zumindest im deutschsprachigen Raum, die Zersplitterung in kleine und kleinste Länder, welche sich als fortschritthemmend auswirkte.

REPORTERIN: Schon vorher, im 15. und 16. Jahrhundert, wir ließen es anklingen, setzte die Epoche des Humanismus und der Renaissance...

KANT: ... auch schon menschliche Kräfte frei, im Sinne von Glaube an die Persönlichkeit, Freiheit, Menschlichkeit und Selbstverantwortung. Diese Epoche bereits verstand sich als Gegensatz zum finsteren mittelalterlichen, durch Erbsündenlehre und dogmatischer Enge geprägtem Christentum und wurde zur allgemeinen abendländischen Bewegung. Das Ziel des Lebens ist das gute Leben selbst, nicht das Leben nach dem Tode. Durch Erläuterung und Übersetzung der antiken Literatur und Geschichtsschreibung bildete sich schon eine Haltung heraus, die auf viele Gebiete, auch auf die Naturwissenschaft, einwirkte.

REPORTERIN: Diese Epoche bereits wollte dem „finsteren" Mittelalter entrinnen?

KANT: Natürlich, sie orientierte sich wieder an der Antike, nahm sie sich zum Vorbild. Die anschließende „Zeit der Aufklärung" nahm nun diesen Schwung mit, beabsichtigte jedoch, alles Dogmatische hinter sich zu lassen, alles Frühere zu überwinden und sah sich als völlig neues Zeitalter.

REPORTERIN: Die Aufklärung wollte tiefer graben?

KANT: Ein erleuchtetes Zeitalter, das helle Köpfe hervorbringt, sollte eingeläutet werden.

REPORTERIN: Durch den „Sturm und Drang" und der späteren „Romantik" wurde dem Vernunftglauben eine breite Kritik entgegengesetzt, auch von ihren Schülern Hamann und Herder – wir unterhielten uns schon darüber.

KANT: Nun, ich sprach schon an, dass auch ich relativ früh Vorbehalte hegte gegenüber eines übergroßen Optimismus der Vernunft, wie ihn Descartes, Spinoza, Leibniz und andere hochverehrte Rationalisten verbreiteten – sich noch auf das göttliche Vernunftdenken beziehend. Ich folgte eher den Ansichten der französischen Aufklärer: allen voran Montesquieu, Diderot, Voltaire und Rousseau. Sie alle äußerten sich in Sachen Vernunft, Diderot und Voltaire mehr in kritisch-satirischer Weise. So sprach sich letzterer beispielsweise gegen ein allzu großes Gottvertrauen und allzu große Zuversicht aus, insbesondere nach dem erwähnten Erdbeben von Lissabon. Rousseau hingegen wandte sich gegen den übertriebenen blinden Fortschrittsoptimismus seiner Zeit: Er und meine Wenigkeit jedoch etwas verhaltener und mit weniger Satire, aber deutlich genug, wie ich hoffe.
REPORTERIN: Ja, richtig, im Zusammenhang mit diesem schrecklichen Erdbeben von damals.
KANT: Noch kurz zu Baron de Montesquieu. Er galt als geistvoller Schriftsteller, Rechts- und Staatsphilosoph, der in seinem Werk „Vom Geist der Gesetze" – ähnlich wie der Engländer Locke – die Gewaltenteilung formulierte. Diderot galt als vielseitiger Schriftsteller und Aufklärer und ist der Verfasser der berühmten „Enzyklopädie". Wir alle warnten vor der Arroganz der Vernunft und bevorzugten einen „vorsichtigen" Optimismus.
REPORTERIN: Vorsichtiger Optimismus, kein Skeptizismus?
KANT: Ein wenig Skepsis erschien angebracht, bei allem Optimismus – den ich übrigens, auch heute noch, als sittliche Pflicht betrachte. Den übertriebenen, blinden Glauben an die menschliche Vernunft halte ich für untunlich. Voltaire, eigentlich Optimist, erhob den Zweifel zur Maxime seines Denkens. Man solle keine Luftschlösser bauen.
REPORTERIN: Sie meinen damit, man soll die Erwartungen an die Vernunft des Menschen nicht zu hoch ansiedeln?
KANT: Ja, wir wussten damals genau, wie schlecht es um den Gedanken des Fortschritts stand, und wie schwer es sein würde, ihn zu verwirklichen. Die Aufklärung fand zu Anfang in kleinen Zirkeln, in den sogenannten „Salons" statt, wo sich der Adel, aber auch das betuchte Bürgertum traf. Es dauerte lange, bis sich der Aufklärungsgedanke ausbreitete, denn für den norma-

len Bürger, an Unmündigkeit gewöhnt, wirkte sie zuerst wie bittere Medizin, die man ihm einzutrichtern versuchte.

REPORTERIN: Diese vorsichtig formulierte Skepsis hatte sich ja wohl auch bewahrheitet.

KANT: Leider. Der Mensch machte sich immer mehr zum „Herrn der Welt", die Vernunft wurde instrumentalisiert und durch Ideologien ersetzt. Man schaffte neue Wahrheitssysteme, die Zivilisation schlägt in Barbarei um – davor hatte besonders Rousseau gewarnt. Auch ich bin nicht überzeugt davon, dass mehr Wissen zu immer besseren Zuständen in der Welt führt. Als negatives Beispiel verweise ich auf den Bau immer modernerer Waffen und Kriegsgeräte, einschließlich der Atombombe. Insofern hatte Rousseau vollkommen Recht.

REPORTERIN: Als vorläufigen Höhepunkt kann man sicherlich die Barbareien des Faschismus und Kommunismus des 20. Jahrhunderts betrachten.

KANT: Dass die Vernunft so aus den Fugen geraten konnte, hatte ich angesichts dieser Rückfälle in die Barbarei nicht für möglich gehalten. Bei aller Skepsis.

REPORTERIN: Aber haben wir seitdem nicht auch einiges Fortschrittliches erreicht, im Positiven, meine ich?

KANT: Oh ja, natürlich... Gott sei Dank. Generell, nicht ausnahmslos, gibt es – zumindest die westliche Welt betreffend – keine öffentlichen Hinrichtungen mehr, und es wird nicht mehr gefoltert. Menschenhandel ist verboten, die Geschlechter sind gleichgestellt. Alles deutliche Zeichen eines Fortschritts, ohne Frage. Wir sind heute wesentlich weiter als damals, und die westliche Welt kann hier durchaus als Vorbild gelten. Andererseits sollten wir nicht vergessen, wie lange wir für diesen Fortschritt brauchten. Und noch etwas: Wer sich heute auf die Aufklärung beruft, sollte auch offen sein für neue gesellschaftliche Erkenntnisse, denn bei der Aufklärung handelt es sich nicht um ein geschlossenes System von Lehrsätzen. Neue gesellschaftliche Situationen sollten berücksichtigt werden. Die Demokratie kann da sicherlich als Vorbild gelten.

REPORTERIN: Ich möchte noch einmal zurückkommen auf die berühmte „Enzyklopädie" des 18. Jahrhunderts.

KANT: Sich gegen Autoritäten richtend, sammelte man das gesamte vorhandene Wissen in einem einzigen Werk, mit dem Ziel, die vorherrschende Denkweise zu verändern. Nicht unterschätzen sollten wir den erheblichen Einfluss britischer Empiristen wie Bacon, Newton und Locke. Diderot, der Urheber, gewann als Mitarbeiter Berühmtheiten wie seinen Freund, den Mathematiker und Physiker d`Alembert, des Weiteren den Schriftsteller und Staatsphilosophen Montesquieu, die Philosophen Baron von Holbach, Voltaire und Rousseau. Nach 20 Jahren Arbeit wurden sage und schreibe 1765 Bände herausgebracht. Die Wirkung auf das intellektuelle Europa war beträchtlich, ja unermesslich.

REPORTERIN: Herr Kant, Sie erwähnten soeben die dogmatische Enge des Christentums, der man zu entrinnen gedachte.

KANT: In der Aufklärungsphilosophie ging es um eine „natürliche Religion."

REPORTERIN: Was meinten Sie damit?

KANT: Man gedachte die Religion mit der „natürlichen Vernunft" in Übereinstimmung zu bringen, verlangte nach einem humanistischen Christentum. Im Wege standen den Aufklärern die unvernünftigen Glaubenssätze und Dogmen der Kirche, die ihnen im Laufe der Kirchengeschichte aufgebürdet wurden.

REPORTERIN: Galten die meisten Aufklärer wirklich als Atheisten?

KANT: Nur die wenigsten von ihnen. Viele schworen auf den Glauben an Gott aus Vernunftgründen, den sogenannten *Deismus*, die Auffassung, dass Gott zwar die Welt erschuf, sich aber nicht mehr in die Belange der Menschen und ins Weltgeschehen einmischt. Sie vertraten die Ansicht, unser Weltenlenker gebe sich durch die Natur mit ihren Gesetzen und ihrer Ordnung zu erkennen. Daraus wurde dann sogar eine Art Gottesbeweis formuliert.

REPORTERIN: Gern wieder zu Ihnen, Herr Kant. Sagen Sie: Standen Sie eigentlich immer im Dienste der deutschen Aufklärung?

KANT: Ich betrachtete mich stets als Aufklärer, auch wenn ich mit den Ansichten der Vertreter der Aufklärungszeit in Deutschland so meine Probleme hatte. Diese Meinung prägte sich allerdings erst später bei mir aus, verdichtete sich immer mehr.

REPORTERIN: Können Sie das etwas näher erklären?

KANT: Die Vorstellung unserer Schulphilosophie, alle Dinge seien beherrschbar, der Glaube an den beständigen Fortschritt

der Menschheit und der Glaube an die Vernunft, war grundlegend für sie. Diesen ungetrübten Optimismus teilte ich nicht unbedingt, suchte irgendwann nach Schranken der Vernunft, war immer bemüht um Umgestaltung.
REPORTERIN: Mit einigen Vertretern der deutschen Aufklärung standen Sie in einem freundschaftlichen Briefwechsel, Herr Kant?
KANT: Ja, beispielsweise mit Johann Heinrich Lambert und besonders mit Moses Mendelsohn, dem Wegbereiter der Emanzipation des Judentums in Deutschland, ein Freund des Dichters Lessing.
REPORTERIN: Einige Worte zu ihnen vielleicht?
KANT: Lambert trat hervor als Physiker, Astronom und Philosoph. In der Physik suchte er nach einer Methode zur Lichtmessung der Gestirne, in der Astronomie beschäftigte er sich mit der Entstehung des Weltsystems und mit Kometenbahnen. Mit Moses Mendelsohn verband mich eine echte Freundschaft – obwohl wir nicht immer einer Meinung waren. Er zählte zu den Hauptvertretern der Aufklärung in Deutschland, war Ästhetiker und Psychologe.
REPORTERIN: Unter den deutschen Aufklärern befanden sich auch einige zeitgenössische Dichter und Literaten.
KANT: Nicht nur Erfinder und Wissenschaftler. Spontan fallen mir da Namen wie Lessing, Kloppstock, Gellert, Wieland, Gottsched und Lichtenberg ein.
REPORTERIN: Kurz beschrieben vielleicht?
KANT: Gotthold Ephraim Lessing war Dichter, Theologe und Kritiker, der sich, insbesondere in seinem Buch „Nathan der Weise", für Toleranz und gegenseitiges Verständnis zwischen den einzelnen Religionen einsetzte, aber auch dazu aufforderte, die Bibel kritisch zu betrachten. So bezeichnete er Christi Wunder als fromme Erfindungen. Diese Äußerung handelte ihm prompt Ärger mit orthodoxen Vertretern der Kirche ein. Der Dichter Friedrich Gottlieb Kloppstock beseelte uns durch seine kühne Sprache. Insbesondere in seinem Christus-Epos „Messias" verkündete er ein neues Gefühl des „Gemüts", das sich im Erleben der Landschaft, der Freundschaft, des Vaterlandes und Gottes seiner selbst bewusst wird. Christian Fürchtegott Gellert galt als pietistisch eingefärbter Schriftsteller und Dichter, der Beredsamkeit und Moral in hohem Maße pries. Der Aufklärer

und Dichter Christoph Martin Wieland – befreundet mit Goethe – setzte sich für eine sittlich-humane Erziehung des Menschen ein („Geschichte des Agathon"). Johann Christoph Gottsched profilierte sich als Dichter und literarischer Theoretiker und wurde zum „Literaturpapst der Aufklärung".
REPORTERIN: Und Georg Christoph Lichtenberg, dieses kleine buckelige Genie? Sein Denkmal habe ich bei Besuchen des Göttinger Markplatzes stets vor Augen.
KANT: Körperlich war er eingeschränkt – was mir durchaus bekannt vorkommt. *(lacht)*
REPORTERIN: Aber geistig war auch er ein Riese.
KANT: Ein vielseitiger Gelehrter und Schriftsteller, Physikprofessor, Menschenbeobachter und geistvoller Satiriker, den Aberglauben und religiöse Intoleranz stets bekämpfend. Ach ja, bald hätte ich meinen Königsberger Freund Hippel vergessen, ein regelmäßiger Teilnehmer an meiner mittäglichen Tafelrunde.
REPORTERIN: Hippel, war das nicht der Polizeipräsident von Königsberg?
KANT: Theodor Gottlieb Hippel verschaffte sich Geltung als bedeutender aufklärender Humanist und Satiriker, der sich schon vehement für Frauenrechte stark machte, ungewöhnlich für seine Zeit. Später wurde er Stadtpräsident von Königsberg... und auch Polizeipräsident, richtig.
REPORTERIN: Gern möchte ich auf die deutschen Aufklärer, die vor Ihrer Schaffenszeit im deutschsprachigen Raum wirkten, zurückkommen, beispielsweise auf Leibniz und Wolff.
KANT: Das Universalgenie Leibniz würde ich als Vordenker der Aufklärung bezeichnen. Christian Wolff gilt als Hauptvertreter der deutschen Aufklärung, der die damals bekannten, rationalen und weitreichenden Ansichten seines großen Lehrers systematisierte. Er war durchaus ein eigenständiger Denker, ein vorzüglicher Analytiker allemal. Mit Nachdruck vertrat er die Idee einer bürgerlichen Gesellschaft, in der sich das Individuum frei entfalten kann, geschützt durch einen durch Vernunftgesetze geordneten Rechtsstaat. Erwähnen sollten wir noch den Frühaufklärer, Juristen und Philosophen Christian Thomasius, der in Leipzig die erste öffentliche Vorlesung in deutscher Sprache hielt, wobei er Fragen der Lebensklugheit in den Mittelpunkt rückte. Thomasius setzte sich schon für religiöse und

gesellschaftliche Toleranz, Abschaffung der Folterung und Trennung von Staat und Kirche ein. Ferner bezweifelte er die Existenz des Teufels und bekämpfte den Aberglauben. Außerdem forderte er, bereits vor mir, zum selbstständigen Denken auf.
REPORTERIN: Wie unterschied sich eigentlich die französische von der deutschen Aufklärung, Herr Kant?
KANT: Die sich etwas später im deutschsprachigen Raum ausbreitende Aufklärung agierte gegenüber Staat und Religion weit weniger radikal als die französische.
REPORTERIN: Eher trockener, nüchterner, langweiliger, schulmeisterlicher und hausbackener?
KANT: Wie man es nimmt.
REPORTERIN: Wie man es nimmt?
KANT: Ja, wie man es nimmt. Die genannten Attribute der gnädigen Frau beziehen sich anscheinend mehr auf die deutsche Schulphilosophie.
REPORTERIN: Der auch Sie verpflichtet waren. Fühlen Sie sich angesprochen, Herr Kant?
KANT: Nicht direkt. Auch ich übte späterhin reichlich Kritik an unserer Schulphilosophie mit ihrer übertriebenen rationalistischen Denkweise.
REPORTERIN: Also doch.
KANT: Tatsächlich bezeichnete ich den Dogmatismus der Wolffischen Schule als Polster zum Einschlafen, als Ende aller Belebung, welche gerade das Wohltätige der Philosophie sei. Sie hat Recht, uns fehlte damals die Kühnheit und Risikofreude der Franzosen, die sogar für ihre Ansichten ins Gefängnis gingen. Unzugängliche Theoriengebäude wurden errichtet, die nur schwer zu begeistern wussten. Ein Funke konnte schwerlich zur Flamme gebracht werden. Wir waren weniger erfahrungsorientiert als die Engländer und weniger religions- und staatskritisch als die Franzosen. Voltaire beispielsweise hat erst in England kritisch zu denken gelernt.
REPORTERIN: Sicherlich beeindruckte ihn dort das Wirken des großen Aufklärers John Locke... .
KANT: Mit dem er zusammentraf, womöglich. Überhaupt ließen sich die französischen Aufklärer von den englischen inspirieren und zogen dann gegen ihre übermächtigen Autoritäten ins Feld.

REPORTERIN: Herr Kant, die Frage „Was ist Aufklärung?" beantworteten Sie erst im Jahre 1784 in der Berliner Monatsschrift glasklar mit den berühmten Worten: *Aufklärung ist der Ausgang des Menschen aus seiner selbstverschuldeten Unmündigkeit. Unmündigkeit ist das Vermögen, sich seines Verstandes ohne Leitung eines anderen zu bedienen. Selbstverschuldet ist diese Unmündigkeit, wenn ihre Ursache nicht im Mangel des Verstandes, sondern der Entschließung und des Muthes liegt.*
KANT: *SAPERE AUDE,* so hieß damals unser Leitspruch, der Leitspruch der Aufklärung.
REPORTERIN: Wage zu Wissen.
KANT: *Habe Muth dich deines eigenen Verstandes zu bedienen.* Mit meiner damaligen Definition versuchte ich, in gedrängter Form, das Anliegen der Aufklärung auf den Punkt zu bringen. Ich gedachte ein Signal zu setzen für den Aufbruch in die Gegenwart, für eine moderne Wissenschaft, demokratische Gesellschaft, für das Ende des Absolutismus. Wir dürfen nicht vergessen: Aufklärung war nicht nur irgendein Begriff, sondern ein Kampfbegriff, der sich gegen die Herrschafts- und Machtansprüche von Krone und Kirche richtete. Es ging schließlich um konkrete politische und kulturelle Auseinandersetzungen.
REPORTERIN: Wie kam es dazu, und warum erst 1784, nicht früher?
KANT: Nun, in Deutschland schienen sich Schwarmgeister auszubreiten, die mit ihren Ansichten das Anliegen der Aufklärung zu gefährden suchten.
REPORTERIN: Also Gegner der Aufklärung?
KANT: Die sich zu formieren begannen. Schwärmer aller Art ließen sich entweder von ihren Gefühlen beherrschen oder versuchten sich der Idee der Aufklärung in den Weg zu stellen. Ebenso wie einige Jesuiten und Katholiken, die sich mit ihrem Vorgehen als Gegner der Denkfreiheit erwiesen.
REPORTERIN: Etwa schon Vorboten der Romantiker?
KANT: Ja, wie ich schon sagte, unter anderem auch Schwarmgeister, die sich dem Aberglauben und irgendwelchen Geistergeschichten verschrieben. Diese Feinde jeglicher Vernunft begannen ein verwerfliches Geschäft zu betreiben, sogar noch unterstützt von der Obrigkeit durch ihren Dogmatismus und kirchlichen Zwang.

REPORTERIN: Sie trauten diesen Menschen nicht über den Weg?
KANT: Die meisten Menschen sind einfach nicht vernünftig. Der Mensch war und ist eben aus derart „krummem Holze", dass daraus nichts Gerades planmäßig hergestellt werden kann. So in etwa meine damalige Formulierung.
REPORTERIN: Also doch, Sie misstrauen dem Menschen? Trägt er das Böse in sich?
KANT: Zumindest hat er die Veranlagung – zum Guten wie zum Bösen.
REPORTERIN: Herr Kant, waren es allein vorgenannte Gründe, die Sie veranlassten, die Schrift herauszugeben?
KANT: Nun, ich muss zugeben, dass auch persönliche Gründe eine Rolle spielten.
REPORTERIN: Inwiefern?
KANT: Ein Jahr zuvor veröffentlichte ich die „Kritik der reinen Vernunft", welche – ich nehme es vorweg – zunächst auf wenig Verständnis, sogar auf Ablehnung stieß.
REPORTERIN: Und da benötigten Sie eine öffentlichkeitswirksame Schrift, die auf Aufmerksamkeit stoßen sollte.
KANT: Ja, die Berliner Monatsschrift war ein öffentliches Forum, welches ich nutzte, um aufzurütteln, um den Aufklärungsgedanken publik zu machen. Außerdem hatte man die Frage "Was ist Aufklärung?" noch nicht richtig beantwortet.
REPORTERIN: Sie wollten die Menschen aufrütteln.
KANT: Nicht nur das. Ich gedachte ihnen die Antwort quasi einzuhämmern, in ihre Köpfe. Dabei beabsichtigte ich, den menschlichen Verstand aus seinen Fesseln zu befreien, wohl ahnend, dass die meisten Menschen niemals die Bequemlichkeit aufgeben werden und wie Herdenvieh hinter ihren Leithammeln gedankenlos hertrotten. Dieser „gedankenlose große Haufen" ist in Zeiten der Umbrüche und Revolutionen meist irgendwelchen Rattenfängern nachgelaufen.
REPORTERIN: Ja, die schlimmsten Beispiele hierfür sind zweifelsohne Stalin und Hitler...
KANT: Ja, die Macht des schlechthin Bösen stellt die Vernunft radikal in Frage.
REPORTERIN: Dankte die Vernunft deshalb ab?

KANT: Jedenfalls herrschte großes Nichtwissen vor, vor allem ein Hang zur Torheit, kindischer Eitelkeit, Gefühlsduselei, Bosheit, zum Herdentrieb ... zur Unvernunft eben.

REPORTERIN: Ausgang aus seiner selbstverschuldeten Unmündigkeit. Was meinten Sie damit? Vielleicht eine kurze Erklärung?

KANT: Aufklärung ist ein Prozess, kein Zustand. Aus der vorherrschenden Unmündigkeit der damaligen Zeit – das gilt auch heute noch – galt es sich zu lösen. Mündig zu werden bedeutet, sich aus einer Abhängigkeit von einer vormundschaftlichen Leitung zu befreien.

REPORTERIN: Wie zum Beispiel Kinder aus der Abhängigkeit der Eltern.

KANT: Nein, das wäre ein natürlicher Prozess. Aber es ging um Erwachsene, und diese gaben, was teilweise auch heute noch gilt, ein trauriges Bild ab, mit ihrem Hang zur Gemächlichkeit. Es ist ja so bequem, unmündig zu sei, sich in die Abhängigkeit von Autoritäten, Politik und Klerus zu begeben.

REPORTERIN: Und warum sprachen Sie von Selbstverschuldung, Herr Kant?

KANT: Man durfte Schuld nicht bei diesen genannten Autoritäten suchen. Es war ja, wie schon gesagt, bequem, sich in der sogar schon fast lieb gewonnenen Unmündigkeit einzurichten.

REPORTERIN: Es gehört somit Mut dazu, aus dieser Unmündigkeit herauszugelangen.

KANT: Mut und Entschließung setzte ich entschieden gegen den Hang von Feigheit, Faulheit und Bequemlichkeit.

REPORTERIN: Sie sagten ja, dass der Gedanke der Aufklärung mit ihrem Gebrauch der Vernunft im gemeinen Volke nur schwer durchzusetzen war.

KANT: Was auch, wie gesagt, heute noch gilt.

REPORTERIN: Also konnte man doch von dieser sogenannten Freiheit keinen öffentlichen Gebrauch machen.

KANT: Alles richtig, was Sie sagt. Als ich damals von Freiheit sprach, beabsichtigte ich zu provozieren, die Obrigkeit, den Klerus, allgemein...

REPORTERIN: Aber Herr Kant, hatten Sie nicht damals in König Friedrich II. einen Garanten für die Freiheit des Denkens? Ich erinnere nur an seine Worte: *„In meinem Staate soll jeder nach seiner Façon selig werden"*.

KANT: Alles schön und gut. Natürlich sprach er den Menschen ein gleiches Recht auf Gedankenfreiheit, auf Glückseligkeit zu. Jedoch war unser Zeitalter noch längst nicht aufgeklärt. Der Bürger hatte zu gehorchen und zu funktionieren, in Preußen herrschte Staatsräson. Und so zitiere ich den Alten Fritz: „Räsoniert, soviel ihr wollt und worüber ihr wollt; nur gehorcht!".
REPORTERIN: Widerspricht sich das nicht? Einerseits eine zwanghafte Staatsräson, andererseits ein ungezwungenes Räsonieren.
KANT: Fürwahr ein Widerspruch. Deshalb vertrat ich die Meinung, dass der öffentliche und freie Gebrauch der autonomen Vernunft der beste Garant einer Gesellschafts- und Staatsordnung sei. Allerdings nur unter der Bedingung, dass das politische Prinzip die dazu notwendigen Vorgaben leistet.
REPORTERIN: Soll das heißen, dass die politisch Verantwortlichen bereit sein müssten, die entsprechenden Weichen hierfür zu stellen. Sie forderten schon Redefreiheit und freie Meinungsäußerung für die Menschen?
KANT: Im öffentlichen Gebrauch, abseits aller politischen und religiösen Zwänge.
REPORTERIN: Für den Privatmenschen somit.
KANT: Ja, allerdings nicht in seiner Eigenschaft als Staatsdiener, für den Soldaten im Kriegseinsatz beispielsweise.
REPORTERIN: Das Wohl des Staates sollte demnach nicht gefährdet werden, verstehe. Herr Kant, Ihre Worte zur Aufklärung, riefen sie Widerstand hervor, auch im Kollegenkreis?
KANT: Insbesondere denjenigen meines Freundes Hamann, dem ich damals schon eine ruhelose Lebens- und Denkweise zusprach.
REPORTERIN: Worüber erregte sich Hamann denn so?
KANT: Er warf mir vor, meine Rolle als öffentlicher Aufklärer zu missbrauchen. Die Vormünder – Landesherren, Regierende, Gelehrte und der Klerus – seien Schuld an der Unmündigkeit der Bürger, nicht sie selbst. Ich könne niemals von einer Selbstverschuldung sprechen, denn die Schuld läge immer bei den Verantwortlichen, zu denen er auch mich zählte. Trotzdem aber waren wir Freunde geblieben. Auch meine Hochachtung galt ihm weiterhin als gewiss.
REPORTERIN: Hielten Sie diese Kritik für berechtigt?

KANT: Keineswegs. Wir sollten stets versuchen, seien die Widerstände auch noch so groß, unserer Mündigkeit gerecht zu werden. Es ist leichter sich zu ducken, als den Rücken gerade zu machen. Und wer sich zum Wurm macht, soll nicht klagen, wenn er getreten wird.
REPORTERIN: Ein Ende der Bevormundung ist auch bis heute nicht abzusehen?
KANT: Nicht einmal in unserer so aufgeklärten westlichen Welt. Der tägliche Blick in die Medien (Zeitung, Fernsehen, Internet) genügt, um uns vor Augen zu führen, dass dieses riesige Projekt der Menschheitsgeschichte noch lange nicht beendet ist. Bevormundungen sind an der Tagesordnung, denn immer wieder wird versucht, dem Bürger eine fremde Meinung aufzuzwingen oder seine Meinungsfreiheit zu beeinflussen. Und deshalb ist es so wichtig, sich trotz dieser Einflussnahmen eine eigene Meinung zu bilden – so schwer es auch fallen mag.
REPORTERIN:. Also nicht resignieren?
KANT: Natürlich nicht.
REPORTERIN: Ist der Glaube an eine vernünftige Gestaltbarkeit der Welt brüchig geworden? Was ist zu tun?
KANT: Nochmals: Wir müssen der Aufklärung noch mehr Rechnung tragen, zerstörerischen Mächten entgegentreten – mittels der Vernunft. Wir sollten unsere Existenz verteidigen, entschlossen, mit all ihren mühsam errungenen moralischen Werten. Ein gewisser Teil der Menschheit scheint erblindet, gelähmt zu sein, infolge eines immer noch weitreichenden Aberglaubens und gewaltbereitem religiösen Fanatismus.
REPORTERIN: Ja, wenn wir beispielsweise einen Blick auf die aktuelle islamische Welt werfen.
KANT: Für wahr eine äußerst beunruhigende Situation.
REPORTERIN: Entschlossenheit also ist angesagt, wie sie spätere Existenzphilosophen wie Heidegger und Sartre forderten.
KANT: Ja, auch sie quälte die Sorge um das Leben, um das vernünftige Leben.
REPORTERIN: Herr Kant, etwas Erfreuliches. 1983 hielt der französische Philosoph Michel Foucault eine Vorlesung über die Beantwortung der Frage „Was ist Aufklärung?" und führte damit die unüberholte Aktualität Ihres Textes vor Augen.
KANT: Ich sollte mich geehrt fühlen.

REPORTERIN: Foucault nannte Sie einen hervorragenden Aufklärer, der nicht nur eine Kosmologie entworfen hat, sondern sich auch gegen dunkle Vorstellungen wandte und die Frage beantwortete, unter welchen Bedingungen eine wahre Erkenntnis der Welt überhaupt möglich ist. Ich möchte folgende seiner Worte zitieren: „ Ich habe in Kant den ersten Philosophen erkannt, der wie ein Bogenschütze den Pfeil auf das Herz einer zur Aktualität verdichteten Gegenwart richtet und damit den Diskurs der Moderne eröffnet."

KANT: Wie gesagt, hocherfreut bin ich darüber, dass man mir diese Ehre zuteil werden ließ, insbesondere aus dem Munde eines so wachen Geistes wie Foucault, wenn er auch, als Strukturalist, etwas schwerfällig und undurchsichtig daherkommen mag.

REPORTERIN: Herr Kant, Sie erwähnten den Geist. Wir sollten die *heutigen* Philosophie des Geistes ein wenig unter die Lupe nehmen.

KANT: Wovon spricht Sie, die gnädige Frau?

REPORTERIN: Ich denke an Disziplinen wie die moderne Hirnforschung.

KANT: Auf was Sie alles verfällt. Nun gut, sie befasst sich offenbar mit den Beziehungen zwischen Körper bzw. Gehirn und Bewusstsein, unter Einbeziehung kognitions- und neurowissenschaftlicher Erkenntnisse. Einverstanden, wir sollten näher auf sie eingehen. Frage Sie, frage Sie nur... wohlan.

Ein ungleiches Paar: Gehirnforschung und Philosophie

REPORTERIN: Herr Kant, ich möchte noch einmal auf Swedenborg zurückkommen. Wie Sie andeuteten, befasste er sich auch schon mit Gehirnforschung, um das leidige Leib-Seele-Problem zu lösen.
KANT: Ja, ungewöhnlich für unsere Zeit. Auch dieses erklärt vielleicht mein großes Interesse an dem nordischen Seher, denn ich konzentrierte mich später ebenfalls auf den Menschen, seine Seele, seinen Geist, sein Gehirn... nachdem ich mich lange Jahre mit der Naturphilosophie, insbesondere mit der „Theorie des Himmels" beschäftigt hatte.
REPORTERIN: Allein mit einer negativen Bestimmung von Geist und Seele waren Sie demnach nicht zufrieden.
KANT: Wie sollte ich? Negativ in dem Sinne, dass keine konkreten Aussagen hierzu gemacht werden können, dass vieles irgendwie Spekulation bleiben muss – bis heute.
REPORTERIN: Sie sagen, bis heute. Aber dringt unsere Neurowissenschaft nicht schon sehr weit vor? Sie boomt wie keine andere Disziplin und tut sich immer mehr hervor als Leitwissenschaft.
KANT: Ich respektiere ihre Leistungen. Trotzdem fällt ihre Bilanz am Ende ernüchternd aus. Die alte philosophische Frage, die aller Hirnforschung zugrunde liegt, ist weiterhin ungelöst. Seit René Descartes („Ich denke, also bin ich") suchen Forscher und Philosophen das Verhältnis von Geist und Körper zu bestimmen. Doch nach wie vor vermag niemand zu erklären, wie einem Klumpen aus Eiweiß und Fett von einem Gewicht von anderthalb Kilogramm Immaterielles entströmen kann: Gedanken, Gefühle, Phantasien. Anders ausgedrückt: Unklar bleibt, bis heute, wie aus Materie Geist entsteht, oder umgekehrt.
REPORTERIN: Selbst mit der neuesten Forschung haben Sie sich beschäftigt. Ich höre Ihnen gern zu, Herr Kant.
KANT: In der Tat wissen die Forscher fast nichts über die Verschachtelung der etwa 100 Milliarden Zellen in unserem Schädel und noch viel mehr Verbindungen untereinander. Doch erst auf der Ebene der Neuronenschaltkreise liegt der Schlüssel zum Rätsel des Denkens, des Fühlens und Erinnerns.

REPORTERIN: 100 Milliarden Neuronen!
KANT: Ungefähr so viel, wie die Regenwälder des Amazonas an Blättern zählen.
REPORTERIN: Unvorstellbar.
KANT: Zwar hat man begonnen, einzelne Neuronen, also Nervenzellen, zu studieren, Gehirnströme, hervorgerufen durch elektrische Impulse, aufzuspüren, Gehirnaktivitäten zu beobachten und zu beschreiben. Die Zusammenhänge ihrer gemeinsamen Arbeit sind jedoch noch unklar. Die Tatsache, dass unser Gehirn über weitverzweigte Nervenbahnen mit dem Körper verbunden ist und Neuronen miteinander kommunizieren, berechtigt noch nicht, daraus ein Verständnis geistiger Prozesse bzw. Gedankeninhalte abzuleiten.
REPORTERIN: Im Gehirn hängt demzufolge vieles mit vielem zusammen.
KANT: Gerade das erschwert das Vorhaben der Wissenschaft. Bislang ist die Neuroforschung offensichtlich nicht in der Lage, dem Gehirn direkt bei der Arbeit zuzusehen. Sie betrachtet nur einige Regionen bei bestimmten Aktionen und Gefühlen, identifiziert Glückshormone und Sprachzentren. Doch auf der Suche nach dem Ichgefühl, dem Bewusstsein, erzielte sie bislang keine tiefgreifenden Ergebnisse. Wie auch?
REPORTERIN: Ich erinnere mich diesbezüglich an die Aussage eines amerikanischen Forschers: Aus ein paar vereinzelten Bäumen kann man nicht auf die Gesamtheit des Waldes schließen.
KANT: Er hat Recht. Erst wenn es gelänge, alle Zellen miteinander zu verschalten, ginge aus elektrischen Impulsen ein Geist, eine Persönlichkeit, ein denkendes, empfindendes Ich hervor. Es scheint jedoch immer noch unmöglich, die Produktionsweise des Bewusstseins wirklich zu verstehen. Je mehr wir über unser Gehirn wissen, umso komplizierter erscheint es.
REPORTERIN: Die Frage nach dem Ich-Gefühl, nach Ich-Zuständen ist nicht klar zu beantworten?
KANT: Ach, Sie muss wissen: Es handelt sich um unglaublich komplizierte Vorgänge im Gehirn. Man hat bislang, lobenswerterweise, einiges herausgefunden: beispielsweise dass das Denken ein chemisch- biologischer Prozess im Gehirn ist, dass es aus ihm und seinen Funktionen kommt, dass Hirnregionen durch Neuronenaustausch miteinander kommunizieren und

Bewusstsein erzeugen, dass Gefühle und Verstand sich durchdringen, dass bestimmte menschliche Verhaltensweisen auf Hormonprozesse zurückzuführen sind. Auch wird getestet, ob Denken elektromagnetische Wellen auslöst und in wieweit die „Quantenmechanik" Einfluss ausübt. Große wissenschaftliche Erfolge, keine Frage. Ein „Ich", ein „Selbst" jedoch ist mit objektivem Blick wissenschaftlicher Theorien nicht zu fassen.
REPORTERIN: Genug, genug, Herr Kant! Das Nichtwissen ist sicherlich größer als das Wissen. Trotzdem ist man schon dabei, das menschliche Gehirn zu konstruieren. Mittels eines Computermodells.
KANT: Ich möchte folgendes deutlich machen: Das menschliche Gehirn zu verstehen, ihm seine Geheimnisse zu entlocken, gehört sicherlich zu den größten Herausforderungen des 21. Jahrhunderts. Wie die Nervenzellen im Gehirn, die Neuronen, arbeiten, ist inzwischen weitgehend bekannt. Über die Zusammenhänge weiß man, wie gesagt, noch wenig. Nur fürchte ich, dass unser Gehirn mit seinen – ich nenne die Zahl noch einmal – 100 Milliarden Neuronen, viel zu groß und komplex ist, um es nachzukonstruieren. Um seine Komplexität zu erfassen, ist noch ein weiter, ein sehr dorniger Forschungsweg zu beschreiten. Vereinfacht lässt sich heute sagen: Das Verhalten der Menschen, ihre Persönlichkeit, ihre Individualität, beruht vornehmlich auf dem Zusammenspiel der Nervenzellen im Gehirn.
REPORTERIN: *Eine* Seele oder *die* Seele hat man auch noch nicht gefunden.
KANT: *(belustigt)* Und wer will sie schon in Stücke schneiden – die gute, alte Seele, die als Selbst zu begreifen und als Ich wahrnehmbar ist.
REPORTERIN: Eine grausige Vorstellung, die Seele unter dem Mikroskop...
KANT: Vielleicht sollten wir versuchen, die Hirnschalen aufzubrechen, um uns die Gedanken nacheinander aus den Hirnfasern zu zerren.
REPORTERIN: Pfui, Herr Kant. Und was ist, wenn man sie auch dort nicht findet... die Gedanken? Aber im Ernst, Ihr außerordentliches Interesse an der Entwicklung der Hirnforschung ist ungebrochen?
KANT: Selbstverständlich.

REPORTERIN: Herr Kant, eine ganz andere Frage: Hat es Sie damals nie gereizt, in ein menschliches Gehirn hineinzuschauen?
KANT: Sicherlich eine ganz spezielle Frage. Zu meiner Zeit steckte die Hirnforschung noch in den Kinderschuhen. Über das, was im Gehirn vorgeht, konnte nur vage spekuliert werden. Ich hatte nie die Möglichkeit, in eines hineinzusehen, Gott sei Dank.
REPORTERIN: Gott sei Dank?
KANT: *(lacht)* Ich mochte kein Blut sehen. Aber im Ernst: Mein Wissen über das, was im Innern eines Gehirns vorgeht, war arg begrenzt. Meine eigene Position war vergleichbar mit der eines Physikers, die Planeten und Gesetze des Weltalls zu berechnen, ohne auch nur auf das kleinste Fernrohr zurückgreifen zu können. Aus dieser Unkenntnis heraus bezeichnete ich das „Ich" als Gegenstand des „inneren Sinns". Ich ahnte bereits: Geist, Körper und Umwelt lassen sich nicht trennen, beeinflussen sich gegenseitig. Das menschliche Bewusstsein resultiert aus einem äußerst komplizierten Zusammenspiel dergleichen miteinander.
REPORTERIN: Wie man ja heute weiß. Im Gegensatz zu Descartes` strikter Trennung...
KANT: ... die man spätestens im 18. Jahrhundert bereits anzweifelte.
REPORTERIN: Sicher hätten Sie gern nachgeprüft, Herr Kant, wo, an welcher Stelle sich Ihr postuliertes „Moralisches Gesetz" im menschlichen Gehirn befindet?
KANT: Da vermuten Sie richtig. Aber um noch einmal auf Ihre Frage nach meinem Interesse an der aktuellen Hirnforschung zurückzukommen: Ich erfreue mich an jedem Erkenntniszuwachs, auch wenn die Gefahr des Missbrauchs nicht unbeträchtlich ist. Insbesondere, wenn es um moralische und ethische Normen geht.
REPORTERIN: Anstatt beispielsweise der Heilung von Hirnkrankheiten zu dienen.
KANT: Anmaßend und selbstüberschätzend jedoch finde ich es, wenn von der Hirnforschung ein ausnahmslos materialistischer Standpunkt eingenommen und auf dieser Grundlage versucht wird, den Menschen von seinem Wesen her zu bestimmen. Dies bleibt Aufgabe der Theologie, Psychologie und Philosophie,

wobei letztere immer noch als Ursprung der Naturwissenschaft gilt. Eine „Revolution des Menschenbildes", von der so oft gesprochen wird, vermag ich nicht zu erkennen. Den Dingen, der Materie, geht immer der Geist voran. Der Geist entscheidet, ist der Schlüssel zu allem. Vergessen wir nicht, dass wir die Dinge nur so wahrnehmen, wie Sinne und Geist sie uns darbieten. Und genau das beweise ich in meiner Erkenntnislehre. Auch die Naturwissenschaften haben den Geist im Rücken. Sonst würden sie nichts erkennen. Sie werden erst durch die Vernunft ermöglicht, beruhen bekanntlich auf Kenntnissen der Materie. Diese wiederum ist lediglich ein Begriff des Verstandes.
REPORTERIN: Ein Tadel etwa, gerichtet an die Forschung, Herr Kant?
KANT: Mehr eine Klarstellung. Zweifellos liefert die Hirnforschung wichtige Denkanstöße. Nichts gegen Messungen und Experimente. Doch sollten wir wieder versuchen, das eigene Denken denkend zu verstehen, wie es die Philosophen seit zweitausend Jahren praktizieren.
REPORTERIN: Herr Kant, zuweilen drängt sich der Eindruck auf, dass die Philosophen irgendwie aus der Mode gekommen sind. Die Supermänner, die das Zepter schwingen, sind heute doch wohl Naturwissenschaftler, Hirnforscher, Genetiker.
KANT: Eine Fehleinschätzung. Der Tod der Philosophie wurde schon von Marx verkündet. Auch in diesem Punkt irrte er. Ich bin nicht der Meinung, dass die Philosophie aufs Altenteil gehört. Von einer Verfalltendenz kann keine Rede sein. Im Gegenteil, sie ist, nach einer Rückzugsbewegung, wieder auf dem Vormarsch. Ich gebe zu: Zwischenzeitlich erschien sie in einer von Informationstechnologien geprägten Welt als Verliererin, zumal ihre Ergebnisse nicht in kleinen, abrufbereiten und verwertbaren Häppchen lieferbar sind wie die Fachwissenschaften.
REPORTERIN: Sie hat auch nicht deren Eindeutigkeit und Genauigkeit.
KANT: Ja, oftmals liefert sie keine befriedigenden, erst recht keine absoluten und letztgültigen Antworten, vielmehr Gespräche, Gedankenspiele, Reflexionen. Die allerdings kein Gerede über Beliebiges sind. Unterschätze Sie die Philosophen nicht!
REPORTERIN: Sind in der Philosophie Irrtümer erlaubt, Herr Kant?

KANT: Da fallen mir die Worte eines klugen Mannes ein – ich glaube, es war wiederum Wittgenstein – die da lauten: „Man kann im gewissen Sinne mit philosophischen Irrtümern nicht vorsichtig genug umgehen. Sie enthalten zuviel Wahrheit..."
REPORTERIN: Zweifellos eine nachdenkenswerte Aussage. Ebenso nachdenkenswert wie sein berühmter, vieldeutiger Ausspruch, den er ans Ende des „Tractatus", seines ebenso berühmten sprachphilosophischen Werkes setzte.
KANT: „Worüber man nicht sprechen kann, darüber muss man schweigen". Nun, mit diesen nebulösen Worten traktierte er nicht nur seine Nachwelt.
REPORTERIN: Sicherlich eine Vorgehensweise, die Ihnen nicht unbekannt sein dürfte, Herr Kant. Ist sie das Ende der Philosophie?
KANT: Vielleicht, vielleicht auch nicht. *(lacht)* Wittgenstein machte die Sprache zum Gegenstand der Philosophie, berechtigterweise. Kein namhafter Philosoph früherer Epochen kam auf diese Idee. Das macht mich sprachlos, bis heute.
REPORTERIN: Nebenbei bemerkt: Wittgenstein zählte zu Ihren größten Bewunderern.
KANT: Was wundert mich. Gleichwohl sollte ich mich geehrt fühlen. Doch lasse Sie mich bitte meinen Gedanken zu Ende bringen: Philosophie ist immer auch Spekulation und Theorie. Als Metaphysik überschreitet sie sogar die menschliche Erfahrung. Das trug ihr schließlich den Vorwurf der Weltfremdlichkeit und Praxisferne ein.
REPORTERIN: Trotzdem, ich habe auch den Eindruck gewonnen, dass das öffentliche Interesse an der Philosophie wieder auflebt, verstärkt wieder philosophische Bücher gelesen werden...
KANT: Diese Tendenz wird sich womöglich noch verstärken, insbesondere nach diesem Interview. *(lacht)* Gut für die Philosophie und ihre Stellung in der Gesellschaft, gut auch fürs Lesepublikum, für die eine Reise in die Philosophie äußerst lohnend erscheinen mag, ein enorm bereicherndes Erlebnis darstellen kann. Darüber hinaus wäre es wünschenswert, wenn diese Anstrengungen ein wenig zum Verständnis der Welt und zur Verbesserung der menschlichen Situation beitragen mögen.
REPORTERIN: Herr Kant, was macht ein Philosoph anders als ein Wissenschaftler? Was macht ihn zu einem auch nur beson-

deren Menschen im Verhältnis zu jedem auch nur besonderen Menschen?
KANT: Ein interessantes Wort- und Gedankenspiel, meine Gnädigste, ohne Zweifel ein philosophisches. Ich spreche keinem Menschen seine je eigene Besonderheit ab, die Welt und sich selbst darin zu verstehen. Doch der Philosoph fühlt sich in besonderem Maße verpflichtet, die Gesamtheit der Wirklichkeit und deren Wesens- und Seinszusammenhänge aufzudecken und den Menschen zugänglich zu machen. Dabei ist er auf analytische und erfahrungswissenschaftliche Forschungsergebnisse angewiesen, keine Frage. Philosophie und Wissenschaft sind wechselseitig, sollten einander befruchten. Allerdings, und das muss gesagt werden: Nur dem Philosophen bleibt es vorbehalten, die Welt zu verstehen. Er genießt die Freiheit des Geistes in gelassener Heiterkeit. Er denkt umfassender, tiefer als der Wissenschaftler, auf höherer Ebene. Denn er ist frei im Denken, von Zwängen und von der Einseitigkeit spezialwissenschaftlicher Betrachtung. Ich möchte ihn bezeichnen als... Universalwissenschaftler.
REPORTERIN: Herr Kant, jetzt höre ich aber eine Spur von Überheblichkeit heraus.
KANT: *(belustigt)* Nun, ich hoffe, mein schwärmerisches Loblied ist mir gelungen! Es kennzeichnet das Besondere, das dem Philosophen anhaftet – eben auch nur ein besonderer Mensch.
REPORTERIN: Also wird die Philosophie heute noch gebraucht?
KANT: Selbstverständlich! Welche Frage! Ich bin nach wie vor der Meinung, dass gerade in unübersichtlichen Zeiten ein souveränes, allen Wissenschaften übergeordnetes, ja von diesen befreites Denken tunlich ist. Die Philosophie als Anwalt der Menschheit blüht in der Krise, denn Orientierungskrisen und Umbrüche – denken wir nur an Wirtschaftskrisen, Freiheitsbewegungen, Aufstände oder Streit um Bodenschätze – beflügeln philosophische Gedanken im Sinne von Weitblick und Weisheit. Dem Denken soll wieder der Weg zur Liebe zur Weisheit geebnet werden.
REPORTERIN: Ein Plädoyer für die Philosophie, Herr Kant! Der Blick auf das große Ganze, meinen Sie, geht der Einzelwissenschaft verloren?

KANT: Genau. Da sich die Wissenschaften mehr und mehr aufgliedern, wissen ihre hochspezialisierten Fachvertreter immer mehr über immer weniger.
REPORTERIN: Fachidioten also?
KANT: Nein, soweit will ich nicht gehen. Ihnen geht allerdings die Fähigkeit verloren, komplexe Zusammenhänge zu erkennen und zu verstehen – bei allem Respekt. Wir brauchen mehr Persönlichkeiten, nicht noch mehr Spezialisten.
REPORTERIN: Hegel sagte einst: „Das Ganze ist das Wahre".
KANT: Die Philosophie ist nicht hoch genug einzuschätzen. Sie ist mehr als eine Wissenschaft. Sie eröffnet Bereiche, in denen die Wissenschaft schweigen muss. Damals schon wurde sie als Königin der Wissenschaften gefeiert.
REPORTERIN: Aber auch zur „Magd der Theologie" degradiert.
KANT: Gewiss. Doch aus ihr, der Denkkunst, gingen letztendlich die heutigen Einzelwissenschaften hervor.
REPORTERIN: Denken ist eine Kunst?
KANT: Kenntnisse kann jedermann haben, aber die Kunst zu denken, ist das seltenste Geschenk der Natur – womit ich abermals meinen König, Friedrich den Großen zitiere. Streng genommen sollten sich philosophische Betrachtungen auf empirische Beobachtungen stützen. Zumindest dürfen sie nicht achtlos an ihnen vorübergehen, so meine Empfehlung. Die Philosophie sollte bestrebt sein, sich einen Ort zwischen Wissenschaft und Weisheit zu suchen, um ihr Terrain abzusichern. Ist es nicht die Geisteswissenschaft, die durch übergreifende Fragestellungen und Argumente im Hinblick auf das Individuelle, auf den Menschen und seine Existenz, die erstarrten, lebensfremden Wissenschaften wieder zurückholt ins Leben, ja, ihnen wieder Leben einhaucht?
REPORTERIN: Ja, wir scheinen uns zu sehnen nach vertrauensvollen Erklärungen.
KANT: Wissenschaftler, oft in ihren Elfenbeintürmen sitzend, und Politiker sollten uns brauchbare Antworten zugänglich machen – eigentlich. Antworten, die der normale (verunsicherte, desorientierte und leistungsgequälte) Mensch auch versteht. Gerade in unserer hektischen, schnelllebigen Zeit mit ihrer für den menschlichen Geist (eigentlich ein Steinzeitgehirn) kaum noch aufzunehmenden und zu verarbeitenden, täglich schneller

auf uns zu rollenden Informationslawine. Eine Situation permanenter subjektiver Überforderung, einer Reizüberforderung gleichend.
REPORTERIN: Ja, im Zeitalter des Mobilfunks und Internets ertrinken wir geradezu in Daten, auch mein Eindruck.
KANT: Das Mehr an Informationen wird zum Informationsmeer. Eine Welt, die von der Unterhaltungsindustrie dominiert wird.
REPORTERIN: Denken Sie auch an die vielen Talkrunden?
KANT: Oftmals eine schwer erträgliche Art von Unterhaltung, eine Trivialisierung von Politik. Dazu die täglichen Schreckensmeldungen mit den dazugehörigen Bildern in Funk und Fernsehen. Wieder andere Sendungen versuchen uns zu amüsieren – bis zur völligen Verblödung. Ja, Sie hat Recht, die gnädige Frau, das heutige Leben hat eine Komplexität erreicht wie nie zuvor in der Geschichte.
REPORTERIN: Für viele unerträglich.
KANT: Nochmals: In unserer Zeit, wo die Welt für den Einzelnen immer unüberschaubarer wird, ist die Philosophie wichtiger denn je. Sie kann und soll dem Menschen das geben, wonach er in seinem Alltag sucht: Halt und Orientierung. Dabei sollten wir unsere Sichtweise verändern, mittels aufbauender Gedanken, neue Wege ausprobieren, ein wenig Muße mit einbeziehen, denn die Zeit rast.
REPORTERIN: Solche Worte ausgerechnet aus dem Munde eines Philosophen, der zeitlebens seinen Lebensinhalt betrachtete... als eine Art Pflichterfüllung. Ich bin doch sehr erstaunt, Herr Kant.
KANT: Tatendrang und stetige Pflichterfüllung durchaus, gnädige Frau, doch niemals zu Lasten der Gesundheit – als wichtigstes Gut – mit unabsehbaren Folgen. Die größte Torheit ist, seine Gesundheit zu opfern. So mein Ratschlag, so möchte ich heutzutage verstanden werden.

Ausblick auf Kants „kritische" Philosophie

REPORTERIN: Zurück zu Ihnen, Herr Kant, zu Ihren damaligen Ambitionen zum Thema Geist und Körperlichkeit.
KANT: Nun, mich trieb, wie immer, Neugierde an, wobei mir eine positive Metaphysik der Natur und des Geistes vorschwebte. Ich sah schon Mitte der sechziger Jahre deren Umrisse.
REPORTERIN: Inwiefern? Wir sollten eine Annäherung wagen.
KANT: Nachdem ich meine kleine Schrift über die Geschichte des Weltgebäudes verfasst hatte, richtete mein Blick sich immer mehr auf ein moralisches Universum, einen sittlichen Kosmos. In meiner sogenannten vorkritischen Zeit versuchte ich den Kosmos systematisch zu enträtseln. Später hoffte ich im Bewusstsein des Menschen Regeln und Gesetzmäßigkeiten aufzufinden, um daraus Gesetze ableiten zu können, die für alle verbindlich sind. Immer wieder fragte ich mich: Was ist der Mensch?
REPORTERIN: Also galt es das moralische Gesetz zu analysieren, früheren Analysen des Kosmos ähnelnd. Das heißt, Ihnen wurde der Mensch auf Erden wichtiger als das System des Himmels.
KANT: So könnte man es sagen. Der Mensch und seine Sittlichkeit sollte zukünftig im Zentrum meiner Philosophie stehen. Ihm galt nun mein vornehmlichstes Interesse. Jetzt schwebte mir eine Metaphysik der praktischen Vernunft und des sittlichen Lebens vor, als Vollendung meiner Philosophie, gleichwohl für mich eine ergiebige Quelle höchster Beglückung. Über eines jedoch war ich mir immer im Klaren: Der Schematismus des Verstandes wird vermutlich ständig eine verborgene Kunst in der Tiefe unseres Gehirns sein. Ein Kunstgriff der Natur, der uns undeutlich, ja verdeckt vor Augen liegt. Wir sollten ihn zu nutzen wissen! Gern schließe ich mich dem Zitat des Dichters Grillparzers an, der sagte: „Der Verstand und die Fähigkeit ihn zu gebrauchen, sind zwei verschiedene Gaben."
REPORTERIN: Herr Kant, eine Professur für Moral erhielten Sie bis zum Schluss nicht.

KANT: Leider. Für mich wahrlich ein Dilemma, denn meine philosophische Perspektive hatte sich mit der Hinwendung zur Moral und Sittlichkeit stark verändert.
REPORTERIN: Können Sie das genauer erklären?
KANT: Ich begann, immer radikaler werdend, zwischen zwei Welten zu unterscheiden: der Sinnenwelt (*mundus sensibilis*) und der Verstandeswelt (*mundus intelligibilis*). Außerdem entwickelte ich gewisse Vorstellungen von Raum und Zeit. Doch lassen Sie uns auch diesen Themenbereich zurückstellen. Eine genaue Erläuterung erhält Sie von mir, ich wies schon des öfteren darauf hin, wenn wir uns meinen „Kritiken" zuwenden. Die gnädige Frau möge sich gedulden.
REPORTERIN: Begnügen wir uns vorerst damit. Neben dem Geisterseher Swedenborg gab es noch jemanden, der Ihre Philosophie entscheidend beeinflusste.
KANT: Ich ahne schon, auf wen Sie hinaus will.
REPORTERIN: Sie haben, wie wir bereits wissen, den schottischen Rationalisten und skeptischen Empiriker David Hume außerordentlich geschätzt.
KANT: Zumindest sein Hauptwerk, die „Untersuchungen über den menschlichen Verstand". Ich kannte es schon seit den fünfziger Jahren. Nachdem ich mich eingehend mit ihm beschäftigt hatte, bekam meine Denkkraft, wie ich schon mehrfach betonte, ganz neuen Schwung. Die darin enthaltenen „Nachtgedanken eines Zweiflers" rüttelten mich auf, öffneten mir die Augen. Ja, es ist wahr, Hume erweckte mich gewissermaßen aus meinem dogmatischen Schlummer, schlug einen Funken, an dem ein Licht der Erkenntnis zu zünden war..
REPORTERIN: Seinen Standpunkt haben wir schon erläutert.
KANT: Ich wiederhole mich gern: Er gehörte einer neuartigen Denkrichtung an, dem Empirismus. Im Gegensatz zu rationalistischen Denkern wie Descartes und Leibniz, die durch reines Vernunftdenken zur absoluten Erkenntnis gelangen wollten, hielt Hume Derartiges für unmöglich. Vielmehr baute er auf Erfahrung auf, sah sich als Empiriker.
REPORTERIN: Demnach bestritt er wahrscheinlich, dass Gott, Seele und Welt zu erkennen sind.
KANT: Ja, schließlich ging er so weit, die Erkenntnisse der gesamten Wissenschaft in Frage zu stellen. Dieser fundamentale Skeptizismus war für mich schwer hinzunehmen. So gedachte

ich, den Rationalismus der Herren Leibniz, Wolff und Baumgarten (wichtigste Vertreter der deutschen Schulphilosophie, der ich mich zwar zugehörig fühlte, die ich aber später anzweifelte) mit dem Empirismus und Skeptizismus Humes zusammenzuführen, zu vereinigen.
REPORTERIN: Somit einen Mittelweg zwischen rationaler und empirischer Denkrichtungen zu finden, welche sogar auf Platon und Aristoteles zurückgreift.
KANT: Ich stellte mir die Aufgabe, nicht nur beide Positionen miteinander zu versöhnen, sondern das gesamte menschliche Denken einer harten Prüfung zu unterziehen. Mehr möchte ich momentan noch nicht verraten.
REPORTERIN: Das also ist der Hintergrund des Kantischen Denkens.
KANT: Eher *ein* Hintergrund. Verstehe Sie mich jetzt bitte richtig: Wir sollten nichts übereilen und uns jetzt wirklich nicht überfordern. Ich bitte um ein wenig Geduld. Außerdem spüre ich erhebliche Ermüdungserscheinungen (*gähnt*), die gewiss auch meinem hohen Alter geschuldet sind. Wir werden uns, beim nächsten Treffen, mit meiner Erkenntnislehre („Kritik der reinen Vernunft") beschäftigen, für uns alle eine große Herausforderung sicherlich.
REPORTERIN: Herr Kant, ich hätte noch so viele Fragen an Sie. Leider haben wir nur begrenzte Zeit. Ihre offene Mitteilungsbereitschaft heute über Stationen Ihres Gelehrtenlebens und über Sie als Privatmensch hat bestimmt viele Leser und Zuhörer neugierig darauf gemacht, mehr von ihrem großen Philosophen zu hören und zu lesen. Sie überraschten uns, so viel kann ich wohl sagen, mit einer warmen und humorvollen Liebenswürdigkeit, die ich – mit Verlaub – von dem als so kühl, emotionslos und „scharfkantig" verschrieenen Analytiker Kant nicht erwartet hatte. Ich danke Ihnen für das angenehme Gespräch.
KANT: Ganz meinerseits, gnädige Frau, ganz meinerseits. Ich freue mich schon auf unsere nächste Begegnung. Ein blühendes Miteinander, äußerst anregend. Sei Sie bedankt. Es war mir ein Vergnügen, ja, ein besonderes Vergnügen.
REPORTERIN: Liebe Zuhörer und Leser, das sollte es für heute gewesen sein. Wenn Sie möchten, hören und sehen wir uns bald wieder. Dann werden wir, in einem weiteren Interview

mit Herrn Professor Kant, den Einstieg in sein großes Werk „Die Kritik der reinen Vernunft" wagen und versuchen, zunächst der ersten der vier großen Menschheitsfragen auf die Spur zu kommen: WAS KANN ICH WISSEN? Eine große Aufgabe für alle Beteiligten und die Möglichkeit, für jeden an der Philosophie Interessierten, sein Wissen erheblich zu erweitern.

Register

Abélard, Pierre (1079 – 1142)
Albertus Magnus (um 1200 – 1280)
Alembert, Jean le Rond de(1717 – 1783)
Alexander der Große (356 – 323 v. Chr.)
Ampére, André Marie (1775 –1836)
Anaxagoras (499 – 427 v. Chr.)
Anaximander (610 – 546 v. Chr.)
Anaximedes (585 – 525 v. Chr.)
Anselm von Canterbury (1033 – 1109)
Archimedes (287 – 212 v. Chr.)
Aristarchos (3. Jh. v. Chr.)
Aristippos (435 – 346 v. Chr.)
Aristophanes (445 – 385 v. Chr.)
Aristoteles (384 - 322 v. Chr.)
Augustinus (354 – 430)
Avicenna (980 – 1037)
Averroes (1126 – 1198)

Bacon, Francis (1561 – 1626)
Bacon, Roger (1216 – 1294)
Baumgarten, Alexander Gottlieb (1714 – 1762)
Becquerel, Henri (1852 – 1908)
Berkeley, Georg (1685 –1753)
Bergson, Henri (1859 – 1941)
Boethius (480 –524)
Bohr, Niels (1885 –1962)
Born, Max (1882 – 1970)
Boyle, Robert (1627 – 1691)
Brahe, Tycho (1546 – 1601)
Bruno, Giordano (1548 – 1600)
Buddha (550 –470 v. Chr.)

Casanova, Giacomo (1725 – 1798)
Cicero, Marcus T. (106 – 43. v. Chr.)
Crysippos (281 – 208 v. Chr.)
Curie, Pierre (1859 – 1906)
Curie, Marie (1867 – 1934)
Cusanus (Nikolaus v. Kues) (1401 – 1464)

Dalton, John (1766 – 1844)
Dante (1265 – 1321)

Darwin, Charles (1809 – 1882)
Demokrit (460 – 370 v. Chr.)
Descartes, René (1596 – 1650)
Diderot (1713 – 1784)
Diogenes von Sinope (412 – 323 v. Chr.)
Duns Scotus, Johannes (1266 – 1308)

Eckhard, Meister (1260 – 1328)
Einstein, Albert (1879 – 1955)
Empedokles (490 – 430 v. Chr.)
Epiktet (50 –138)
Epikur (341 – 270 v. Chr.)
Erasmus von Rotterdam (1466 – 1536)
Eratosthenes (275 – 195 v. Chr.)
Euklid (ca. 300 v. Chr.)
Euler, Leonhard (1707 – 1783)

Faraday, Michael (1791 –1867)
Fermi, Enrico (1901 –1954)
Feuerbach, Ludwig (1804 – 1872)
Fichte, Johann Gottlieb (1762 – 1814)
Ficino, Marsilio (1433 – 1499)
Fontenelle, Bernard de (1657 – *1757)*
Foucault, Michel (1926 – 1966)
Fraunhofer, Joseph von (1787 – 1826)
Freud, Sigmund (1856 – 1939)
Friedrich II v. Preußen (1712 – 1786)

Galen (129 – 199)
Galilei, Galileo (1564 – 1642
Galvani, Luigi (1737 – 1798)
Gassendi, Pierre (1592 – 1655)
Gellert, Christian Fürchtegott (1715 –1769)
Gilbert, William (1540 – 1603)
Goethe, Johann Wolfgang v. (1749 – 1832)
Gottsched, Johann Christoph (1700 – 1766)
Grillparzer, Franz (1791 – 1872)

Hahn, Otto (1879 – 1968)
Haller, Albrecht v. ((1708 – 1777)
Hamann, Johann Georg (1730 – 1788)
Harvey, William (1578 – 1657)
Hawking, Stephen (1942 -   )

Hegel, Georg Wilhelm (1770 – 1831)
Heidegger, Martin (1889 – 1976)
Heine, Heinrich (1797 - 1856)
Heisenberg, Werner Karl (1901 – 1976)
Helmholtz, Hermann von (1821 – 1894)
Helvétius, Claude-Adrien (1715 – 1771)
Heraklit (540 –480 v. Chr.)
Herder, Johann Gottfried v. (1744 – 1803)
Herschel, Sir Friedrich Wilhelm (1738 – 1822)
Hertz, Heinrich Rudolf (1857 – 1894)
Higgs, Peter (1929 -   )
Hippel, Theodor Gottlieb (1741 – 1796)
Hippokrates (460 – 377 v. Chr.)
Hitler, Adolf (1889 – 1945)
Hobbes, Thomas (1588 – 1679)
Hölderlin, Friedrich (1770 – 1843)
Holbach, Paul Heinrich von (1723 - 1789)
Homer (um 800 v. Chr.)
Hubble, Edwin Powell (1889 – 1953)
Humboldt, Alexander v. (1769 – 1859)
Hume, David ((1711 – 1776)
Huygens, Christian (1629 – 1695)

Joule, James Prescott (1818 – 1889)

Karl der Kahle (823 – 877)
Katharina die Große (1729 – 1796)
Kepler, Johannes (1571 – 1630)
Kierkegaard , Sören (1813 – 1855)
Kirchhoff, G. Robert (1824 – 1887)
Kloppstock, Friedrich Gottlieb (1724 – 1803)
Konfuzius (551 – 479 v. Chr.)
Kopernikus, Nikolaus (1473 – 1543)

Lambert, Johannes Heinrich (1728 – 1777)
La Mettrie, Julien Offray (1709 – 1751)
Laplace, Pierre Simone (1749 – 1827)
Lavoisier, Antoine Laurent de (1743 – 1794)
Leibniz, Gottfried Wilhelm (1646 – 1716)
Leukipp (um 450 v. Chr.)
Lessing, Gotthold Ephraim (1729 – 1781)
Lichtenberg, Georg Christoph (1742 –1799)
Livius (59 v. - 17 n. Chr.)
Locke, John (1632 – 1704)

Ludwig der Bayer (1287 –1347)
Ludwig der XIV (1638 – 1715)
Luther, Martin (1483 – 1546)
Lukrez (97 – 55 v. Chr.)

Mach, Ernst (1838 – 1916)
Maimonides, Moses (1135 – 1204)
Marc Aurel (121 – 180)
Marx, Karl (1818 –1883)
Mayer, Julius Robert von (1814 – 1878)
Maxwell, James Clerk (1831 – 1879)
Menander (342 – 292 v. Chr.)
Mendelssohn , Moses (1729 – 1786)
Montaigne, Michel (1533 – 1592)
Montesquieu, Charles (1689 –1755)
Morus,Thomas (1478 – 1535)

Nietzsche, Friedrich (1844 – 1900)
Nero, *röm. Kaiser* (37 – 68)
Newton, Sir Isaak (1643 – 1727)
Novalis (1772 –1801)

Ockham, Wilhelm v. (1295 –1350)
Oersted, Hans Christian (1777 – 1851)

Paracelsus, Philippus (1493 – 1541)
Parmenides (um 500 v. Chr.)
Pascal, Blaise (1623 – 1663)
Perikles (um 500 – 429 v. Chr.)
Petrarca, Francesco (1304 - 1374)
Planck, Max (1858 – 1947)
Petrus Damiani (1006 – 1072)
Pico della Mirandola (1463 – 1494)
Platon (427 – 347)
Plautus (254 – 184 v. Chr.)
Plotin (205 – 270)
Pope, Alexander (1688 – 1744)
Popper, Karl (1902 – 1994)
Protagoras (5. Jh. v. Chr.)
Ptolemäus, Claudius (um 140)
Pyrrhon von Elis (360 – 270 v. Chr.)
Pythagoras (580 – 496 v. Chr.)

Röntgen, Wilhelm Conrad (1845 – 1923)
Rousseau, Jean-Jacques (1712 – 1778)
Russell, Bertrand (1872 – 1970)
Rutherford, Ernest Lord (1871 – 1937)

Sartre, Jean-Paul (1905 - 1980)
Schelling, Friedrich Wilhelm von (1775 – 1854)
Schiller, Friedrich von (1759 – 1805)
Schleiermacher, Friedrich (1768 – 1834)
Schopenhauer, Arthur (1788 – 1860)
Schrödinger, Erwin (1887 –1961)
Scotus Eriugena, Johannes (810 –877)
Seneca der Jüngere (4 v. Chr. – 65 n. Chr.)
Sokrates (470 – 399 v. Chr.)
Spinoza, Baruch (1632 –1677)
Stalin, Josef (1879 – 1953)
Swedenborg, Emanuel (1688 – 1772)

Thales von Milet (625 –545 v. Chr.)
Thomas von Aquin (1225 – 1274)
Thomasius, Christian (1655 – 1728)
Thomson, Sir Joseph John (1856 – 1940)

Vergil (70 – 19 v. Chr.)
Voltaire, (1694 – 1778)
Volta, Alessandro (1745 – 1827)

Watt, James (1736 – 1819)
Wolff, Christian (1679 – 1754)
Wieland, Christoph Martin (1733 – 1813)
Wittgenstein, Ludwig (1889 – 1951)

Xenophanes (etwa 580 – 480 v. Chr.)

Zenon von Kition (335 – 260 v. Chr.)

Quellenverzeichnis

Barnes, Jonathan: Aristoteles 1992
Böhmer, Otto A.: Sternstunden der Philosophie 2003
Brockhaus, F.A.: Philosophie 2004
De Crescenzo, Luciano: Kleine Geschichte der mittelalterlichen Philosophie 2002
Dudenverlag: Schülerduden Philosophie 2000
Feneberg, Reinhard: Einblick in das Studium der Philosophie 1996
Friedländer, Salomo: Kind für Kinder 2008
Gaarder, Jostein: Sofies Welt 1998
Geier, Manfred: Kants Welt 2004
Göbel, Dieter: Glanzlichter der Philosophie 1998
Grondin, Jean: Kant zur Einführung 2002
Herrmann, Horst: Philosophie der Aufklärung 2012
Höffe, Otfried: Immanuel Kant 1996
Höffe, Otfried: Kleine Geschichte der Philosophie 2000
Höffe, Otfried; Philosophie von der Aufklärung bis heute 2002
Kaude, Peter: Hegel beim Billard 2000
Kühn, Manfred: Kant 2003
Law, Stephen: Philosophie 2007
Ludwig, Ralf: Kant für Anfänger: Die Kritik der reinen Vernunft
Magee, Bryan: Geschichte der Philosophie 2007
Orthbandt, Eberhard: Geschichte der großen Philosophen
Osborn, Richard: Philosophie 1997
Paprotny, Thorsten: Kurze Geschichte der Philosophie der Aufklärung 2005
Paprotny, Thorsten: Kurze Geschichte der Philosophie der Gegenwart 2009
Poller, Horst: Die Philosophie und ihre Kerngedanken 2005
Precht, Richard David: Wer bin ich, und wenn ja, wie viele? 2007
Schlüter, Wolfgang: Immanuel Kant 1999
Schulte, Günter: Schnellkurs Philosophie 1997
Schwarz, A. und R.P: Anleitung zur Philosophie 2002
Schwarz, A. und R.P.: Die philosophische Hausapotheke 2002
Seidl, Horst: Beiträge zu Aristoteles/ Erkenntnislehre und Metaphysik 1984
Seidl, Horst: Sittengesetz und Freiheit 1992
Zimmer, Robert: Basis-Bibliothek Philosophie 2009
Ullmann: H.F.: Geschichte der Philosophie 2012
Weischedel, Wilhelm: Die philosophische Hintertreppe 1975